Sheila Walsh

in Zusammenarbeit mit Evelyn Bence

Umarme die Freude

So bringen Sie neue Lebensfreude in Ihren Alltag

Sheila Walsh

Umarme die *Freude*

So bringen Sie
neue Lebensfreude
in Ihren Alltag

Schulte & Gerth

Die amerikanische Originalausgabe erschien im Verlag
Zondervan Publishing, Grand Rapids, Michigan,
unter dem Titel „Bring Back The Joy".
© 1998 by Sheila Walsh
© der deutschen Ausgabe 2000 Gerth Medien, Asslar
Aus dem Amerikanischen übersetzt von Marianne Magnus

Best.-Nr. 815 615
ISBN 3-89437-615-5
1. Auflage 2000
Umschlaggestaltung: Ursula Stephan
Titelfoto: Tony Stone
Satz: Die Feder GmbH, Wetzlar
Druck und Verarbeitung: Ebner Ulm
Printed in Germany

Inhalt

Vorwort

*M*ein Dank gilt folgenden Personen:

Ann Spangler für ihre Unterstützung bei der redaktionellen Bearbeitung des Manuskripts.

Evelyn Bence. Es war mir eine Freude, mit dir an diesem Buch zu arbeiten, Evelyn. Unsere Zeit war zwar begrenzt, aber du hast auf jeder Strecke des Weges deine Hilfe und Begleitung angeboten. Wenn ich müde war, hast du dich eingesetzt und frischen Wind in meine Segel gebracht. Herzlichen Dank!

Meinen lieben Mitstreiterinnen von „*Women of Faith*"[1], deren Freundschaft weiterhin viel Freude in mein Leben bringt.

Steve Arterburn, auf dessen Anregung hin diese „fröhliche Reise"[2] begann und dessen Freundschaft sich auf dem Wege vertieft hat.

Meinem lieben Ehemann Barry und meinem kleinen Sohn Christian, die mich so zum Lachen bringen, dass mir die Freudentränen kommen und mich täglich an die Treue Gottes erinnern.

Evelyn Bence[3] richtet ihren Dank an Camilla Luckey für ihre Inspiration genau im richtigen Moment.

Teil 1:
Die Freude ins
Visier nehmen

Freude ist im Himmel
eine ernstzunehmende Angelegenheit.
C. S. Lewis

*F*angt schon an, fangt schon an, lasst Sheila doch an uns heran."
Ihre Wahl traf mich! Es war nur so ein albernes Schulspiel. Aber
sie riefen mich auf! Ich rannte, so schnell ich konnte. Der kalte schotti-
sche Wind schnitt mir ins Gesicht, als hätte er sich mit der gegneri-
schen Mannschaft verbündet. Als ich nach vorn preschte, entdeckte
ich das schwache Glied in der Menschenkette vor mir und warf mich
mit Wucht dagegen. Ich war bereit, alles zu geben. Doch die Stellung
schien zu halten. Ich stemmte mich weiter dagegen – und die zwei
Mädchen wichen zurück, ließen mich durchrennen und einen Punkt
für mein Team erzielen.

Freudenmomente aus der Kindheit.

Ich liege im Gras, mein Gesicht zum Himmel gerichtet. Meine
Hände berühren zart den flauschigen grünen Samtteppich unter meinen Fingerspitzen. Keine Schule mehr – für acht großartige Wochen!
Ich träume vom Picknick am Strand, von Tagesausflügen nach Glas-
gow und Edinburgh und vom langen Aufbleiben an lauen Sommer-
abenden . . . was für eine Wohltat!

Früh am Weihnachtsmorgen. Ich erwache in meinem eiskalten
Zimmer. Glitzernde Eiskristalle auf den Fensterscheiben. Die Bäume
vor meinem Fenster tragen weiße Hauben. Eingemummelt in warme
Morgenröcke und Pantoffeln wecken mein Bruder Stephen, meine
Schwester Frances und ich zu nachtschlafender Stunde meine Mutter
und Großmutter, um zu sehen, ob „er" schon da gewesen ist. Wir
schleichen uns die Treppe hinunter. Nur schwerlich können wir die
freudige Erregung verbergen. Wir öffnen die Esszimmertür: . . . eine
Festtags-Zauberwelt . . . Wie alles geheimnisvoll funkelt und strahlt!
Eine Verwandlung über Nacht! Das Alltägliche ist dem Weihnachts-
wunder gewichen: Jeder unausgesprochene Wunsch liegt in glänzen-
den Päckchen vor uns. Mandarinen sind in Silberfolie gewickelt. Der

Duft von gebratenem Truthahn erfüllt jeden Raum. „Unser Heiland ist nun da! Hört das Lied der Engelschar . . .“[1]

Einfache Freude. Reines Wunder. Hoffnungen und Träume. Alles ist möglich. Als 41-jährige Mutter eines kleinen Sohnes erinnere ich mich noch genau an den ersten Herbst mit unserem Baby. Wir sitzen im Park, umgeben von abgefallenen, dürren Blättern. Christian schaufelt sie mit beiden Armen auf und lacht, als sie in seinen kleinen Händchen raschelnd auseinander bröckeln. Wir spielen – wie es uns scheint – eine kleine Ewigkeit. Und er lacht und lacht. Später, zu Hause: Sein Großvater betritt den Raum und das Gesicht des kleinen Christian leuchtet förmlich auf. Unser Sohn findet einen übrig gebliebenen Knusperkeks auf dem Teppichboden und inspiziert ihn, dreht ihn immer wieder von einer Seite zur anderen – ganz fasziniert von diesem einfachen Ding. Ich sehe Sachen mit seinen Augen, die ich lange nicht wahrgenommen habe. Und ich frage mich, warum unsere Sichtweise im Laufe der Jahre so beschränkt wird. Vielleicht haben wir vergessen, was es mit der Freude auf sich hat.

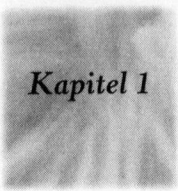

Kapitel 1

Unaussprechliche Freude

Ihn liebt ihr, obwohl ihr ihn nie gesehen habt. Auf ihn setzt ihr euer Vertrauen, obwohl ihr ihn jetzt noch nicht sehen könnt. Und darum jubelt ihr mit unaussprechlicher und herrlicher Freude.   1. Petrus 1,8

Als ich Christus begegnete, war mir, als hätte ich den Sonnenschein in mich aufgesogen.   Eli Stanley Jones[1]

Ich frage mich, welche Bilder Ihnen in den Sinn kommen, wenn Sie an Freude denken. Ich denke da an Augenblicke aus meiner Kindheit. Ich denke an Picknicks im Park in meiner Heimatstadt Ayr in Schottland, die ich mit meiner Mutter und meinen Geschwistern erlebt habe. Wir spielten stundenlang in der Sonne und verspeisten dann gemeinsam auf einer Decke Unmengen von Tomaten-Sandwiches, die ich für mein Leben gerne esse.

Ich erinnere mich noch genau an den alten Baum im Park, der ein bisschen wie ein Pferd aussah. Wir ritten meilenweit auf diesem treuen „Ross".

Ich denke zurück an unsere langen Spaziergänge am Sonntagnachmittag. Ich ging immer gern am Fluss Ayr bis zu den Trittsteinen hinaus spazieren. Wir standen dann mitten im Fluss und ließen flache Kieselsteine über die Wasseroberfläche springen.

Wenn ich heute so an meine Kindheit zurückdenke, muss ich sagen, dass wir nicht viel Geld besaßen. Meine Mutter hat nie ein eigenes Haus besessen oder ist selbst Auto gefahren, aber wir waren reich an Freudenmomenten. Wir hatten einander gern. Wir sprachen miteinander und wir hörten einander zu. Wir fuhren zusammen Fahrrad und spielten Brettspiele und hörten Musik. Wir lasen Bücher und versammelten uns um unser altes Klavier, um gemeinsam zu singen. Einfaches Leben. Einfache Freude.

Ich frage mich, welche Erinnerungen in Ihnen hochsteigen. Vielleicht haben Sie ja ähnlich kostbare Augenblicke erlebt? Oder Sie wenden sich vielleicht nur ungern innerlich den Tagen zu, die mit Schmerz erfüllt waren, und fühlen sich um Tage der Unbeschwertheit betrogen.

Bring die Freude zurück

Ich erinnere mich genau an den Tag, an dem Andy Hendron, ein Nachbarsjunge, mir erklärte, dass es keinen Weihnachtsmann gab. Ich war am Boden zerstört. Ich rannte ins Haus, an meiner Mutter vorbei, die Treppe hinauf in mein Zimmer, wo ich mich auf mein Bett warf und weinte. Da hörte ich ein leises Klopfen an der Tür. Es war meine Mutter.

„Stimmt es?", fragte ich sie mit tränenverschleiertem Blick.

Meine Mutter erklärte mir, dass der Weihnachtsmann nur eine lustige Erfindung wäre, aber die wahre Bedeutung von Weihnachten – das mit der Geburt von Jesus und den Engeln und Maria – stimme.

„Aber dann werde ich ja gar keine Geschenke bekommen!", schluchzte ich.

„Natürlich wirst du noch Geschenke bekommen!", versicherte meine Mutter mir. „Bisher hast du doch auch immer welche gehabt!" Und damit war alles gut.

Aber wir werden nun einmal älter, und der Märchenzauber von allzu vielen Dingen wird gelüftet, Herzen werden gebrochen, Versprechen nicht eingelöst. Wir begegnen der Welt, wie sie wirklich ist, und lassen die Freude wie ein altes, ausgedientes Spielzeug auf dem Boden des Kinderzimmers hinter uns zurück.

Vielleicht haben wir deshalb an Weihnachten so gern Kinder um uns. Für ein paar fröhliche Stunden können wir die Sorgen unbezahlter Rechnungen, die Krankheiten lieber Menschen und die Streitigkeiten in der Ehe vergessen. Und wir können wieder neu etwas von dem schlichten Wunder des Lebens entdecken, das sich in großen Kinderaugen widerspiegelt. Aber dann ist der Zauber wieder für ein Jahr vorbei, und für einige ist Weihnachten die schmerzlichste Zeit überhaupt.

Können wir die unverfälschte, einfache Freude unserer Kindheit wieder finden?

Können wir die Freude überhaupt entdecken, wenn wir sie selbst kaum geschmeckt haben?

Ja, und dafür bin ich selbst das beste Beispiel.

1997 wurde ich von der Frauenorganisation „Women of Faith" (Frauen des Glaubens)[3] eingeladen, mich einem Team von sechs Rednerinnen anzuschließen, die unter dem Motto „The Joyful Journey" (Fröhliche Reise) Vortragsreisen im ganzen Land unternahmen. Ich kannte Barbara Johnson[4] von einem Interview, das ich mit ihr geführt hatte, als ich noch in einer Talkshow als eine der Moderatorinnen mitarbeitete. Ich hatte schon von Luci Swindoll[5] und Patsy Clairmont[6] gehört, obwohl wir uns nie persönlich begegnet waren. Marilyn Meberg[7] und Thelma Wells waren neue Namen und neue Gesichter für mich.

Als mein Mann Barry, unser Sohn Christian und ich zur ersten Konferenz nach Hawaii flogen, hatte ich nicht die leiseste Ahnung davon, dass die Gelegenheit, mit diesen Frauen zusammen zu sein und zusammenzuarbeiten, für mich das schönste Weihnachtsgeschenk aller Zeiten werden würde.

Ich bin in einer kleinen Stadt an der Westküste Schottlands aufgewachsen. Als ich vier Jahre alt war, starb mein Vater an den Folgen einer Gehirnblutung. Vor seinem Tod veränderte sich seine Persönlichkeit dramatisch. Er wurde zornig und schroff, auch mir gegenüber. Ich verstand damals noch nicht, warum. Hatte ich etwas falsch gemacht? Liebte er mich nun nicht mehr? Ich gab ein stilles Versprechen ab, niemals mehr einen Menschen zu enttäuschen. Ich würde immer das perfekte und liebe Mädchen sein.

Als ich elf war, besuchte ich mit Freunden und Verwandten ein Konzert der schottischen Gospelgruppe *The Heralds*. Ich hörte sehr gespannt und aufmerksam zu, als der Evangelist Ian Leitch eine Ansprache hielt. „Gott hat keine Enkelkinder. Er hat nur Söhne und Töchter", betonte er. An diesem Abend kniete ich zusammen mit meiner Mutter vor meinem Bett nieder und bat Jesus, in mein Leben zu kommen. Verstandesmäßig wusste ich, dass es ein Geschenk war, von

Gott geliebt zu sein, aber im Herzen beschloss ich, hart zu arbeiten, um mich dieses Geschenkes würdig zu erweisen, sodass es nie von mir genommen würde. „Wenn ein Vater aufhören kann, mich zu lieben", so dachte ich, „dann kann Gott das auch."

Mit neunzehn Jahren ging ich aufs *London Bible College*. Nach der Abschlussprüfung schloss ich mich einem Missionsteam von *Jugend für Christus* an und reiste mit ihnen quer durch Europa. Dann kam ich nach Amerika und baute mir dort ein neues Leben auf. Ich reiste als Sängerin und Rednerin im ganzen Land herum und wurde schließlich während eines Interviews im Fernsehen von Jackie Mitchum entdeckt, die bei der Sendung *The 700 Club* für die Auswahl der Gäste verantwortlich war. Pat Robertson war kurz zuvor nach seiner Präsidentschaftskandidatur zum Fernsehen zurückgekehrt und zu dieser Zeit gerade auf der Suche nach einer neuen Ko-Moderatorin für diese Show. So wurde ich eingeladen, zu einem Test-Interview zu kommen und erhielt noch am selben Tag eine Zusage. Fast fünf Jahre lang interviewte ich illustre Gäste, angefangen von Billy Graham bis Smokey Robinson[8], von Hulda Buntain, einer liebenswerten Indienmissionarin, bis Charlie Daniels[9].

Ich liebte meine Arbeit, aber mein früheres Leben holte mich so langsam ein. Jahrelang hatte ich eine Last an Selbstzweifeln und Scham mit mir herumgeschleppt, die so schwer auf mir lastete, dass ich nun völlig erschöpft war. Ich hatte mich an alle Regeln gehalten, von denen ich dachte, dass sie einen perfekten Christen ausmachten, aber ich war mir nicht sicher, ob es je genug sein würde. Im Herbst 1992 fiel ich innerlich wie ein Kartenhaus zusammen und kam mit einer schweren Depression in eine Klinik. Alles, wovor ich Angst gehabt hatte, war eingetreten. Ich wollte niemanden enttäuschen und nun ließ ich zwanzig Millionen Zuschauer und meine Kollegen schmählich im Stich. Ich zerbrach unter der zentnerschweren Last von Traurigkeit und Scham.

Und dann passierte ein Wunder. Eines Sonntags besuchte ich den Gottesdienst in einer kleinen Kirche in Washington D. C., nur ein paar Kilometer von der Klinik entfernt. Es war, als ob Gott dem Pastor einen Brief zum Vorlesen mitgegeben hätte, der direkt zu meinem Herzen sprach. Der Pastor gebrauchte ein Bild: „Einige von Ihnen fühlen sich so, als seien sie innerlich tot, als ob sie schon hören könnten, wie gerade die Erde auf ihrem Sarg angehäuft wird. Christus ist hier. Wenn

Sie ihn darum bitten, wird er kommen und Sie aus dieser Grube herausholen und Ihre Füße auf festen Grund stellen."

Es war, als ob ich das nie zuvor gehört hatte. Ich ging schnell nach vorn und kniete am Altar nieder. Ich kam mit leeren Händen. Das war das erste Mal für mich. Ich hatte sonst immer irgendeine Kleinigkeit mitgebracht, von der ich dachte, dass sie Gott glücklich machen würde: ein neues Buch, das ich geschrieben hatte, oder eine neue Platte oder Briefe von Zuschauern, denen ich durch irgendeine Aussage weiterhelfen konnte. Nicht so dieses Mal. Ich kam, ohne irgendetwas vorweisen zu können.

In einem alten Kirchenlied heißt es: „*Nichts hab' ich in meinen Händen, nur an dein Kreuz will ich mich wenden.*"

Ich hatte es endlich kapiert! Ich hatte endlich verstanden, dass Gott mich liebt, weil es sein Wesen ist zu lieben. Es gibt nichts, was ich tun könnte, damit Gott mich liebenswert findet. Er hat bereits alles getan, um mich zu lieben. Es fällt mir schwer, die Freude in Worte zu fassen, die an der dunkelsten Stelle in mir aufblühte und schließlich als Lachen von meinen Lippen sprang. Alle Anstrengungen, die ich unternommen hatte, um mich selbst liebenswert erscheinen zu lassen, waren frustrierend und sinnlos gewesen. Ohne Gott, ohne das, was Jesus bereits für mich getan hat, bin ich überhaupt nicht liebenswert, aber von ihm werde ich mit einer Liebe geliebt, die für immer Bestand hat. Es ist ein Geschenk, kein Geschäft. Ein reines Geschenk! Während eines Großteils meines Lebens habe ich die Menschen auf Distanz gehalten und war ängstlich darauf bedacht, was sie wohl sehen würden, wenn sie mir zu nahe kämen. Von außen betrachtet war bei mir eine Menge los, aber tief in meinem Innern war ich sehr einsam. Nun konnte ich endlich einfach ich selbst sein und war mir dabei der Liebe Gottes sicher. Es war, als wenn man das Beatmungsgerät ausgeschaltet hätte und ich zum ersten Mal so richtig frei durchatmen konnte.

An diesem Punkt bin ich gewesen. Im Frühjahr 1997 bei meiner ersten „Joyful Journey"-Konferenz saß ich also dann da auf der Bühne mit fünf fremden Frauen. Ich hatte keinen Schimmer, was mich erwartete. Gott hatte eine große Überraschung für mich vorbereitet! Als eine Frau nach der anderen die Bühne betrat, hörte ich einen vertrauten Klang in ihren Worten. Das gleiche Lied wurde auf fünf verschiedene Arten gesungen. Ich kannte es auch: „Das Leben ist schwierig, aber

Gott ist treu. Du kannst mitten in der Härte des Lebens wirkliche Freude erfahren. Feiere jeden Augenblick! Lebe jetzt!"

Ich blickte in die Gesichter der Frauen, die im Publikum saßen, und beobachtete, wie sie jedes Wort in sich aufsogen. Freude mitten im Alltagskampf. Freude angesichts von Schmerz und Leid. Freude, wie wir sie immer schon kennen sollten. Hört sich das für Sie nicht auch sehr verlockend an?

Oder fühlen Sie sich jetzt wieder einmal neu unter Druck gesetzt, sich zusammenreißen zu müssen, um eine „fröhliche christliche Frau" darzustellen? Dann denken Sie nochmals darüber nach. Denn echte Freude ist ein Geschenk, das man nicht auf Knopfdruck abrufen, für Geld kaufen oder sich verdienen kann.

Ich habe die Freude wieder entdeckt und kann nun sehen, wie sie uns neu mit dem Wunder und der Unbeschwertheit unserer Kindheit verbindet. Und Jesus sagte: „Ich versichere euch: Wenn ihr euch nicht ändert und den Kindern gleich werdet, dann könnt ihr in Gottes neue Welt überhaupt nicht hineinkommen" (Matthäus 18,3).

Im Alter von 51 Jahren schrieb Madeleine L'Engle ihr Buch *A Circle of Quiet* („Ein Kreis der Stille"). Darin spricht sie von der Freude und davon, was es heißt, mit dem Kind in uns in Berührung zu kommen. „Viel zu viele Menschen verstehen nicht, was es heißt, *befreit vom kindischen Wesen*[10] zu sein, und denken, erwachsen zu sein heißt, dass man vergisst, wie ein Dreijähriger, Dreizehnjähriger oder Dreiundzwanzigjähriger zu denken, zu fühlen, zu tasten, zu riechen, zu schmecken, zu sehen und zu hören." Sie fährt fort: „Wenn es mir gelingt, mir das kindliche Gespür für die Freude zu bewahren, auch wenn ich einundfünfzig bin, dann erst werde ich lernen, was es heißt, erwachsen zu sein."

Ich glaube, wir sind dazu geschaffen worden, Freude zu erleben, aber wir haben vergessen, wie sie schmeckt. Wir haben vergessen, wie sie aussieht. Wir haben vergessen, wie sie klingt.

Dieses Buch soll an Gott erinnern und an die Freude, die er in Ihr Leben bringen will. Dies ist ein Buch über die Freude. Ich begrüße Sie zu Ihrer ganz persönlichen „fröhlichen Reise"! Strecken Sie Ihre Hände aus nach diesem Geschenk!

Schritte zur Freude

Am Ende jedes Kapitels habe ich einige Anregungen aufgeschrieben, wie Sie einfache Freuden ganz neu entdecken und
sich Gottes Liebe mehr öffnen können.

1. Selbst die trostloseste Kindheit schließt Momente des Staunens und der Freude ein. Geben Sie doch einmal eine Party der
„freudigen Augenblicke" für ein paar enge Freunde. Weisen
Sie schon in der Einladung darauf hin, dass jeder Gast Gelegenheit dazu haben wird, ein paar besondere Kindheitserinne-
rungen mit den anderen zu teilen. Dekorieren Sie Ihr Haus mit
Luftballons und Papierschlangen und servieren Sie typische
Kindergeburtstagsgerichte wie Wackelpudding, Pommes
Frites oder Mohrenköpfe.

2. Fangen Sie ein Tagebuch der Freudenmomente an. Erinnern
Sie sich an so viele Begebenheiten aus Ihrer Kindheit wie möglich und schreiben Sie besondere Erlebnisse auf. Kleben Sie
alte Fotos, Urkunden, Schulzeugnisse oder Zeichnungen dazu.

3. Genießen Sie einen Film oder ein Spiel mit den Augen eines
Kindes. Ich denke noch gerne daran, wie viel Spaß ich neulich
dabei hatte, mir mit einigen Kindern den Zeichentrickfilm
Die Schöne und das Biest anzusehen. Wenn Sie keine eigenen
Kinder haben oder wenn diese schon erwachsen sind, bieten
Sie doch einer Freundin an, ihre Kinder für einen Tag zu neh-
men und versuchen Sie, das Leben mit deren Augen zu sehen
und zu genießen. Legen Sie zusammen ein Riesenpuzzle.
Gehen Sie auf den Spielplatz und schaukeln um die Wette.
Oder wie wär's mit einer Runde Memory?

4. Bevor Sie heute Abend zu Bett gehen, tun Sie eine Sache, die
Ihnen als Kind Freude gemacht hat. Essen Sie ein paar Kekse
mit Milch oder lassen Sie ein Quietscheentchen im Badewas-
ser schwimmen.

5. Unternehmen Sie einen typischen Kinder- oder Tagesausflug. Besuchen Sie einmal den Zoo oder Zirkus. Kaufen Sie sich ein schönes Kinderbuch und machen Sie es sich damit am Kaminfeuer gemütlich.

Teil 2:
Freuden-Killer

Ihr Christen seht nicht erlöst aus.
Friedrich Nietzsche

*I*n ihrem einfühlsamen und bewegenden Buch *She Can Laugh at the Days to Come* („Sie lacht des kommenden Tages") erzählt Valerie Bell eine Geschichte, die eine Saite in mir zum Klingen gebracht hat. Sie berichtet darin von ihrer Beziehung zu einem arroganten, aber scharfsinnigen Frisör namens Trevor. Ich schreckte zurück, als ich ihre Beschreibung von der „professionellen" Art dieses Mannes las, der sie in keinster Weise als Mitmenschen akzeptierte und sie nicht viel besser behandelte als die abgeschnittenen Locken auf dem Fußboden seines Salons.

Valerie war zu der Zeit eine bekennende Christin, die sich selbst für heilig und untadelig hielt. Aber eines Tages, als sie gerade wieder im Frisiersalon saß, fragte Trevor sie unvermittelt: „Warum sind Sie eigentlich so ärgerlich?"

Valerie war über seine Frage erstaunt und empört. Aber als sie etwas länger darüber nachdachte, sah sie ein, dass er ihr einen Spiegel vorgehalten hatte. Sie hielt Trevor für weltlich und gehässig und sah sich selbst als geistlich und über sein dummes Gerede erhaben an. An diesem Tag verließ sie den Salon nicht nur mit einer neuen Frisur, sondern auch mit der Erkenntnis, dass sie ganz und gar nicht so erlöst wirkte, wie sie dachte. Und dass sie sich nicht so erlöst fühlte, wie sie es sich wünschte.

Es gibt viele Arten von kleinen Pfeilen, die unsere Seele durchdringen, uns verletzen und unsere Freude durchlöchern und ausbluten lassen. Als ich begriff, was bei mir solche Pfeile sind, war mir das eine große Hilfe auf meiner geistlichen Reise. Lassen Sie uns verschiedene Arten von „Pfeilen" betrachten, die die Freude in uns sabotieren können – angefangen bei Enttäuschungen.

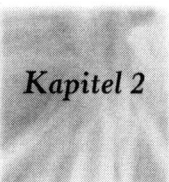

Kapitel 2

Enttäuschungen ziehen uns herunter

Ich aber schreie zu dir, Herr, jeden Morgen bestürme ich dich mit Bitten.
Warum hast du mich verstoßen, Herr? Warum verbirgst du dich vor mir?
Psalm 88,14–15

Ich habe es nie besonders gemocht, Studioaufnahmen für ein neues Album zu machen. Ich betrachte sie eher als notwendiges Übel. Zwar singe ich für mein Leben gern und liebe es, Konzerte zu geben, aber in einem stickigen Raum eingesperrt zu sein – mit einem Mikrofon und Kopfhörern und einem Produzenten, der die Knöpfe bedient und dauernd wie ein Papagei wiederholt „Noch einmal, bitte!" –, entspricht nicht gerade meiner Vorstellung von einem netten Zeitvertreib.

Weit in meinen Erinnerungen zurück liegt ein unangenehmes Erlebnis vergraben, das mich eine lange Zeit verfolgt hat. Mit achtzehn gehörte ich einer Gospelgruppe namens *Unity* („Einheit") an. Wir wohnten alle in der gleichen Gegend an der Westküste Schottlands und waren an den Wochenenden auf Konzerten unterwegs oder sangen auf Jugendveranstaltungen. Wir kamen in unserer kleinen Ecke der Welt groß raus und beschlossen, dass es an der Zeit war, eine Platte herauszubringen. Ich war eine von drei oder vier Solistinnen der Gruppe und zwei der Lieder, die ich immer sang, sollten auf dem Album erscheinen. Ich war sehr nervös und doch gespannt. *Auch Barbra Streisand muss einmal so angefangen haben*, dachte ich.

Die Musiker verbrachten einige Tage damit, die Stücke einzuspielen, und danach war es für uns Sängerinnen an der Zeit, die Studiobühne zu betreten. Brenda Bell war zuerst an der Reihe. Sie sang ihr Lied mit Bravour. Sie hatte eine tiefe, volltönende Stimme und hörte sich an wie eine „erlöste" Nachtclubsängerin. Dann war ich dran. Mein erstes Lied war das Modernste und Rockigste auf dem Album und ich war wild entschlossen, mein Bestes für Jesus zu geben. Ich sang es zum Aufwärmen ein paar Mal durch. Ich klang für meine Begriffe ganz gut in den Kopfhörern, und schließlich fühlte ich mich sicher genug, um dem Studiotechniker zu sagen, dass er mit den Aufnahmen beginnen konnte. Ich gab alles und wartete dann darauf, dass er mir sagte, es sei perfekt und sie könnten die Aufnahme verwenden. Falsch gedacht! Er wollte, dass ich es immer und immer wieder sang. Nach einigen frustrierenden Stunden bat mich der Produzent zu sich ans Mischpult. „Wir haben da ein Problem mit Ihrer Stimme", sagte er.

„Was meinen Sie damit?", fragte ich. „Ist es das Mikro?"

„Nein", antwortete er, „Sie sind's. Sie können einfach den Ton nicht sauber halten."

Ich war am Boden zerstört. Ich war so beschämt darüber, dass *ich* diejenige war, die die ganze Arbeit an diesem Tag aufhielt. „Ich brauche eine kurze Pause", bat ich. Ich verzog mich an ein stilles Örtchen und schickte ein Stoßgebet zum Himmel. „Ich tue das für dich, Herr", argumentierte ich. „Bitte hilf mir, richtig zu singen." Ich ging zurück in den Technikraum und sagte dem Produzenten und Tontechniker, dass ich bereit für den letzten Versuch wäre. Ich zog meine Kopfhörer wieder auf und fühlte mich frisch gewappnet. Die Musik wurde eingespielt und ich legte mit neuer Begeisterung los. Doch bevor ich auch nur die erste Strophe zu Ende gesungen hatte, konnte ich durch die Scheibe am Gesichtsausdruck der anderen ablesen, dass Gott wohl nicht in wunderbarer Weise eingegriffen hatte. Es war schrecklich. Wir versuchten es noch eine Weile weiter, bis ich tränenüberströmt aus dem Studio rannte – zutiefst überzeugt, dass der Studiotechniker ein erbärmlicher Idiot, der Produzent taub und meine Karriere zu Ende war, bevor sie begonnen hatte. Ich war so enttäuscht von mir.

Tage wie dieser haben die Eigenart, sich in unserer Erinnerung so breit zu machen, dass wir manchmal den Eindruck haben, unser Leben sei eine einzige Verkettung von Enttäuschungen. Wir sind enttäuscht von anderen, von uns selbst, von Gott – vom Leben. Wir lassen zu, dass Enttäuschungen unsere Freude lähmen, wenn wir hinnehmen, dass sie in Wut, Groll und Schuldgefühle umschlagen.

Enttäuscht von anderen

Unsere Enttäuschung in Bezug auf andere Leute passiert früh. Da ist unsere erste Erinnerung an eines unserer Geschwister, das mit dem Finger auf uns zeigt und sagt: „Sie war's!" Da kommen Erinnerungen an Eltern hoch, die uns ihre Gereiztheit spüren ließen, an einen Lehrer, der uns für etwas beschuldigte, was wir gar nicht getan hatten.

Ich erinnere mich noch lebhaft an meine Enttäuschung über meine Musiklehrerin an der Schule, als ich sechzehn war. Sie war mein Idol. Sie nahm mich unter ihre Fittiche und übte mit mir für Schulaufführungen und für unser Musikfest. Als meine Mutter entdeckte, dass ich eine große Vorliebe für Musik hatte und dass Gott mich mit einer gewissen Begabung ausgestattet hatte, meldete sie mich beim besten Gesangslehrer in der Stadt, Harry Tweddle, zum Privatunterricht in Stimmbildung an. Ich war schon sehr gespannt darauf und konnte es gar nicht abwarten, meiner Lehrerin davon zu erzählen. Doch ihre Antwort war anders als erwartet. Sie war ärgerlich, denn sie fand, ich würde sie hintergehen, indem ich Privatunterricht nahm. Die restlichen zwei Schuljahre sprach sie kein Wort mehr mit mir. Ich war total bestürzt darüber, dass jemand, den ich so bewundert hatte, mich einfach so links liegen lassen konnte.

Einige dieser alten Gefühle verfestigen sich in uns zu Wut und Ärger, die in keinem Verhältnis mehr zur Realität stehen. Ich traf einen Mann, der mir erzählte, dass er schon seit zwanzig Jahren nicht mehr mit seinem Zwillingsbruder gesprochen hätte und er konnte sich gar nicht mehr daran erinnern, warum. Erstaunlich, nicht wahr?!

Lügen, ob nun aus Bosheit verbreitet oder einfach, weil man die Klappe zu weit aufgerissen hat, sind besonders schmerzlich, weil sie eine zweifache Enttäuschung darstellen: Zum einen wird etwas über uns behauptet, was überhaupt nicht der Wahrheit entspricht, und zum anderen sind wir am Boden zerstört, wenn Leute, denen wir vertraut haben, dieser Lüge Glauben schenken.

Die wenigsten Schläge, die uns treffen, sind dabei böse gemeint. Es kann ein himmelweiter Unterschied zwischen dem liegen, was jemand eigentlich gemeint hat, und dem, was uns dann tatsächlich zu Ohren kommt. Das Gerüchte-Lauffeuer baut sich aus kleinen Zweigen auf, die aufeinander geschichtet werden, und es bedarf nur eines kleinen Funkens, um das Bündel zu entzünden.

Bei einigen Menschen führen lebenslange enttäuschende Beziehungen zu Christen, von denen sie missverstanden, verletzt oder schikaniert wurden, zu einer Desillusionierung in Bezug auf die Kirche oder gar auf Gott.

Am Ende eines Gottesdienstes, in dem ich gesprochen hatte, fragte ich unbedarft eine mir fremde Frau: „Gehen Sie hier regelmäßig zum Gottesdienst?"

„Ich brauche keinen Gottesdienst", gab sie mir zur Antwort und meinte wohl damit, sie bräuchte auch keine Kirche. „Ich gehe nicht mehr zur Kirche. Sie ist voller Heuchler." Dann fragte sie etwas ängstlich: „Sie glauben doch nicht, dass man zur Kirche gehen muss, um ein guter Christ zu sein?"

Ich antwortete: „Nein, aber das ist ein bisschen so, als wenn man sagen würde, man muss nicht bellen, um ein Hund zu sein. Natürlich muss ein Hund nicht bellen und ist trotzdem ein Hund. Doch es liegt einfach in der Natur der Sache, dass Hunde bellen." Etwas verlegen durch den hinkenden Vergleich fuhr ich fort: „Der wichtigste Grund für mich, einer Kirche anzugehören, ist die Tatsache, dass Gott diese Idee für uns Christen hatte. In der Bibel rät er uns immer wieder dazu, uns einer Gemeinschaft mit anderen Gläubigen anzuschließen."

„Ja", räumte sie ein, „aber die Bibel ist geschrieben worden, bevor die ganze Bagage in meiner Gemeinde aufkreuzte!"

Wir verabschiedeten uns herzlich und sie eilte davon, um nicht am Ende noch von einem Seelsorgehelfer abgefangen zu werden.

Ich verstehe ihre Einstellung sehr gut. Selbst wir in der Gemeinde enttäuschen einander ständig. Geben wir es doch zu: Wir sind ein bunt gemischter Haufen seltsamer Vögel. Wir ziehen über einander her und versuchen uns unter dem Deckmäntelchen der christlichen Nächstenliebe in Positionen hineinzudrängen. Ein lieber Freund von mir geht nicht mehr zum Gottesdienst, weil er sehr verletzt worden ist und alles Vertrauen in die Gemeindeleitung verloren hat. Wir haben über unzähligen Tassen Kaffee zusammengesessen und stundenlang darüber diskutiert, aber er bleibt bei seiner Schlussfolgerung, dass die ganze Idee der Gemeinde nur Heuchelei ist.

Seine „Ent-Täuschung" – und die Enttäuschung, der Schmerz und die Wut, die ich bei Frauen beobachte, zu denen ich überall im ganzen Land spreche – entmutigt mich. Es tut mir in der Seele weh, wenn ich mit ansehen muss, wie diese Leute zulassen, dass die Enttäuschungen, die sie in der Vergangenheit erlitten haben, nun ihre Gegenwart und auch ihre Zukunft zerstören.

Ich denke da an eine Szene in Charles Dickens' *Große Erwartungen*[1], die sich zwischen dem unvergesslichen Fräulein Havisham und dem jungen Pip Pirrip zuträgt. Pip ist in das große und unheimliche Haus von Fräulein Havisham beordert worden. Er hat große Angst, da Fräulein Havisham, wie jedermann weiß, eine ungeheuer bedrohliche Dame ist. Am Tor wird er von einem jungen Mädchen in Empfang genommen. Sie durchschreiten mehrere finstere Flure. Schließlich wird er vor der Tür eines Zimmers im Dunkeln stehen gelassen. Schüchtern klopft er an und tritt ein. In einem Armstuhl sitzt die seltsamste Dame, die er je gesehen hat. Sie ist ganz in Weiß gekleidet. Von ihrem Kopf hängt ein langer Schleier herab und sie hat verwelkte Brautblumen in ihrem weißen Haar. Sie besteht nur aus Haut und Knochen und ist bleich wie eine geisterhafte Wachsfigur. Sie sagt zu ihm: „Weißt du, was ich hier berühre?" Und sie legte ihre Hände, eine auf die andere, an ihre linke Seite.

„Ja, Madame."

„Was berühre ich?"

„Ihr Herz."

„Mein gebrochenes Herz!"

Als junge Frau war Fräulein Havisham von ihrem zukünftigen Bräutigam am Altar im Stich gelassen worden, und nun – Jahrzehnte später – sitzt sie immer noch da in ihrem Brautkleid, umgeben von den Überresten ihres Hochzeitsessens, das in Spinnweben gehüllt ist. Was für ein grausiger Anblick!

Tun wir dasselbe? Bleiben wir auch in der Vergangenheit stehen? Ich weiß nicht, was mit dem Mann passiert ist, der Fräulein Havisham heiraten sollte, aber wir dürfen wohl annehmen, dass er sein Leben weitergeführt hat. Sie dagegen war erstarrt. Sie konnte nicht mit ihrer Enttäuschung fertig werden und ihr Leben war an diesem Punkt stehen geblieben.

In seinem Buch *The Return of the Prodigal Son* („Die Rückkehr des verlorenen Sohnes") zeigt Henri Nouwen die Beziehung zwischen unserem Groll und unseren Enttäuschungen einerseits und unserer Unfähigkeit, die Freude an Gott zu ergreifen, andererseits auf: „Die

Unfähigkeit, in die Freude einzutauchen, ist die Erfahrung eines verdrossenen Herzens. Der ältere Sohn brachte es im Gleichnis vom verlorenen Sohn nicht fertig, das Haus zu betreten und die Freude seines Vaters zu teilen. Seine inneren Vorwürfe lähmten ihn und ließen die Dunkelheit ihn umgarnen."

Enttäuscht von Gott

Manchmal ist es für uns nicht schwer, uns einzugestehen, dass wir von Familienmitgliedern, Freunden, Kollegen oder uns feindlich gesonnenen Menschen enttäuscht sind. Aber einige von uns – wenn wir mal ganz ehrlich sind – müssten auch zugeben, dass sie von Gott enttäuscht sind.

Nachdem eine Missionarin um die halbe Welt gereist und weit weg von ihren Freunden und ihrer Familie gezogen war, um Gott zu dienen, und dann von Mitarbeitern schwer enttäuscht worden war, schrieb sie kürzlich an ihre Freundin nach Hause: „Mein Mann und ich kommen von dem Gedanken nicht los, dass Gott aus irgendeinem Grund darauf aus ist, mit uns abzurechnen. Wir fühlen uns zutiefst enttäuscht und verlassen."

Die Enttäuschung über Gott beginnt oft mit einer „Wenn-Dann"-Frage: „Wenn Gott mich liebt, warum passierte dann das und das? Wenn Gott mich liebt, warum bin ich dann in diese Ehe hineingeschlittert? Wenn Gott mich liebt, warum starb dann mein Kind? Wenn Gott mich liebt, warum muss ich dann so sehr leiden?"

Das sind keine neuen Töne. Die Psalmen sind voll von solchen Klagen. Und 1. Könige 19 zeigt die Not von Elia auf, der ein treuer Zeuge Gottes war und nun von allen Männern des Königs verfolgt wird. Elia betet: „Herr, ich kann nicht mehr [. . .]. Herr, ich habe mich leidenschaftlich für dich, den Gott Israels und der ganzen Welt, eingesetzt; denn die Leute von Israel haben den Bund gebrochen, den du mit ihnen geschlossen hast; sie haben deine Altäre niedergerissen und deine Propheten umgebracht. Ich alleine bin übriggeblieben, und nun wollen sie auch mich noch töten" (Verse 4 und 10). Und da war Hiob: Sein Leben war zerstört. Alles, was ihm etwas bedeutet hatte, löste sich in nichts auf. Sein Vermögen wurde ihm genommen, seine Kinder starben, seine Gesundheit war ruiniert. Hiob 3 beginnt mit der Bemerkung: Hiob „verfluchte den Tag seiner Geburt".[3] Und das Kapitel endet mit den Worten Hiobs: „Ich habe keinen Frieden, keine Ruhe, nur Plage über Plage fällt mich an!" Wie konnte Gott so etwas nur zulassen?

Ich traf mich vor kurzem mit zwei Frauen zum Kaffeetrinken, die ich hier Samantha und Sarah nennen möchte. Als junge Frau war es Samanthas größter Wunsch gewesen, eine gute Frau und Mutter zu werden. Als ein freundlicher junger Mann, der in ihrer Gemeinde mitarbeitete, sich näher für sie interessierte, schwebte sie wie auf Wolken. Sie hatten die gleichen Ziele und Träume – so dachte sie jedenfalls. Sie heirateten und bekamen drei Kinder. Dann kam er eines Tages nach Hause und ließ unvermittelt die erste Bombe platzen: „Ich liebe dich nicht mehr. Es gibt da eine andere."

Sie war wie vor den Kopf gestoßen. Die Tage darauf lebte sie ihr Leben rein mechanisch, als ob ihr Herz durch einen Computerchip ersetzt worden wäre. Dann kam Bombe Nummer zwei: „Ich möchte, dass du mit den Kindern ausziehst, bis ich die Dinge hier geregelt habe. Vielleicht kannst du ja bei deiner Mutter wohnen?"

Das tat sie dann auch. Sie packte eine Tasche für sich und eine für die Kinder. So verließen sie ihr Zuhause. Kaum war sie ausgezogen, hatte ihr Mann auch schon für Ersatz im Schlafzimmer gesorgt.

„Warum sind Sie ausgezogen?", fragte ich sie.

„Weil ich mir sicher war, dass Gott das Herz meines Mannes ändern würde", antwortete sie. „Ich glaubte, dass es ein Ausdruck meines Glaubens wäre, wenn ich mein Vertrauen nicht in das setzte, was ich sah, sondern in den Gott, den ich kannte. Ich fastete und betete und wartete auf einen Telefonanruf von ihm. Ich leitete weiterhin den Chor in der Gemeinde und wartete auf seinen Anruf. Ich sagte den Kindern, dass sie sich keine Sorgen zu machen brauchten, dass Gott ein Wunder tun würde, und wartete auf den Anruf. Der Anruf kam nie. Stattdessen kamen die Scheidungspapiere. Ich hielt sie mindestens eine Stunde lang total ungläubig in den Händen."

Das war vor zwanzig Jahren. Die Kinder sind jetzt längst aus dem Haus und sie lebt immer noch allein.

„Wie erging es Ihnen in all den Jahren?", fragte ich sie. „Wie war das mit Ihrem Glauben an Gott?"

„Zuerst war ich völlig am Boden zerstört. Dann war ich wütend. Danach überkam mich eine totale Gefühlskälte. Es dauerte Jahre, bevor ich überhaupt fähig war, mich von Gott trösten zu lassen. Es kam mir lange so vor, als ob er mich auch verlassen hätte."

Sarahs Leben hatte auch nicht die Entwicklung genommen, die sie sich erhofft hatte. Sie ist eine Frau mittleren Alters und bis jetzt noch nicht verheiratet.

„Sind Sie wütend auf Gott?", fragte ich sie.

„Eher enttäuscht", sagte sie. „Ich habe so sehr versucht, es Gott recht zu machen. Ich bin vierzig Jahre alt und noch Jungfrau, weil ich tun will, was seinem Willen entspricht. Aber wenn er sich nicht beeilt, werden die Krähenfüße bald überhand nehmen und dann bin ich wohl unvermittelbar!"

Wir lachten über ihre witzige Bemerkung, aber irgendwie schmerzte es auch. Mein Herz blutet für diejenigen, mit denen ich gesprochen habe, die mit dem Verlauf ihres Lebens unglücklich sind.

Vor kurzem sprach ich auf einer Konferenz mit einer Frau. „Ich fühle mich so verlassen", vertraute sie mir an. „Ich habe seit der Geburt meiner Kinder für sie gebetet. Ich habe sie Gott anvertraut und in ihrem Namen für eine christliche Fernseharbeit gespendet. Ich habe gedacht, wenn ich die Saat des Glaubens säen würde, ginge sie auch eines Tages auf und meine Kinder würden vor schlimmen Dingen bewahrt." Sie hielt einen Moment inne, als ihre Stimme stockte und ihr Tränen über das Gesicht liefen. „Meine Tochter kam letzte Woche nach Hause und sagte mir, sie sei schwanger. Was ist nur schief gegangen?" Sie schaute mich mit verzweifeltem Blick an, so als ob ich ihre letzte Rettung wäre. Als sie anfing zu weinen, schloss ich sie einfach in meine Arme und hielt sie ganz fest.

Viele Frauen, denen ich begegnet bin, geben Gott oder sich selbst die Schuld an ihrem schwachen Glauben, ohne jemals daran zu denken, dass sie vielleicht zurücksetzen und einen neuen Anlauf wagen und ihrem Leben und Gott eine zweite Chance einräumen müssten.

Ich sage dies mit großem Bedauern, aber ich meine, dass die Kirche von heute reif, ja überreif dafür ist, ihre Enttäuschung über Gott offen zum Ausdruck zu bringen. Ich glaube, wir haben unsere Hoffnungen auf einen Hochstapler gesetzt und nicht auf Gott. Wir „geißeln" uns selbst für unseren Mangel an Glauben, und es käme uns nie in den Sinn, dass wir vielleicht von falschen Voraussetzungen ausgehen.

Wir haben einen Anfang mit der Bibelstelle gemacht: „Allem bin ich gewachsen durch den, der mich stark macht" (Philipper 4,13). Wir sind dann in einer halsbrecherischen Geschwindigkeit gestartet, um alle Dinge zu tun, und sind auf halber Strecke liegen geblieben. Wir verausgabten uns schon in Ruhezeiten, und dann fehlte es uns an Glauben, als eine Krankheit unsere Familie heimsuchte. Wie die Verlierer nach dem schlimmsten Spiel der Saison schlichen wir uns unbemerkt in unsere Umkleideräume – verspottet von den Zuschauern. Was ist nur schief gegangen? Haben wir etwas versäumt?

Wir hören nur das, was wir glauben wollen. Wie der berühmte griechische Redner Demosthenes treffend erkannte: „Nichts ist leichter, als sich selbst zu betrügen; denn was wir uns wünschen, das glauben wir bereitwillig."[4]

Es liegt in der menschlichen Natur – das haben schon die alten Propheten erfahren – an die schnelle, einfache Lösung zu glauben. Jesaja 30,9–11 spricht von Menschen, die nicht auf Gott hören wollen. Sie sagen: „Sagt uns nicht, was recht ist, sondern was uns gefällt! Laßt uns doch unsere Illusionen! Weicht von der Wahrheit ab und laßt uns in Ruhe mit eurem heiligen Gott Israels!"

Wir leben in einer Kultur, die ausgerichtet ist auf Dinge, die schnell, zum Mitnehmen, gleich jetzt, neu, schmerzfrei und im Sonderangebot zu haben sind. Und wir haben Gott zum Abbild unserer Kultur gemacht. In seinem Buch *Why Am I Afraid to Love?* („Warum habe ich Angst zu lieben?") bemerkt John Powell: „Das erste Buch Mose spricht davon, dass Gott den Menschen nach seinem Bild gemacht hat. Es scheint so, als sei die in der gesamten Geschichte des Christentums verbreitetste Häresie die gewesen, dass der Mensch die Schöpfungsgeschichte umgekehrt hat – dass der Mensch Gott nach seinem Bild gemacht hat."

Wir sind von Gott enttäuscht, weil wir fälschlicherweise angenommen haben, dass er schon irgendwie in *unseren* schnelllebigen Zeitplan hineinpasst. Wir beten: „Herr, gib mir Geduld . . . aber gib sie mir *sofort!"* Wir haben uns das „schnelle, risikolose Instant-Christsein" vorgestellt: „Glaube, und du kannst haben, was du willst – und zwar jetzt sofort! Nimm Vollmacht darüber in Anspruch und schnapp es dir!"

Das klingt toll, ist aber keineswegs biblisch. Gott ist nicht käuflich. Wir sind auch deshalb enttäuscht, weil wir an den Glauben geglaubt haben und nicht an Gott selbst. Bei meinen Reisen durch das ganze Land habe ich viele Kirchen und Gemeinden kennen gelernt, die mit der Einstellung Schiffbruch erlitten haben: „Wenn wir nur genügend Glauben hätten, könnten wir Gott dazu bringen, das zu tun, was wir möchten."

Aber in und aus sich selbst heraus kann nicht einmal ein Berg des Glaubens ein Senfkorn versetzen. Es kommt einzig und allein darauf an, worauf sich der Glaube gründet. Stuart Briscoe benutzt ein winterliches Bild, um zu verdeutlichen, dass es nichts nützt, „mehr Glauben" an eine falsche Gottesvorstellung zu haben. Wenn er selbst beispielsweise einen so großen Glauben hätte, dass das Eis auf einem See ihn tragen könnte, die Eisdecke jedoch hauchdünn wäre, würde sein Glaube ihm überhaupt nicht helfen. Er hätte Glauben an etwas, was wenig Substanz hat und ihn in Schwierigkeiten bringen würde. Dagegen könnte er Glauben „von der Größe eines Senfkorns"[5] in eine sehr dicke Eisschicht haben. Mit ein bisschen Glauben nur könnte er hinaus auf das Eis gehen – und es würde ihn tragen. Die Qualität des Eises ist der entscheidende Punkt, nicht die Größe seines Glaubens.

Es kommt mir so vor, als ob unsere Generation in überheblicher Weise von der Annahme ausgeht, Gott würde nach ihrer Pfeife tanzen und sie verstünde Gott und seine Wege. Aber wir können und werden sie nicht verstehen. In Jesaja 55,9 sagt Gott: „So hoch der Himmel über der Erde ist, so weit reichen meine Gedanken hinaus über alles, was ihr euch ausdenkt, und so weit übertreffen meine Möglichkeiten alles, was ihr für möglich haltet."

Wir haben versucht, mit Gott ins Geschäft zu kommen: „Tu dieses, und Gott wird jenes tun." Dabei haben wir nicht gemerkt, dass das nicht funktioniert. Das Leben mit Gott ist keine „Wie du mir, so ich dir"-Beziehung.

Natürlich mag es schmerzvolle Konsequenzen aus unserem Ungehorsam und Segen durch unseren Gehorsam geben, aber Gott schuldet uns rein gar nichts. Es ist alles Gnade. Wir sind keine gleichberechtigten Geschäftspartner am Verhandlungstisch. Er schüttet seine Liebe über uns aus, weil es seinem Wesen entspricht, und nicht, weil wir es verdient haben. Wir sind dazu berufen, „unser Kreuz täglich auf uns zu nehmen und ihm nachzufolgen"[6], und wir erfahren nicht unbedingt, wo die Reise hingeht.

Terry Fullam zieht in seinem Buch *Living the Lord's Prayer* („Das Vaterunser leben") folgenden Vergleich: „Gott ist kein verzauberter Geist in einer Flasche. Gebet ist nicht dasselbe, wie an Aladins Wunderlampe zu reiben und ihn dazu zu bewegen, herauszukommen und uns unsere Wünsche zu erfüllen."

Sie mögen jetzt vielleicht denken, dass das zynisch klingt und fragen sich: „Hoffen Sie denn nicht auf Wunder? Haben Sie denn gar keinen Glauben?"

Die Wahrheit ist, dass ich noch nie so unkritisch und noch nie so fasziniert vom Weg des Glaubens war, aber ich möchte, dass sich mein Glaube auf *Gott* gründet und nicht auf eine falsche Vorstellung von ihm.

Enttäuscht von uns selbst

Was ganz besonders unsere Freude blockiert, sind die Enttäuschungen, die wir uns immer wieder selbst beibringen. Um es kurz zu fassen: Wir leben mit Schuldgefühlen und Selbstvorwürfen, die uns in die Tiefe ziehen, manchmal sogar in die tiefste Verzweiflung.

Ein Gebet in der Bibel, das für dieses ganze Buch von wesentlicher Bedeutung ist, wurde von König David geschrieben, als er mit seiner Sünde konfrontiert wurde: „Gott, schaffe mich neu: Gib mir ein Herz, das dir völlig gehört, und einen Geist, der beständig zu dir hält" (Psalm 51,12).

Obwohl er wusste, dass Ehebruch Gott zuwider ist, hatte er sich auf eine Beziehung zu der Frau eines anderen Mannes eingelassen. Was noch viel schlimmer war, er hatte danach einen Plan ersonnen, um sicherzustellen, dass dieser Mann im Kampf getötet würde. Sein vorsätzliches Überschreiten von Gottes Gesetz gefährdete seine Beziehung zu Gott – und raubte ihm alle Lebensfreude. In Psalm 51,5 bekennt David: „Ich weiß, ich habe Unrecht getan, meine Fehler stehen mir immer vor Augen."

Als ich vor kurzem nach einer Veranstaltung noch einige Bücher signierte, beobachtete ich aus den Augenwinkeln eine Frau, die auf ihrem

Stuhl saß und laut schluchzend ihr Gesicht in ihren Händen vergrub. Als alle im Saal gegangen waren, fragte ich sie, ob ich mich neben sie setzen dürfte. Sie bejahte und schüttete mir dann ihr Herz aus, während Tränen sich ihren Weg durch das verwischte Make-up bahnten:

„Vor vier Jahren haben mein Mann und ich finanziell eine ziemlich schwere Krise durchgemacht. Wir waren gerade wieder etwas auf die Füße gekommen, als ich feststellte, dass ich schwanger war." Sie hielt inne und nahm das Taschentuch, das ich ihr reichte. „Ich war schockiert. Wir konnten es uns doch nicht leisten, dass ich zu arbeiten aufhörte. Ich wusste, dass ein Kind meinen Mann und unsere Ehe unheimlich belasten würde. Darum beschloss ich, ihm diese Last zu ersparen. Ich tat, was ich für richtig hielt, und ließ das Kind ohne sein Wissen abtreiben." Sie kämpfte wieder mit den Tränen, als sie den letzten Satz zu Ende sprach. Ich nahm schweigend ihre Hand in meine.

„Was das Ganze unverzeihlich macht", fuhr sie fort, „ist die Tatsache, dass ich Christ bin, zumindest halte ich mich dafür. Mein Mann ist Ältester in unserer Gemeinde, und er weiß nicht, was ich getan habe." Sie krümmte sich vor innerem Schmerz – überzeugt davon, dass Gott diese Sünde nicht vergeben konnte.

Viele von uns, die schon seit Jahren Christ sind, halten sich nicht im eigentlichen Sinne für Sünder. Wir stehen jeden Morgen mit dem Vorsatz auf, Gott zu dienen und ihm wohlgefällig zu leben, und doch tun wir, um mit Paulus zu sprechen, genau das, was wir nicht wollen (Römer 7,16). Wir erreichen das gesteckte Ziel nicht und leben dann mit Schuldgefühlen und Selbstvorwürfen.

Eine der größten Enttäuschungen in meinem Leben erfuhr ich, als ich mir selbst begegnete. Unsere Kultur ermutigt uns ja dazu, „zu uns selbst zu finden". Nun, ich habe zu mir selbst gefunden – und es war eine riesige Enttäuschung. Selbstgerechtigkeit ist eine groteske Maske. Viele Jahre lang habe ich eine große Liste mit mir herumgeschleppt. Hin und wieder habe ich sie ausgegraben, entstaubt und, wenn es ein gutes Jahr war, vielleicht sogar ergänzt. Es war meine Liste der üblen Dinge, die ich nie getan hatte. In meiner Blindheit hatte ich die Menschen in zwei Kategorien eingeteilt: in diejenigen, die richtig große Sünden begingen, und diejenigen, die das nicht taten. Mich ordnete ich natürlich selbstgefällig in letztere Kategorie ein. Wenn ich von einer Freundin oder Kollegin erfuhr, dass sie über einen der großen Steine gestolpert waren, tat ich immer alles in meiner Macht Stehende, um ihnen zu helfen – und dankte Gott dabei im Stillen, dass mir das nicht passiert war und auch nie passieren würde.

Gott hat sich in seiner Gnade und Liebe bemüht, für mich ein Bild von meinem wahren Selbst zu zeichnen. Wenn man in der Psychiatrie landet, ist es mit der Selbstdarstellung so ziemlich vorbei. Es macht dann nur noch wenig Sinn, zu behaupten, dass es einem ganz gut geht . . . man merkt schon an der neuen Postanschrift, dass das so nicht stimmen kann. Aber selbst das hätte noch ein feiger Fluchtversuch von mir werden können: „Armes Ich, ich kann es doch nicht ändern. Mir geht es eben nicht gut!" Doch das ließ Gott nicht zu – Gott sei Dank!

Was ich beim ehrlichen Blick auf mich selbst feststellte, war, dass ich zornig, herrschsüchtig und zugleich feige war. Kein gutes Bild. Ich weinte tagelang über dieses neue Selbstbild. Ich weinte, um das nette Image, das ich so lange gepflegt und aufpoliert hatte, ablegen zu können. Ich weinte über meiner Arroganz, mit der ich viele Menschen verletzt hatte. Ich weinte, weil ich so verkehrt lag, als ich dachte, ich läge schon ziemlich richtig.

Ich denke an den Apostel Paulus, der seine eigene Schwäche zugab: „Ich unglückseliger Mensch! Wer rettet mich aus dieser tödlichen Verstrickung?" Dieser Frage folgt ein Ausruf: „Dank sei Gott durch Jesus Christus, unsern Herrn: Er hat es getan!" (Römer 7,24–25). Jesus ist der Einzige, der mich vor mir selbst retten kann!

Enttäuscht vom Leben

Wenn man vom Alkohol loskommen möchte, besteht der allererste Schritt darin zuzugeben, dass man ihm gegenüber machtlos ist. Ich bin der Meinung, dass der erste Schritt, mit unseren Enttäuschungen fertig zu werden, auch darin besteht, sie zuzulassen und zuzugeben, dass wir unfähig sind, etwas daran zu ändern. Gestehen wir uns ein, dass wir bedürftig sind, verletzt durch die Vergangenheit und verwirrt durch die Gegenwart.

Schreiben Sie doch einmal einen Brief an Gott, und sagen Sie ihm, was Sie an Ihrer Beziehung zu ihm enttäuscht. Gott weiß es sowieso schon. Aber es wird *Ihnen* helfen, der Wahrheit ins Auge zu sehen, wenn Sie es schwarz auf weiß vor sich haben. Gott weiß um Ihre persönlichen Wunschträume, die heimliche Abtreibung, den Zorn, den Sie in Ihrem Herzen tragen. Erst wenn wir diese Dinge Gott bekennen, kann er die Bruchstellen mit seiner Freude füllen.

Schritte zur Freude

1. Schreiben Sie in einem Tagebuch bestimmte Enttäuschungen auf, die Sie davon abhalten, wirkliche Freude am Leben zu erfahren. Erstellen Sie drei Listen: eine für die Enttäuschungen über andere, eine für die Enttäuschungen über Gott und eine Liste für die Enttäuschungen über sich selbst. Bitten Sie den Heiligen Geist, Ihnen alles ins Gedächtnis zu rufen, was wichtig ist, und schreiben Sie es ausnahmslos und unbeschönigt auf.

2. Nehmen Sie Ihre Listen und besprechen Sie sie im Gebet mit Jesus. Lesen Sie sie ihm vor und übergeben Sie sie ihm.

3. Ziehen Sie eine Freundin ins Vertrauen und sprechen Sie Ihre Enttäuschungen offen vor ihr aus. Bitten Sie sie, für Sie zu beten, während Sie sich diesen Enttäuschungen stellen und versuchen, sie im Vertrauen auf Gott hinter sich zu lassen.

4. Finden Sie einen symbolischen Weg, Ihre Enttäuschungen zu „begraben", wenn Sie sie ans Tageslicht gebracht haben. Vernichten Sie die Listen in einem Reißwolf, verbrennen Sie sie oder vergraben Sie sie im Vorgarten.

5. Schreiben Sie auf einer weiteren Liste Ihre Enttäuschungen über Ihre Eltern auf. Für jede Enttäuschung notieren Sie zugleich zwei positive Dinge, die Ihnen zu Ihrem Vater oder an Ihrer Mutter einfallen.

6. Lesen Sie die folgenden Bibelstellen aufmerksam durch und lassen Sie sie auf sich wirken:

„Belehret mich doch, dann will ich gerne schweigen. Wo habe ich mich vergangen? Sagt es mir! Durch Wahrheit bin ich leicht zu überzeugen, doch euer Redeschwall beweist mir nichts!"
Hiob 6,24–25

„Ich weiß, ich habe Unrecht getan, meine Fehler stehen mir immer vor Augen. [. . .] Gott, schaffe mich neu: Gib mir ein Herz, das dir völlig gehört, und einen Geist, der zu dir hält. Vertreibe mich nicht aus deiner Nähe, und entzieh mir nicht deinen Heiligen Geist. Mach mich doch wieder froh durch deine Hilfe, und gib mir ein gehorsames Herz."
Psalm 51,5; 12–14

„Ich selbst bin arm und von Schmerzen geplagt; durch deine Hilfe, Gott, bring mich in Sicherheit!"
Psalm 69,30

„Nachdem wir nun aufgrund des Glaubens bei Gott angenommen sind, haben wir Frieden mit Gott. Das verdanken wir Jesus Christus, unserem Herrn. Er öffnete uns den Weg des Vertrauens und damit den Zugang zur Gnade Gottes, in der wir jetzt festen Stand gewonnen haben. Nun haben wir Grund, uns zu rühmen, weil wir die gewisse Hoffnung haben, daß Gott uns an seiner Herrlichkeit teilnehmen läßt. Mehr noch: Wir rühmen uns sogar der Leiden, die wir für Christus auf uns nehmen müssen. Denn wir wissen: Durch Leiden lernen wir Geduld, durch Geduld kommt es zur Bewährung, durch Bewährung festigt sich die Hoffnung. Unsere Hoffnung aber wird uns nicht enttäuschen. Denn daß Gott uns liebt, ist unumstößlich gewiß. Seine Liebe ist ja in unsere Herzen ausgegossen durch den Heiligen Geist, den er uns geschenkt hat."
Römer 5,1–5

Kapitel 3

Verzerrte Vorstellungen

Herr, zeige mir mein Selbst; lass mich mein inneres Sein achten und lie-
ben, und ich werde bereit sein, den König der Ehren einzulassen.

Josephine Moffet Benton

V ergangene Enttäuschungen können uns die Freude am Leben
vergällen, und sie können uns sogar dazu verleiten, die Gegenwart völlig falsch einzuschätzen. Aufgrund unserer negativen Erfahrungen in der Vergangenheit nehmen wir die Gegenwart nur noch ver-
zerrt wahr. Ich beschränke mich hier auf Enttäuschungen, die mit
unserem Selbstbild zu tun haben, beziehungsweise damit, wie wir uns
selbst definieren. „Wer bin ich? Nach wessen Maßstab bestimme ich
letztendlich, wer ich bin?"

Einer von Hiobs infamen Freunden, Elifas von Teman, verhörte den
leidenden Hiob: „Es kann nur wegen deiner Bosheit sein und weil du
immer wieder Unrecht tust. [. . .] Der Durstige bekommt von dir kein
Wasser, den Hungernden verweigerst du dein Brot" (Hiob 22,5,7).

Wir wissen aber, dass Gott Hiob für einen gerechten und heiligen
Mann hielt. Elifas Worte entsprachen ganz und gar nicht der Wahrheit.

Hiob glaubte nicht an die Worte seines Freundes. Aber nur allzu
viele unter uns kennen den Einfluss, den andere Menschen – Familie,
Freunde oder Feinde – auf unsere Selbstwahrnehmung haben. Wir
glauben allzu leicht den falschen Stimmen. Ich möchte mich hier den
gängigsten Zerrbildern zuwenden, die ich so von Christen und unter
diesen insbesondere von Frauen zu hören bekomme.

Der Mythos von der Superfrau

Viele von uns sind unzufrieden damit, wer sie sind und was sie haben, weil die Medien ihnen einzureden versuchen, dass sie alles können und alles haben sollten. Die Frauenbewegung fegte über uns hinweg und schlug einen Ton an, der für viele, die sich leer und verlassen vorkamen, so verlockend wie ein Sirenengesang klang. Wir schlossen uns eifrig dem Bild von der Frau an, die „alles haben" konnte, aber diese Theorie war noch nicht verblasst, als klar wurde, dass niemand dazu angelegt ist, alles zu haben oder alles zu sein oder alles zu tun. Anstatt dieser Realität aber ins Auge zu blicken, fühlen wir uns eher deprimiert oder schuldig, weil wir keine Superfrauen sind.

Dies gilt besonders für Mütter kleiner Kinder. Unsere Kultur huldigt dem finanziellen Erfolg. Selbst in der Kirche sehen wir Wohlstand als Zeichen für Gottes Segen. Wir wollen Arbeitsplätze, die gutes Geld bringen und uns eine gewisse berufliche Anerkennung verschaffen. Aber wir wollen auch für unsere Kinder da sein. Und seien wir doch einmal ehrlich: Unsere Kultur legt nicht sehr viel Wert auf die anstrengende und anspruchsvolle Aufgabe der Kindererziehung. Ich erinnere mich noch lebhaft daran, wie ich jeden Tag von der Schule nach Hause kam und meine Mutter da war. Mir war nicht immer nach Reden zumute, aber es war einfach schön zu wissen, dass sie da war. Wir hätten mehr Geld gehabt, wenn sie arbeiten gegangen wäre, aber so hatten wir sie, und das war ein festeres Fundament als irgendein neues Kleidungsstück oder neues Gerät.

Für viele Frauen ist das undenkbar. Alleinerziehende Mütter hetzen sich ab, um ihre Kinder allein großzuziehen. Jede Mutter hat mit schwerwiegenden Entscheidungen zu kämpfen und die meisten kämpfen mit dem Bild von der erfolgreichen Frau, dem Sie nicht gerecht werden können. Sie sinken jeden Tag tiefer in ihrer Selbstachtung.

Wie bewertet eine Frau, die um Mitternacht dabei ist, die Wäsche zusammenzulegen und die Pausenbrote für den nächsten Tag vorzubereiten, ihr Leben? Wie beurteilt eine kinderlose Frau, die sich sehnlichst ein Kind wünscht, ihr Leben? Wie oft bemessen einige von uns – oder sogar wir alle – unseren Wert anhand von äußeren Faktoren, die eine Zeitschrift oder ein Redner oder sogar ein Pastor uns als das Nonplusultra verkaufen wollen?

Der Fluch der Scham

Oft sehe ich, dass hinter einer tiefen Unzufriedenheit Lügen über unser Selbstbild stecken, denen wir Glauben schenken. Eines der größten Hindernisse für echte Lebensfreude ist die Scham. Sie redet uns ein, dass wir nichts wert sind.

Ich berichtete in einer Kirche in Kalifornien von meinen persönlichen Erlebnissen. Am Ende des Vortrags kam ein Mann auf mich zu und wollte mit mir reden. Er muss wohl Anfang fünfzig gewesen sein, war schick gekleidet und offensichtlich recht erfolgreich. „Als Sie heute über die Scham geredet haben", meinte er, „da haben Sie von mir gesprochen."

„Was meinen Sie damit?", fragte ich zurück.

„Als ich ein kleiner Junge war, hat meine Mutter mir erzählt, dass sie mich nie hätte bekommen dürfen. Meine Geburt hatte ihre Gesundheit ruiniert." Er hielt inne. Der Schmerz verzerrte sein Gesicht. „Ich habe all die Jahre so hart gearbeitet", fuhr er fort, „aber ich kann mich einfach des Gefühls nicht erwehren, dass ich ungewollt bin, dass meine ganze Existenz ein einziger Fehlgriff ist."

Dieser Mann ließ zu, dass die Enttäuschung und Unsensibilität seiner Mutter seine persönliche Identität beherrschten. Wir beteten zusammen, und nachdem er gegangen war, fragte ich mich, wie viele Leute wohl noch herumlaufen, die im Innersten ihres Seins denken, sie seien Versager – und zwar nicht, weil sie wirklich etwas falsch gemacht haben, sondern weil sie die Last eines anderen als ihre eigene mit sich herumtragen.

Schuld- und Schamgefühle ähneln sich sehr stark. Schuldgefühle machen uns weis, dass wir etwas verkehrt *gemacht* haben. Schamgefühle machen uns weis, dass wir verkehrt *sind*. Wir können nach besten Kräften etwas wieder gut machen, was wir falsch *gemacht* haben, aber wenn wir meinen, wir *seien* verkehrt, was dann? Diejenigen, die mit Scham leben, glauben, dass alles, was sie tun und sind, falsch ist.

Ich war noch ein Kind, als sich die Persönlichkeit meines Vaters grundlegend zum Negativen veränderte. Ein Blutgerinnsel hatte sich in seinem Gehirn festgesetzt und den Mann zerstört, der er immer für mich gewesen war – ein liebevoller, treu sorgender Vater. Meine letzte Erinnerung an ihn ist, dass er mich sehr wütend anstarrt. Ich konnte damals nicht verstehen, warum die Person, die mich so sehr geliebt hatte, mich nun zu hassen schien. Was hatte ich bloß verbrochen, das den Ausdruck in seinen Augen so anders werden ließ? Was hatte er in mir gesehen, das so wenig liebenswert war?

Lange Zeit hat dies meine Beziehung zu Gott und zu anderen Menschen in Mitleidenschaft gezogen. Die Scham war mein Begleiter. In meinem kindischen Denken nahm ich an, dass alles mein Fehler war, dass mein Vater mich hasste. Und wenn er mich hasste, mussten andere mich auch hassen, wenn sie erfuhren, wie ich wirklich war. Deshalb versuchte ich, perfekt zu sein. Ich versuchte, nie jemanden zu enttäuschen. Ich sehnte mich danach, so geliebt zu werden, wie ich wirklich war. Und dennoch war der Gedanke daran, dass jemand erfahren könnte, wer ich wirklich war und was ich wirklich dachte, erschreckend für mich. Was, wenn ich an meiner verletzlichsten Stelle abgelehnt würde?

Als Teenager mochte ich es nicht sehr, wenn das Telefon klingelte. Mein erster Gedanke war jedes Mal: „Wer ist dran, und was habe ich wohl verbrochen?" Wenn man die Tatsache bedenkt, dass meine größte Jugendsünde darin bestand, mir heimlich die Sweatshirts meiner Schwester zu leihen, war meine Furcht völlig unbegründet. Dennoch war sie für mich real.

Als ich erwachsen wurde, legte ich die Messlatte noch höher an. Ich gab mein Bestes, um ein gutes, angesehenes Leben zu führen, aber die Unsicherheit schlich sich überall bei mir ein, so wie sich Efeu an einem alten Haus breit macht und sich unaufhaltsam emporrankt. Lange genug lebte ich nach außen hin ein sehr öffentliches Leben, aber innerlich war ich isoliert, weil ich mich so wertlos fühlte.

Wie wir unsere Makel kompensieren

Wie kompensieren manche dieses negative Selbstbild?

Viele unter uns versuchen, ein „lautes" Leben zu führen. Wir finden die Gesellschaft mit uns selbst nicht angenehm, deshalb drehen wir das Autoradio an oder schalten den Fernseher ein. Wenn eine Geräuschkulisse da ist, muss man nicht nachdenken, und auch nicht, wenn man sich mit den Schauspielern oder den Helden in den Taschenbuchromanen identifiziert.

Viele Leute versuchen, jemand zu sein, der sie gar nicht sind. Als Heranwachsender gab es immer jemanden, der ich viel lieber sein mochte als ich selbst. Ich erinnere mich noch an ein Mädchen in meiner Klasse namens Laura Bannerman. Sie war sehr hübsch und selbstsicher. Sie war überzeugt von sich, wo ich unbeholfen war. Ich beobachtete sie immer und versuchte die Art nachzumachen, wie sie sich bewegte oder lachte, aber es hat nie richtig funktioniert. Und selbst wenn es funktioniert hätte, wäre es nur ein trügerischer Triumph gewesen. Die Leute hätten immer Laura Bannerman in mir gesehen.

Wir sind davon überzeugt, dass wir von anderen Menschen, von Gott und von uns selbst akzeptiert würden, wenn wir mehr Ausstrahlung hätten.

Oder vielleicht, wenn wir hübscher wären.

Als wir in unser Haus in Franklin im Bundesstaat Tennessee einzogen, beschloss ich, ein paar Sachen auszusortieren. Es war erstaunlich, was sich alles in einem Schrank ansammelte, nur für den Fall, dass man es irgendwann noch einmal gebrauchen konnte. „Was ist das denn?", fragte mich Barry, als er eine Schachtel mit etwas öffnete, das aussah wie sechs tote Hamster.

„Du weißt doch, der Trend zur Zweitfrisur hält an. Das ist mein schickes Haarteil", antwortete ich.

Ich war wieder einer jener Fernsehwerbungen von der Art: „Wir können Ihr Leben besser machen" erlegen, die sofort herrlich langes Haar durch Einflechten von Haarteilen in das eigene Haar versprach. Ich hatte es versucht, aber ich sah damit leider aus wie ein schlecht frisierter Cockerspaniel. Bei dieser Aufräumaktion fand ich auch zwei Bauchtrainer und eine Reihe anderer Gegenstände, die mehr Fitness und ein schöneres Aussehen versprochen hatten.

War dieser Versuch, schöner zu sein, nur Eitelkeit meinerseits? Ich glaube nicht. Seit Jahrhunderten hat die Kirche den Stolz als eine der sieben „Todsünden" gegeißelt. Aber manchmal scheint es mir so, als sei das, was nach außen hin wie Stolz aussieht, nur Selbstverachtung in einer anderen Form.

Ich hatte einen Freund, der nicht damit klarkam, dass er unter Haarausfall litt. Es hatte damit begonnen, dass seine Haare dünner wurden, als er gerade mal zwanzig war. Es lag in seinem Erbgut. Mit fünfundvierzig war sein Vater schon ganz kahl gewesen, und die Aussicht darauf, so auszusehen wie sein Vater, war für ihn einfach schrecklich. Mein Freund hatte mit Anfang dreißig noch eine Strähne auf dem Kopf, die tapfer weiter wuchs. In dem Bemühen, an seiner Jugend festzuhalten, kämmte er diese Strähne rings um den ganzen Kopf und sprayte sie dann mit einer Art Super-Haarlack ein. Es sah einfach grotesk aus.

Da mein Freund nicht bereit war, sich der Realität dessen zu stellen, was er als nicht tolerierbare Unvollkommenheit ansah, war er ein Gefangener seiner Verkrampfungen, seiner Sorgen und Ängste geworden – und verpasste die Freude am Jetzt.

Wer war er? Allem Augenschein nach schien er sich über seine Haare zu definieren, frei nach dem Motto: *Ich bin glatzköpfig und schäme mich dafür.*

Die unglücklichen Versuche meines Freundes, seinen fast kahlen Kopf zu verbergen, sind eigentlich ein guter Vergleich zu vielen anderen Bemühungen, die wir so anstellen, um besser zu scheinen, als wir sind. Wir Christen versuchen, uns und anderen vorzugaukeln, wir hätten etwas, was wir in Wirklichkeit gar nicht haben: den Sieg in Christus. Und wir haben diesen Sieg – diese Freude – nicht, weil uns das grundlegende biblische Verständnis davon fehlt, wer wir in ihm sind.

Wie wir versuchen, uns würdig zu erweisen

Ich sehe immer wieder so viele völlig freudlose christl. .he Frauen, die deprimiert sind, die erschöpft sind in ihrem Bemühen, sich ihres Platzes auf der Erde oder in den Herzen ihrer Familie, ihrer Freunde oder selbst Gottes würdig zu erweisen.

Vor ein paar Jahren erhielt ich von einer Frau, die meine Biographie *Honestly* (Titel der deutschen Ausgabe: „Als Star zwischen Licht und Schatten")[1] gelesen hatte, einen traurigen Brief. Sie bewunderte meinen Mut, dass ich bei meiner Depression, die stationär behandelt werden musste, professionelle Hilfe gesucht hatte. Sie litt auch unter einer starken Depression, wollte jedoch keine Hilfe in Anspruch nehmen. Sie war der Meinung, dass sie ihre Leitungsfunktion in der Gemeinde verlieren würde, wenn sie ihre Nöte publik werden ließ. Die folgenden Zeilen in ihrem Brief trafen mich besonders:

„Ich denke, so lange ich anderen helfe, kann Gott sehen, wie sehr ich ihn liebe; wenn ich damit aufhören würde, hätte ich nichts mehr zu bieten."
Ich hätte weinen können, als ich diese Worte las. Ich weiß, wie gut und wie befriedigend es sein kann, sich für andere einzusetzen – aber ich habe auch erfahren müssen, dass es einen oft von der wirklichen Beziehung zu Christus fern halten kann. Wir können geben, geben, geben, aber wir werden uns dadurch nie mehr oder weniger würdig vor Gott erweisen.

Ich erinnere mich an eine Frau, die gerade mit den anderen Teilnehmerinnen nach der Abendveranstaltung einer „Women of Faith"-Konferenz die Halle verließ.

„Ich gebe auf", sagte sie.

Ich konnte an ihrem Blick erkennen, dass sie es wirklich satt hatte. Sie schien so unruhig und fehl am Platz verglichen mit den anderen Frauen, die mit einem Lächeln auf dem Gesicht aus dem Konferenzgebäude strömten.

„Was ist los?", fragte ich sie. „Hat Ihnen die Konferenz denn keinen Spaß gemacht?"

„*Spaß* gemacht?! Das soll wohl ein Witz sein! Ich habe keinen einzigen Vortrag gehört."

„Warum denn?", fragte ich sie. „Haben Sie Ihre Eintrittskarte verloren?"

„Nein, ich hab bloß meinen Verstand verloren!"

Ich rückte einen Stuhl heran, der hinter meinem Büchertisch stand, und bat sie, doch neben mir Platz zu nehmen: „Nun erzählen Sie doch mal, was los ist."

„Nun", begann sie, „ich habe eine große Gruppe von Frauen aus unserer Gemeinde mit hierher gebracht. Ich habe das Ganze selbst organisiert, die Hotels gebucht, die Fahrt und so weiter. Ich tue immer etwas für andere Menschen, und alles, was ich dafür möchte, ist ein wenig Anerkennung, ein wenig Dankbarkeit. Aber stattdessen renne ich kopflos in der Gegend herum wie ein aufgescheuchtes Huhn und kümmere mich um jedermanns Probleme. Und dann hat doch eine Frau tatsächlich die Dreistigkeit besessen, mir zu sagen, ich hätte Patsy Clairmonts[2] Vortrag hören sollen, denn ich bräuchte etwas mehr Freude in meinem Leben!" Sie holte tief Luft, und ich hatte den Eindruck, der Dampfkessel würde jeden Moment explodieren.

Was wollte sie wem beweisen?

Wenn wir unser Leben auf das Bestreben aufbauen, uns oder anderen etwas beweisen zu wollen, dann halten wir das negative und falsche Bild, das wir von uns selbst haben, krampfhaft aufrecht.

Egal, wie hart wir daran arbeiten, ein Ziel zu erreichen, wir werden es immer knapp verfehlen. Wir können nie hoch genug springen, um dem „Du musst!", das uns antreibt und bestimmt, gerecht zu werden. Sollten wir ausnahmsweise einmal ein realistisches Ziel erreicht haben, reden wir uns einfach selbst ein, dass wir trotzdem wieder mal versagt haben. Und der Teufelskreis beginnt von vorn:

- „Ich bin ein Unglücksrabe.
  (Das passiert immer nur mir!)"
- „Ich bin ein Nichts.
  (Nie bringt mir jemand Respekt entgegen!)"
- „Ich bin ein hoffnungsloser Fall.
  (Ich werde dieses Fehlverhalten nie überwinden können!)"
- „Ich bin ein Versager.
  (Die Leute denken zwar, dass ich erfolgreich bin, aber ich weiß, dass das alles nur Schau ist!)"

Die Stimmen in uns, die uns einreden wollen, dass wir wertlos sind, dass wir uns nie ändern werden, dass es keine Hoffnung für uns gibt – diese Stimmen sind nicht von Gott. Sie kommen von dem Feind unserer Seelen, der Herz und Verstand verunsichern und besiegen will. Im Hebräerbrief wird Satan als „Ankläger"[3] bezeichnet und Offenbarung 12,10 nennt ihn „den Ankläger unserer Brüder". Johannes 8,44 beschreibt Satan als „Lügner". In den Irrungen und Wirrungen unserer Gefühlswelt geht seine Rolle in unserer Misere oft unter. Wir glauben seinen Lügen, weil wir manchmal sonderbarerweise Gefallen daran finden, in der Dunkelheit herumzustolpern. Manchmal sind auch unsere Augen von dem Licht geblendet und wir haben Angst, die vertraute Dunkelheit zu verlassen. Das Risiko erscheint uns zu hoch.

Ich erinnere hier nochmals an die Frau, von der ich gerade erzählt habe, die auf der Frauenkonferenz das ganze Programm verpasst hatte. An diesem Abend sprachen wir eine Zeit lang miteinander. Ich legte ihr nahe, einmal mit den ganzen Aktivitäten aufzuhören und sich Zeit zu nehmen, um darüber nachzudenken, was sie eigentlich in ihrem Leben so tat und warum sie es tat. Zum Schluss sagte ich noch zu ihr: „Vielleicht mögen Sie sich dann etwas besser leiden. Vielleicht können Sie dann ein wenig von der Freude an unserem Herrn verspüren."

Sie blickte mich mit traurigen Augen an, so als ob ich ihr etwas verkaufen wollte, was zehn Mark kostete, und sie hatte nur zehn Pfennig dabei.

In seiner kleinen Schrift *Über die Trauer* erzählt C. S. Lewis von einer Begebenheit mit seiner späteren Frau Joy. Einen ganzen Morgen wurde sie „von dem unbestimmten Gefühl verfolgt, Gott fordere ihre Aufmerksamkeit". Lewis schreibt weiter: „Und da sie keine vollkommene Heilige war, hatte sie selbstverständlich das Gefühl, es ginge, wie üblich, um eine unbereute Sünde oder eine lästige Pflicht. Endlich gab sie nach und stellte sich ihm. Die Botschaft aber lautete: Ich möchte dir etwas schenken, und sogleich wurde sie von tiefer Freude erfüllt."[4]

Stopp!

Ich höre immer wieder Erfahrungsberichte von erschöpften, ausgelaugten Frauen. Frauen, die es leid sind, sich selbst etwas beweisen zu müssen. Und ich möchte Ihnen hier sagen: Stopp! Es funktioniert nicht! Der Kampf ist so unnütz wie das Zappeln einer Fliege, die am Fliegenfänger klebt. Solange wir an grundlegend falschen Vorstellungen darüber festhalten, wer wir sind, werden wir die Freude nie ergreifen können. Solange wir versuchen, Gottes Anerkennung zu gewinnen oder ihm zu beweisen, dass wir seiner „würdig" sind, wird die Freude außerhalb unserer Reichweite bleiben.

Ich erzähle bei Vorträgen immer meine eigene Geschichte, um dieses Prinzip zu verdeutlichen. Anfangs tat ich das nicht freiwillig. Doch ich bin ein gutes Beispiel für die zerstörerische Wirkung von Scham und Schuldgefühlen. Ich zerbrach einfach unter der Last meiner Selbstverachtung. Doch zum Glück durfte ich begreifen, dass Gott mich bedingungslos liebt und ich mir seine Anerkennung nicht verdienen muss! Was für eine Befreiung kann man in dem Zerbruch seines Lebens finden, wenn man schließlich entdeckt, wer Gott ist, wer man selbst ist und was Gott sich für einen wünscht.

Und das Wunderbare an der Freude über diese Befreiung ist, dass sie Kreise zieht. Wenn wir sie finden, wird sie uns zur Stärke. Vielleicht bestimmt sie uns sogar ganz, und wir machen die gleiche Erfahrung, die Nehemia seinem Volk weitergab: „Macht euch keine Sorgen, denn die Freude am Herrn umgibt euch wie eine schützende Mauer" (Nehemia 8,10).

Schritte zur Freude

1. Wenn wir den Dingen, die an uns nicht perfekt sind oder nicht funktionieren, ins Auge sehen, haben wir den ersten Schritt getan. Mein „schickes Haarteil" ließ mich im Stich, genauso wie alles andere, was ich ausprobierte, um mich „würdig" zu erweisen. Schreiben Sie die Dinge auf, die Sie tun, um sich in Ihrer Beziehung zu Ihrem Mann, Ihren Freunden, Ihrer Familie, Ihrer Gemeinde und in Ihrer Beziehung zu Gott aufzuwerten.

2. Schreiben Sie in Ihr Tagebuch, was Sie Ihrer Meinung nach in den Augen anderer und in den Augen Gottes wertvoll und wichtig sein lässt.

3. Robert Burns[5], ein Dichter aus meiner Heimatstadt Ayr in Schottland, schrieb folgende Gedichtzeilen:
Ach, wär uns doch die Gabe gegeben,
uns so zu sehen, wie andre uns sehen![6]
Bitten Sie ein paar Freunde Ihres Vertrauens, Ihnen zu sagen, was sie an Ihnen lieben und schätzen, und vergleichen Sie diese Liste mit dem, was Sie unter Punkt 2 aufgeschrieben haben.

4. Bitten Sie Ihren Vater und/oder Ihre Mutter, Ihnen einmal in einem Brief aufzuschreiben, was sie an Ihnen für ganz besonders wertvoll halten. (Was schätzen sie an Ihnen?) Ich werde nie den Brief vergessen, den meine Mutter mir nach meinem Aufenthalt in der psychiatrischen Klinik schickte. Sie schrieb mir, wie sehr sie mich liebte und schätzte und warum sie das tat.

5. Wenn es das nächste Mal regnet oder Sie ein paar freie Stunden haben, nehmen Sie sich einen Stapel alter Zeitschriften, und schneiden Sie Bilder für eine Collage aus, die Sie in irgendeiner Weise an Ihr Leben erinnern.

6. Nehmen Sie sich bewusst Zeit, über folgende Bibelstellen nachzudenken:

Jesus hörte es und antwortete: Nicht die Gesunden brauchen den Arzt, sondern die Kranken. Matthäus 9,12

Was bleibt zu alldem noch zu sagen? Gott selbst ist für uns, wer will sich dann gegen uns stellen! Römer 8,31

Wenn also ein Mensch zu Christus gehört, ist er schon „neue Schöpfung". Was er früher war, ist vorbei; etwas ganz Neues hat begonnen. 2. Korinther 5,17

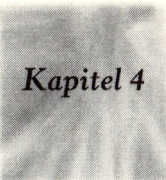

Kapitel 4

Angst vernebelt die Zukunft

*Denn so wie Kinder zittern und sich in der völligen Dunkelheit vor allem
fürchten, so fürchten wir uns im Licht manchmal vor dem, vor dem man
sich nicht mehr zu fürchten braucht als vor Dingen, die Kinder in der
Dunkelheit in Atem halten und von denen sie sich einbilden, dass sie wahr
seien.*   Lukrez[1]

Herr, ich habe Angst.
Ich habe Angst, allein zu sein.
Ich habe Angst, mit jemandem zusammen zu sein.
Ich habe Angst, zu versagen.
Ich habe Angst, einen Versuch zu wagen.
Ich habe Angst, mich zu ändern.
Ich habe Angst, mich nie zu ändern.
Herr, ich habe Angst.
Hilf mir!

Wir haben über Hindernisse gesprochen, die in vergangenen
Enttäuschungen und dem jetzigen Selbstbild begründet lie-
gen und die uns die Freude vergällen wollen. Aber wie sehen unsere
Zukunftsperspektiven aus? Wie beeinflussen Angst und Sorge uns?
Sind sie wie schwarze Wolken am Horizont?

Hier ein paar Fakten zur Angst: Wie die Freiheit, so ist auch die
Angst ein Gemütszustand. Ich kenne Menschen, die sich davor fürch-
ten, ein Flugzeug zu besteigen. Aber ich fliege sehr gern. Mein Mann
Barry mummelt sich gerne in eine Decke ein, wenn ihm kalt ist. Ich

dagegen kann das nicht ausstehen, weil ich mich dann eingeengt fühle. Als ich zehn war, sammelte ich mit Leidenschaft weiße Mäuse. Meine Mutter jedoch bekam jedes Mal einen Anfall, wenn ich wieder eins der Tierchen mit nach Hause brachte. Unsere Ängste können so unterschiedlich sein wie unsere Persönlichkeiten.

Ähnlich wie unser Selbstbild sind auch unsere Zukunftsängste geprägt von den Enttäuschungen und falschen Vorstellungen, die sich bis zum jetzigen Zeitpunkt Schicht um Schicht bei uns abgelagert haben. Unser Leben besteht aus so vielen Schichten und Facetten, dass wir uns darunter und darin verlieren können, wenn wir nicht aufpassen.

Übertriebene Ängste

Einige unserer Ängste sind unbegründet, eingebildet, irrational. Jeremy Taylor, ein anglikanischer Bischof des siebzehnten Jahrhunderts, sagte einmal: „Eine große Angst, wenn sie nicht richtig gezügelt wird, ist die Mutter des Aberglaubens."

Das Wissen um eine solche „Erweiterung" der Realität liegt einigen Sprichwörtern zugrunde. Im jüdischen Talmud heißt es: „Wer von einer Schlange gebissen wurde, erschreckt sich vor einem Seil." Und es gibt noch eine afrikanische Version: „Wer von einer Schlange gebissen wurde, fürchtet sich vor einer Eidechse."

Als ich klein war, erschreckte ich mich einmal fürchterlich vor einem Jungen in meiner Klasse, der hinter einer Wand hervorsprang. Er trug eine Halloween-Maske[2], so dass ich nicht erkennen konnte, wer sich dahinter verbarg. Seither habe ich vor Menschen, die eine Maske tragen, eine irrationale Angst. Vor einigen Jahren gab ich in Florida ein Konzert für eine kirchliche Jugendgruppe. Nach der Abendveranstaltung gingen wir in eine Pizzeria namens „Chuck E. Cheese's". Das Maskottchen dieses Restaurants war eine große Maus mit Namen Chuck, die natürlich von einem kostümierten Menschen gespielt wurde. Als ich gerade zu meinem Tisch zurückgehen wollte (es war ein Selbstbedienungslokal), bemerkte ich, wie sich eine Hand auf meine Schulter legte. Ich drehte mich um, da ich dachte, es wäre eines der Kinder, und stand Auge in Auge einer 1,80 m großen Maus gegenüber. Ich erschrak dermaßen, dass ich meine Pizza und die Cola wegwarf und sich alles über das

Plüschkostüm der Maus ergoss. Ich war beschämt und „Chuck" war patschnass. Wir lachten später alle darüber, aber es verdarb mir den Abend, weil es einen wunden Punkt bei mir berührt hatte.

Irrige beziehungsweise irrationale Vorstellungen, die sich in unserer Fantasie übermäßig breit machen, können einem die Freude schneller rauben, als das Licht angeht, wenn man einen Schalter anknipst.

Unsere größte Sorge

Einer Umfrage zufolge geben sowohl Männer als auch Frauen „Kontrollverlust" als ihre größte Sorge an. Diese Angst beginnt – wie die meisten anderen Ängste auch – mit einer Frage, die an sich nicht verkehrt ist. Sie wird jedoch krankhaft, wenn sie dauernd negativ beladen ist: „Was wäre, wenn?"

Was wäre, wenn ich einen Autounfall hätte? Was, wenn ich mich selbst lächerlich mache? Was, wenn ich nie befördert werde? Was, wenn ich nie ein Kind bekomme? Was wäre, wenn ich bei einem Auftritt von der Bühne falle?

Mein Freund Brennan Manning[3] meint dazu, dass diese Art des Denkens ein ganzes Leben beherrschen kann. Wenn das so ist, dann nimmt man sozusagen eine zweite Hypothek auf das Haus der Angst auf.

Ich kann bei mir feststellen, dass viele meiner Ängste aus dieser „Sorge Nummer 1" entsprangen – aus der Angst, die Kontrolle zu verlieren, insbesondere wenn es um meine Karriere als Sängerin, Moderatorin und Rednerin in der Öffentlichkeit ging. Ich erinnere mich noch gut daran, wie ich 1997 auf einer „Women of Faith"-Konferenz in Tulsa, Oklahoma, eine Ansprache hielt. Es lag mir sehr daran, dass der Abend zu einer gelungenen Sache wurde, da ein paar Freunde von mir gekommen waren. Ich freute mich schon mit ihnen auf das Wochenende, das wir gemeinsam verbringen wollten. Die Nacht zuvor hatte ich kein Auge zugemacht. Christian bekam seine ersten Zähnchen und als er schließlich einschlief, verzog sich die Hochzeitsgesellschaft, die bei unserer Ankunft in der Hotelbar gefeiert hatte, in das Zimmer nebenan und schmetterte lautstark Lieder, die sie bestimmt nicht in der Sonntagsschule gelernt hatten!

Am nächsten Morgen war ich völlig erschöpft. Ich dachte, ich würde mich bestimmt besser fühlen, wenn ich mir mehr Zeit als gewöhnlich nahm, um meine Haare zu frisieren. So probierte ich einen etwas anderen Frisurenstil aus. Gerade als wir zur Konferenz aufbrechen wollten, kam Barry herein und fragte mich, was in aller Welt ich mit meinen Haaren angestellt hätte. Ich warf ihm vor, er sei ein ungehobelter Trampel, und sprang nochmals unter die Dusche. *Zum Glück,* dachte ich, *habe ich wenigstens noch mein schönes neues weißes Kostüm.* Fünf Minuten, bevor ich auf die Bühne musste, warf Christian ein ganzes Gläschen Karottenbrei um und alles ergoss sich auf meine weiße Jacke! Ich hatte natürlich nichts zum Umziehen dabei. Alle Vorstellungen davon, die Sache zumindest annähernd im Griff zu haben, schwanden dahin. Es war eine sehr lehrreiche Erfahrung für mich, an diesem Abend auf die Bühne zu gehen.

Seit ich Mutter geworden bin, hat diese Angst, die Kontrolle über die Dinge zu verlieren, eine neue Spitze erreicht: Die Angst um das Wohlergehen meines Kindes hat mich gepackt. Mit den Freuden der Mutterschaft kam zugleich eine Verletzlichkeit, die ich nie zuvor gekannt hatte. Und diese hat mich gerade in den Tagen nach Christians Geburt voll erwischt. Was für mich bei meinem kleinen Sohn wie eine nette Urlaubsbräune aussah, war laut Arzt eine handfeste Gelbsucht. Er erklärte mir, dass die Leber des Kleinen noch nicht ganz ausgebildet wäre – Christian war drei Wochen zu früh auf die Welt gekommen. Sie nahmen ihm Blut ab und rieten uns, mit ihm so oft wie möglich ins Freie zu gehen und ihn der winterlichen kalifornischen Sonne auszusetzen. Wir sollten Christian am nächsten Tag nochmals dem Arzt zeigen. Sollte sich der Bilirubingehalt bis dahin nicht gebessert haben, würden sie Wärmestrahler verordnen. Ich hielt ihn fest, als sie ihm an seiner kleinen Ferse Blut abnahmen. Er schrie so laut, dass es mir fast das Herz brach.

Wir fuhren nach Hause. Ein paar Stunden später rief der Arzt an und teilte uns mit, dass wir Christian sofort auf die Intensivstation der Kinderklinik bringen müssten, da noch etwas anderes im Blut festgestellt worden war. Wir packten schnell ein paar Sachen ins Auto und nahmen den Hund mit, den wir in der Hundepension absetzen wollten, da wir noch nicht wussten, wie lange wir im Krankenhaus bleiben mussten. Barry brachte Bentley schnell hinein und ließ mich mit

Christian allein im Auto zurück. Ich fühlte mich ganz elend und verzweifelt.

„Bitte lass nicht zu, dass Christian etwas passiert!", betete ich laut zu Gott. Tränen strömten über mein Gesicht. „Bitte nimm mir nicht meinen kleinen Jungen weg!"

Wenn in diesem Moment jemand gekommen wäre und mir die Frage gestellt hätte: „Sheila, willst du deinen Sohn nicht ganz an Gott abgeben?", hätte ich sicherlich laut „Nein" gesagt. Ich hätte bestimmt nicht wie Abraham gehandelt. Ich hatte solche Angst, dass Gott mir Christian wegnehmen würde, wenn ich ja gesagt hätte.

In der Klinik erklärte man Barry und mir, wie wir unsere Hände (zehn Minuten lang!) zu waschen und den Mundschutz und die Kittel anzulegen hatten. Wir wurden zur Intensivstation D-5 begleitet. Es war alles so steril. Und da lag nun *unser* kleines Würmchen in diesem künstlichen Brutapparat. Als eine Schwester sagte, sie müsse seine Augen mit einer Augenbinde abkleben, keuchte ich: „Aber er wird sich doch fürchten!"

„Nein, er wird bestimmt keine Angst haben", entgegnete sie freundlich. „Er ist doch noch sehr gut mit der Dunkelheit vertraut."

Ein Arzt erklärte uns, dass Christians Blutbild nicht in Ordnung war. „Es ist keine Leukämie", beruhigte er uns, „aber wir müssen der Sache auf den Grund gehen."

Am nächsten Morgen teilte uns der Arzt mit, dass eine Verwechslung vorgelegen habe und dass Christian abgesehen von seiner leichten Gelbsucht nie ernsthaft krank gewesen sei. Als wir mit unserem Sohnemann die Station verließen, prägten sich ein paar eindrückliche Bilder in mein Gedächtnis ein: der Ausdruck in den verängstigten Gesichtern anderer Eltern auf der Station, das winzige Baby in dem Raum neben Christians Zimmer, das schwer um jeden Atemzug rang, die Angst, die mich überfiel, als der Alarm über Christians Brutkasten losging, und die Erleichterung, als die Schwester mir dann sagte, das käme aus einem anderen Zimmer. Und meine Schuldgefühle, weil ich froh war, dass es ein anderes Baby war. Ich hatte nie zuvor solche „Urinstinkte" der Angst um ein kleines Leben in mir wahrgenommen. Ich hatte mich noch nie so elend und so verzweifelt, so ängstlich und so klein gefühlt. Ich hatte noch nie das Gefühl gehabt, alles entgleite mir. *Wie können so viel Freude und Schrecken im gleichen Geschenk verpackt sein?*

Als ich Christian in sein fahrbares Bettchen neben unserem Bett legte, sagte ich zu ihm: „Junge, damit das ein für alle Mal klar ist: Du darfst in Schutzkleidung zum Spielen rausgehen, wenn du zwanzig bist. Und du kannst anfangen, dich mit Mädchen zu verabreden, wenn du fünfunddreißig bist!"

Barry musste schmunzeln, als er mich so reden hörte. Wir legten Christian – und uns selbst – nochmals in Gottes Hände.

Unsere zweitgrößte Sorge

Die bereits erwähnte Umfrage zur Angst zeigte, dass die vorherrschende Angst und Sorge bei Männern wie bei Frauen der Kontrollverlust ist. Die zweitgrößte Sorge unter Frauen war die Angst vor Zurückweisung. (Bei Männern lag sie auf Platz vier.). Ich sehe das immer wieder bei Frauen, mit denen ich ins Gespräch komme. Wir wollen Zuwendung und Liebe, und wir haben Angst, dass man uns irgendwann allein im Regen stehen lässt.

Die Umschreibung, die sich im Hebräerbrief für die Hölle findet, redet nicht so sehr von Feuer und Schwefel als vielmehr vom Alleinsein, Vergessen und Abgeschobensein. Auf der anderen Seite wird der Himmel als verbindliche Beziehung, vergleichbar mit einer Ehe, dargestellt.

Wenn ich an dieses Gefühl der Angst vor dem Alleinsein, vor der Zurückweisung und der Verlassenheit denke, muss ich an Barbara denken, eine Krankenschwester, die ich kennen gelernt habe, als ich mit sechzehn freiwillig einen Abend die Woche in einem geriatrischen Krankenhaus aushalf. Barbara war allein stehend, ungefähr fünfzig Jahre alt und unglaublich lebenslustig. Die Patienten liebten sie und ich hatte sie auch sehr gern.

Eines Abends erzählte Barbara mir jedoch, dass sie an Weihnachten nicht mehr da sein würde. Ich war erstaunt, denn ich wusste, dass ihr ihre Arbeit viel Spaß machte. „Was soll denn das heißen?", fragte ich sie. „Gehst du in ein anderes Krankenhaus?"

Sie sah mich eine Zeit lang an und meinte dann: „Kindchen, du bist noch zu jung für so was."

„Was meinst du damit?", fragte ich zurück. „Sag mir doch wenigstens, warum du gehst!"

„Weil *ich* in zwanzig Jahren hier liegen werde – ohne Hoffnung, ohne Würde und ohne Privatsphäre. Ich kann das alles nicht mehr ertragen. Deshalb gehe ich jetzt, um noch ein paar Jahre mein Leben genießen zu können, bis ich dann selbst eines Tages in einem dieser Betten liegen werde."

Barbara brachte das zum Ausdruck, was viele Menschen denken und fürchten, nämlich das Alleinsein im Alter. Karrierefrauen, geschiedene Frauen, allein stehende Frauen, unglückliche Frauen – sie alle wissen, dass eine nette Wohnung nicht alles ist, wenn man allein ist. Wir leben mit der unbestimmten Angst, dass wir verlassen und abgeschoben werden könnten.

Auf meiner jüngsten Reise nach New York aß ich mit dem bekannten Fernsehprediger Jim Bakker zu Abend. Er hatte wegen Veruntreuung von Spendengeldern und anderen Delikten im Gefängnis gesessen und in dieser Zeit zu einer erneuerten Beziehung zu Gott gefunden. Wir waren in demselben Hotel untergebracht und sprachen auf derselben Konferenz. Von den Erlebnissen und Eindrücken aus seiner Zeit im Gefängnis, die er mir weitergab, blieb mir eine Geschichte besonders im Gedächtnis haften.

Einmal hatte Jim sich eine Zelle mit einem jungen Mann geteilt, der wegen besonders brutaler Delikte inhaftiert war. Jim beschrieb ihn als einen „ziemlich schweren Panzerschrank", die Art von Kerl, mit der man sich lieber nicht anlegt. Aber nachts, wenn er schlief, schrie dieser junge Mann nach seiner Mama. War das Image vom starken Macker nur eine Fassade, hinter der sich ein verängstigter kleiner Junge versteckte, der nach den sicheren Armen der Mutter verlangte?

Adams Angst und unsere Ängste

Ein Teil der Sorgen, mit denen wir leben, ist so alt wie Adams und Evas Angst nach dem verhängnisvollen Sündenfall: die Angst, entdeckt zu werden und sich als unzulänglich zu erweisen.

Nachdem Adam von der verbotenen Frucht gegessen hatte, wusste er, dass er etwas verkehrt gemacht hatte. Da er seine Tat nicht ungeschehen machen konnte, versuchte er, sich zu verstecken. Doch am

Abend kam Gott durch den Garten Eden und stellte Adam zur Rede: „Wo bist du?"

Was antwortete Adam? „Ich hörte dich kommen und bekam Angst, weil ich nackt bin. Da habe ich mich versteckt" (1. Mose 3,10).

Wie war Gottes Antwort darauf? „Wer hat dir gesagt, daß du nackt bist?" (Vers 11). War Adam nicht nackt erschaffen worden? Etwas musste passiert sein, das Adam erkennen ließ, dass er sich fürchten und verstecken musste.

Seit Adam haben uns unsere Schuld und die zusätzliche Last der Scham über Generationen hinweg mit der Angst leben lassen, entdeckt zu werden und uns als unzulänglich zu erweisen. Ich denke, vieles von unserer ungesunden Angst liegt in Schuld und Scham begründet. Aufgrund von Enttäuschungen, die wir uns selbst oder Gott bereitet haben, fürchten wir uns vor dem, was in der Zukunft sein könnte.

Wir haben Angst, dass wir dem Leben nicht gewachsen sind und ihm auch nicht gerecht werden. Und diese Angst bewirkt, dass wir uns nicht nur von Gott zurückziehen, sondern auch von anderen Menschen.

Ein alter afro-amerikanischer Spiritual erzählt von Adam und spricht zugleich für uns alle: „Adam ist im Garten und flickt Blätter zu Klamotten zusammen." Diese Zeile zeigt schon die Absurdität in unserem Denken – als ob wir mit unserem Flickwerk wirklich etwas Gutes bewirken könnten. Satan muss großen Gefallen daran finden, wenn er es schafft, dass wir uns voneinander isolieren und uns hinter den Mauern, die wir um uns herum errichtet haben, voreinander verstecken.

Vor kurzem hat mir die Frau eines Pastors erzählt, dass sie seit Jahren mit Depressionen zu kämpfen hätte, sie sich jedoch unfähig fühle, Hilfe in Anspruch zu nehmen, weil sie ihren Mann und die Gemeinde nicht im Stich lassen möchte. In ihren Augen standen tiefe Einsamkeit und Traurigkeit geschrieben. Ich hörte ihren stummen Schrei nach Hilfe, nach der sie sich sehnte, aber vor der sie sich zugleich auch fürchtete.

Ich dachte dabei noch an eine andere Frau, mit der ich am Abend zuvor gesprochen hatte. Sie schlang ihre Arme um mich wie eine Schiffbrüchige. „Danke!", sagte sie. „Danke, dass Sie mir geholfen haben, den Mut aufzubringen, endlich Hilfe in Anspruch zu nehmen. Ich habe lange gewartet und hatte fürchterliche Angst davor, sogar mir selbst meine Ängste einzugestehen. Ich habe mir gewünscht, ich wäre

tot – aber heute Abend haben Sie da oben meine Geschichte erzählt."
Sie nahm mich nochmals in die Arme, und weg war sie.

Unsere Angst wird leicht zum Mühlstein um unseren Hals, der uns unter Wasser zu ziehen droht. Unser Schweigen verleiht dem Stein zusätzliches Gewicht. In seinem Buch *Putting Your Faith to Work* („Den Glauben in die Tat umsetzen") nennt John Redhead die Angst den „persönlichen Feind Nummer 1". Es ist schrecklich, dass die Angst eine solche Macht über uns hat, dass sie uns in unserer eigenen kleinen Welt gefangen halten kann. Wir verstecken uns hinter unseren unzulänglichen „Blätterschürzen" und versuchen, aus unseren Fehlern, unserem Schmerz und unserer Scham ein großes Geheimnis zu machen. Und die Bemühungen, die nötig sind, um das „Geheimnis" für uns zu behalten, machen den Schmerz nur noch schlimmer.

1996 wurde der englische Spielfilm *Lies and Secrets*[4] („Lügen und Geheimnisse") als bester Film für den Oscar nominiert. Was für eine beeindruckende Geschichte! Dieser Film gehört zu meinen Lieblings-kinofilmen – ein Familien-Drama, ein Stück, das mitten aus dem Leben gegriffen ist. Die Hauptpersonen – Maurice, seine Frau Monika und Cynthia, die Schwester von Maurice – leben jeweils in ihren eigenen, emotional verzwickten Welten und behalten ihren Schmerz für sich. Ihr Schmerz hat verschiedene Ursachen: Kinderlosigkeit, tief sitzender Groll und Missverständnisse, die zu Misstrauen geführt haben und dazu, dass die Schwester ihr uneheliches Kind vor den anderen verleugnet. Der Schmerz wird nur noch verstärkt durch die vielen Anstrengungen, die nötig sind, diesen zu verbergen, aus Angst davor, was die anderen denken oder sagen könnten, wenn die Geheimnisse, Lügen und Missverständnisse offen ausgesprochen würden.

Als Hortense, die erwachsene uneheliche Tochter von Cynthia, die Szene betritt, reißt sie die Mauern nieder, die diese Familie trennen. An einer Stelle kauert Monika, die keine Kinder bekommen kann, in einer Ecke; der seelische Schmerz steht ihr buchstäblich ins Gesicht geschrieben. Ihr Mann drängt sie, seiner Schwester zu sagen, dass sie keine Kinder bekommen kann. Er ruft: „Sag's ihr! Wieso kannst du es ihr nicht sagen?"

Weil sie durch ihre Angst in ihrer Isolation gefangen ist. Viele von uns – auch Christen – sind Sklaven ihrer eigenen Geheimnisse, Gefangene der Lügen, mit denen sie gelebt oder an die sie geglaubt haben. Es heißt so schön, dass ein Geheimnis keine Macht hat, wenn man es einmal ausgesprochen hat. Behält man es jedoch für sich, ist es ein erbarmungsloser Sklaventreiber – *„der Herr der Einzelhaft"*.

Warum also Geheimnisse hüten? Warum wollen diejenigen, die „Kinder des Lichts" sind, so viel Zeit allein in der Dunkelheit verbringen?

Die Schlinge lockern

In dem Buch *Essentials* („Grundlagen") gebraucht Jean Toomer ein großartiges Bild, um die Macht zu beschreiben, die die Angst haben kann, wenn wir sie zulassen: „Angst ist eine Schlinge um den Hals, die sich zusammenzieht, bis sie einen erstickt."

Angst erstickt die Freude in unserem Leben. Sie erstickt jegliche Hoffnung auf eine glückliche Zukunft. Sie erstickt unsere Fähigkeit, den ersten Schritt zu wagen, der gesunde Beziehungen zu anderen eröffnet.

Die Schlinge kann durchtrennt werden und wir können frei werden.

„Aber", so mögen Sie vielleicht einwenden, „ich habe mich so an diesen Lebensstil gewöhnt; auch wenn er mich einschränkt."

Ich sprach neulich vor einer Gruppe von Frauen über die Angst und den Platz, den sie in unserem Leben einnimmt, als eine Frau meinte: „Angst ist das, was mich zusammenhält. Ohne Angst wäre ich wie ein Pullover, der sich von selbst aufribbelt." Wir lachten alle, aber wir wussten, dass ein Funke Wahrheit in ihren Worten steckte. Die Angst machte bereits einen Teil ihrer Persönlichkeitsstruktur aus. Und sie hatte Angst (hier ist schon wieder dieses Wort!) davor, was passieren würde, wenn dieser goldene Käfig auf einmal nicht mehr da wäre.

Sie fürchten sich vielleicht davor, Ihre Angst loszulassen. Wenn ja, möchte ich Sie dazu ermutigen, jetzt inne zu halten. Holen Sie tief Luft und atmen Sie langsam wieder aus. Nehmen Sie diesen Atemzug als allerersten Schritt des Loslassens ernst. Halten Sie sich eine positive „Was wäre wenn"-Frage vor Augen. Was, wenn Sie die Schlinge durchtrennen würden? Was, wenn Sie bewusst *einen* hoffnungsvollen Schritt tun würden, damit Sie neue Lebensfreude erfahren können?

Schritte zur Freude

1. Nehmen Sie sich Zeit, einmal über Ihr Leben nachzudenken. Schreiben Sie die drei Ihrer Meinung nach größten Ängste, die Ihr Herz und Ihren Horizont verengen, in Ihrem Tagebuch auf.

2. Schlagen Sie in Ihrer Bibel drei Stellen nach, die einen Gegenpol zur Angst bilden. Schreiben Sie diese Verse auf Notizzettel und heften Sie sie an Ihre Kühlschranktür.
Ein Vers könnte zum Beispiel lauten: *„Zum Abschied gebe ich euch den Frieden, meinen Frieden, nicht den Frieden, den die Welt gibt. Erschreckt nicht, habt keine Angst!"* (Johannes 14,27).

3. Bringen Sie Ihre Tagebuchaufzeichnungen vor Gott. Stellen Sie sich selbst die Frage, die Jesus dem Mann am Teich Bethesda gestellt hat: *„Willst du gesund werden?"* (Johannes 5,6). Sind Sie bereit, Ihre Ängste loszulassen?

4. In *Vitamins for Your Soul* („Vitamine für die Seele") schreiben Traci Mullins und Ann Spangler: „Es ist nur allzu natürlich, dass wir Gefühle und Gedanken, die uns beunruhigen, impulsiv abstreiten oder ablegen wollen. Wenn Sie das nächste Mal vor ihnen davonrennen wollen, misstrauen Sie Ihrem natürlichen Instinkt und stellen Sie sich stattdessen dem, was gerade in Ihnen vorgeht. Versuchen Sie, sich laut vorzusprechen: ,Hallo, liebe Angst! Hallo, schlimme Erinnerung. Was möchtet ihr mir sagen?' Und dann hören Sie einfach mal genau hin."

5. Nehmen Sie sich heute vor, eine kleine Sache anzugehen, vor der Sie Angst haben. Wenn Sie es wagen, denken Sie an die Ermutigung in Sprüche 3,25–26: *„Katastrophen brauchst du nicht zu fürchten, wie sie plötzlich über Menschen kommen, die Gott mißachten. Denn der Herr ist dein sicherer Schutz, er läßt dich nicht in eine Falle laufen."*

Teil 3:
Die Freude wieder entdecken

Gott, schaffe mich neu:
Gib mir ein Herz,
das völlig dir gehört, und einen Geist,
der beständig zu dir hält.
Psalm 51,12

Um einige Hindernisse auf dem Weg zur Freude in den Griff zu bekommen, haben wir uns der Vergangenheit, Gegenwart und Zukunft zugewendet. Es ist jedoch klar, dass das Leben heutzutage nicht so einfach unterteilt werden kann. Wir wollen und brauchen Freude im Heute, aber unser Heute ist durch die Vergangenheit und durch unsere Sicht von der Zukunft vorbelastet.

Deshalb ist dieser Teil des Buches, der davon handelt, wie wir die Freude am Leben im Hinblick auf unsere eigene Vergangenheit, Gegenwart und Zukunft wieder entdecken können, nicht chronologisch aufgebaut. Alles beginnt und endet mit dem einen, der von sich sagt: „ICH BIN" – was so viel heißt wie: „ICH WAR, ICH BIN, ICH WERDE SEIN." Er ist der ewige Gott, der sich nie ändern wird. Deshalb müssen wir unser Lebensfundament auf ihn aufbauen, weil er in einer sich ständig verändernden Welt Halt und Sicherheit gibt.

Es gibt keine einfache und griffige „1-2-3-Formel", wie man Lebensfreude erfährt. Freude ist etwas, was in uns geschieht, wenn Gott unser Herz heil macht und uns lehrt, zu den Menschen zu werden, als die er uns gedacht hat.

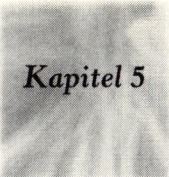

Kapitel 5

Die Freude als Frucht

*Gott kann uns kein Glück und keinen Frieden schenken, die von ihm selbst
getrennt wären, weil es beides nicht gibt.*

C. S. Lewis: *Pardon, ich bin Christ*[1]

Wenn Sie mich im Dezember 1993 gefragt hätten, ob ich Barry
Pfaehler kenne, hätte ich Ihnen bestimmt geantwortet: „Klar
kenne ich Barry."

Wir haben uns am 25. Juni 1993 kennen gelernt. Ich kann mich
noch so genau daran erinnern, weil es sein Geburtstag war. Ich war
Studiogast in einer Talkshow an der Westküste und Barry war der Pro-
grammdirektor der Sendeanstalt. Ich glaube nicht an die Liebe auf den
ersten Blick, aber es passierte etwas zwischen uns, das überwältigend
war. Wir haben uns nur gegenseitig angeschaut. Schließlich fragte ich
ihn, ob ich irgendwo mein Make-up auffrischen könne und er bat mich
in sein Büro. Er saß auf seinem Stuhl hinter dem Schreibtisch und
starrte mich nur an, während ich versuchte, ihn nicht zu beachten und
meinen Lippenstift auf meine Lippen und nicht versehentlich auf
mein Kinn aufzutragen. Er fragte mich, ob er mich anrufen und mich
zum Mittagessen einladen dürfe. Da konnte ich nicht Nein sagen.

Ich verbrachte Stunden damit, mich zurechtzumachen. Wir hatten
am Telefon vereinbart, doch lieber zusammen zu Abend und nicht zu
Mittag essen zu gehen. Ich wollte gut aussehen und gleichzeitig nicht
zu aufdringlich wirken. Wir hatten einen tollen Abend. Wir aßen in
einem italienischen Restaurant und schauten uns dann den romanti-
schen Film *Schlaflos in Seattle* an. Es passte einfach alles.

Im Dezember gingen wir immer noch locker und unverbindlich öfter mal miteinander aus. Kannte ich ihn wirklich? Ja, wir hatten das gleiche Faible für leckeres Essen und mochten die gleiche Art von Filmen. Wir dachten ähnlich über so viele Dinge. Mit gefiel seine Aufrichtigkeit und Liebenswürdigkeit. Ich fand es immer wieder faszinierend, wie mir jedes Mal der Atem wegblieb, wenn er zur Tür hereinkam!

Ein Jahr später, im Dezember 1994, heirateten wir – und plötzlich merkte ich, dass ich Barry überhaupt noch nicht kannte.

Heute kenne und liebe ich ihn auf eine Art und Weise, wie ich das vor unserer Hochzeit nicht tat und auch nicht tun konnte. Ich weiß, wann er Rückenschmerzen hat und welche Krawatte er mag, wann ich ihn umarmen soll und wann er Freiraum braucht. Mir werden immer noch die Knie weich, wenn er zur Tür hereinkommt. Unsere Beziehung ist gewachsen und wächst weiter und aus dieser tiefen Beziehung heraus sind wir beschenkt worden mit unserem gemeinsamen Sohn Christian. Wenn er lacht, sehe ich Barry in ihm. Wenn er abwesend in die Ferne starrt, sehe ich mich selbst in seinem Blick.

Christian ist die Frucht unserer Liebe und unserer verbindlichen, stetig wachsenden Beziehung – ein bisschen so, wie die Freude die Frucht unserer Beziehung zu Gott ist.

Die Frucht des Geistes ist Freude

Der Apostel Paulus sagt von der Freude, sie sei eine Frucht unseres Lebens in und mit dem Geist Gottes: „Der Geist Gottes dagegen läßt als Frucht eine Fülle von Gutem wachsen, nämlich: Liebe, Freude, und Frieden, Geduld, Freundlichkeit und Güte, Treue, Bescheidenheit und Selbstbeherrschung" (Galater 5,22–23).

Was heißt das für uns? Es heißt, dass die Freude nicht etwas ist, was man kaufen oder dem man hinterherlaufen kann. Man kann sie nicht aus einem Buch oder von einer Konferenz bekommen. Man kann sie nicht irgendwie absorbieren oder sich bei anderen damit anstecken. Man kann sein Leben mit dem Versuch verbringen, allen Schmerz und allen Stress von sich fern zu halten in der vergeblichen Hoffnung, dass dann automatisch die Freude einzieht. Doch das wird nicht funktionieren. Man kann darum bitten und betteln, darum beten, darum feilschen – es nützt alles nichts. Denn die Freude stellt sich erst dann ein, wenn man in einer lebendigen Beziehung zu der Quelle aller Freude lebt.

Ich sprach von Christian als der Frucht meiner ehelichen Beziehung zu Barry. Natürlich denkt man bei dem Wort „Frucht" meist an das Bild vom Garten – an Obstbäume, Weinstöcke, Beerensträucher, Tomatenstauden. Die *Hoffnung für alle*-Bibel gibt ein anschauliches Bild von einer anderen „Gartenszene": „Ich habe gepflanzt, [. . .] aber Gott hat es wachsen lassen" (1. Korinther 3,6).

In einem anderen biblischen Abschnitt über die Frucht (Johannes 15) geht es ebenfalls um die Freude: „Ich bin der wahre Weinstock, und mein Vater ist der Weinbauer. [. . .] Bleibt mit mir vereint, dann werde auch ich mit euch vereint bleiben. Nur wenn ihr mit mir vereint bleibt, könnt ihr Frucht bringen, genauso, wie eine Rebe nur Frucht bringen kann, wenn sie am Weinstock bleibt" (Verse 1 und 4). Der Vergleich endet mit den Worten Jesu: „Ich habe euch dies gesagt, damit meine Freude euch erfüllt und an eurer Freude nichts mehr fehlt" (Vers 11).

Ich kann nicht gerade behaupten, dass ich einen „grünen Daumen" habe. Bei meinem Mann und mir gehen die Pflanzen immer ein. Wir kauften uns vor kurzem zwei Zedernbäume, um sie in zwei großen Kübeln auf beiden Seiten der Eingangstür aufzustellen. Die ersten paar Tage gossen wir sie treu. Dann kamen Barrys Eltern zu Besuch. Barrys Vater ist ein wahrer Gärtner. Die zwei Wochen, die er bei uns war, liebte und umsorgte er unsere Pflanzen und sie dankten es ihm mit üppigem Gedeihen. Aber dann fuhr er wieder nach Hause und die Zedern gingen ein.

So weit zu meiner Beziehung zu Pflanzen! Mir ist aber immerhin klar, dass Früchte nicht wachsen, ohne mit einem Strauch oder Baum verbunden zu sein. Eine Weinrebe entwickelt sich nicht ohne die Versorgung durch einen Weinstock.

Dieses Bild vom Weinstock, das Jesus gebraucht, weist darauf hin, dass wir wählen können, ob wir am Weinstock bleiben wollen oder nicht. In der kleinen Schrift *The Way of the Sevenfold Secret* („Der Weg des siebenfachen Geheimnisses"), die Lilias Trotter vor achtzig Jahren schrieb, um Moslems den christlichen Glauben zu erklären, sagt er: „Eine Gefahr sehe ich darin, dass wir unseren Halt verlieren können.

Deshalb sagt Christus auch: ‚Bleibt in mir!' [. . .] ‚Bleibt in mir' bedeutet, dass wir uns ganz fest an Christus halten müssen: ‚[Und ich] bleibe in euch' heißt, dass wir zulassen müssen, dass er uns durchdringt und festhält."

Ich denke an den alttestamentlichen Bericht von den Kundschaftern, die das verheißene Land erkunden sollten, während die Kinder Israel noch in der Wüste umherwanderten. „Als sie in das Traubental kamen, schnitten sie eine Weinranke mit *einer* Traube ab; die war so schwer, daß zwei von ihnen sie auf einer Stange tragen mußten" (4. Mose 13,23). Das müssen gut gedüngte Weintrauben gewesen sein! So etwas hatten die Israeliten noch nie gesehen.

Wenn Gott die Quelle unserer Freude ist, dann will er eine Freude in uns hervorbringen, die „unaussprechlich und herrlich" ist (1. Petrus 1,8). So unerhört groß wie die Riesenweinrebe im verheißenen Land soll unsere Freude sein!

Nun bedeutet diese Art von Freude natürlich nicht, dass wir von morgens bis abends immer mit einem Lächeln auf dem Gesicht herumlaufen. Es gibt einen Unterschied zwischen Freude und Glück. Phillip Keller drückt es in seinem Buch *A Gardener Looks at the Fruits of the Spirit* („Die Früchte des Geistes aus der Sicht eines Gärtners") so aus: „Das Glück ist extrem empfindlich. Es ist unsicher und ungewiss. Bestenfalls ist es auf unberechenbaren, unzuverlässigen Grund gebaut."

Viele äußerliche Dinge können uns ein kurzfristiges Glücksgefühl geben. Wahre Freude hingegen ist etwas, das nicht von äußeren Umständen abhängig ist. Sie ist jenseits von Gut und Böse, unabhängig von allem, was uns auf unserem Weg begegnet. Die Freude ist in uns.

Glück hängt von den äußeren Umständen ab; Freude hängt von einer Beziehung ab – unserer Beziehung zu Gott.

Die Wahrheit über Gott

Die Bibel ist voll von Einsichten darüber, wer Gott ist. Ganze Bücher wurden darüber geschrieben, wie man Gott, der vollkommen, gerecht, heilig, ewig, allmächtig und vieles mehr ist, besser kennen lernen kann.

Ich möchte hier drei Eigenschaften Gottes beleuchten, die eng mit den drei in 1. Korinther 13,13 aufgeführten Tugenden verknüpft sind:

„Auch wenn alles einmal aufhört – Glaube, Hoffnung und Liebe nicht." Sie erinnern an Jesu Anweisung in Johannes 15,5, dass wir „mit ihm vereint bleiben" sollen.

Gott ist Liebe

Der Vater der Lüge möchte nicht, dass Gottes Kinder die volle Bedeutung der drei gewichtigen Worte „Gott ist Liebe" (1. Johannes 4,8) erfassen.

Ja, wir begreifen es einfach nicht. *Egal, wo Sie sind, egal, wer Sie sind oder was Sie getan haben – Gott liebt Sie!* Ich wünsche mir, dass ich Gott in einem Jahr oder in fünf Jahren näher bin als heute, aber ich weiß jetzt schon, dass Gott mich deswegen kein bisschen mehr lieben wird, als er das jetzt in diesem Moment schon tut. Halten Sie einen Moment lang inne, und betrachten Sie sich im Spiegel. Lassen Sie diese Wahrheit Ihren Gesichtsausdruck verändern: *Gott liebt mich so, wie ich jetzt gerade bin – mit allem, was dazu gehört: graue Haare, verschmierte Wimperntusche, Krähenfüße und so weiter.*

Dann werfen Sie einen Blick in Ihr Innerstes. Lassen Sie diese Wahrheit Ihr Herz verändern: *Gott liebt mich so, wie ich bin: aufbrausend, unentschlossen, neidisch oder geschwätzig. Er liebt mich!*

Die Bibel schreibt Gott männliche Attribute zu und Jesus wandte sich an seinen *Vater* im Himmel. Aber wir übersehen viel zu oft die Schriftstellen, die von der mütterlichen Liebe Gottes sprechen. Gott sprach durch Jesaja: „Ich werde euch trösten, wie eine Mutter tröstet" (Jesaja 66,13).

Paulus benutzt in seinem Brief an die Gemeinde in Thessalonich eine sehr vertraute Sprache: „Als Apostel von Christus hätte ich meine Autorität hervorkehren können; aber stattdessen war ich sanft und freundlich zu euch, wie eine stillende Mutter zu ihren Kindern. Ich hatte eine solche Zuneigung zu euch, daß ich bereit war, nicht nur Gottes Gute Nachricht mit euch zu teilen, sondern auch mein eigenes Leben. So lieb hatte ich euch gewonnen"(1. Thessalonicher 2,7–8).

Viele Leute hatten mir schon gesagt, dass eigene Kinder einem helfen können, die tiefe Liebe Gottes zu seinen Kindern besser zu verstehen. Aber ich hatte ja gar keine Ahnung, was mein Sohn mir in dieser Hinsicht für ein großartiges Beispiel sein würde! Ich liebe ihn zutiefst, und doch weiß ich, dass meine Liebe bestenfalls ein schwacher Abglanz von Gottes Liebe zu mir ist. Wenn Christian lacht, lache ich mit ihm. Wenn er weint, nehme ich ihn in die Arme und tröste ihn. Wenn er sich fürchtet, lasse ich ihn sein Gesichtchen an meinen Hals drücken, so wie Sie und ich – um mit den Worten des britischen Dichters Stuart Henderson zu sprechen – „unser Gesicht in der Mähne des Löwen von Juda vergraben dürfen."[2]

Wenn ich ein Zimmer betrete, in dem sich Christian aufhält, möchte ich ihn am liebsten nur fest an mich drücken. Wenn er in einem Raum ist, sehe ich erst einmal nur ihn. Mein Herz hat sich durch ihn ständig vergrößert. Ich liebe andere nicht weniger – ich habe nur mehr Raum für die Liebe in mir.

Das bedeutet natürlich nicht, dass ich nicht auch viele Fehler bei Christians Erziehung mache. Keine Frau der Welt hatte eine „perfekte Mutter" und auch nicht eine von uns wird je eine perfekte Mutter abgeben. Gottes Liebe hingegen ist vollkommen und rein. Ob Sie nun Mutter sind oder nicht – bitten Sie Gott darum, Ihr Herz für das zu öffnen, was er sagt: „Bringt eine Mutter es fertig, ihren Säugling zu vergessen? Hat sie nicht Mitleid mit dem Kind, das sie in ihrem Leib getragen hat? Und selbst wenn sie es vergessen könnte, ich vergesse euch nicht! Jerusalem, ich habe dich unauslöschlich in meine Hände eingezeichnet; deine Mauern sind mir stets vor Augen" (Jesaja 49,15–16).

Gott spricht: „Ihr habt gesehen, [. . .] , daß ich euch getragen habe wie ein Adler seine Jungen; ich habe euch wohlbehalten hier zu mir gebracht" (2. Mose 19,4). (Bitte beachten Sie: Das Adler*weibchen* trägt das Junge!) Und Jesus selbst sagte über die Stadt Jerusalem: „Wie oft wollte ich deine Bewohner um mich scharen, wie eine Henne ihre Küken unter die Flügel nimmt! Aber ihr habt nicht gewollt" (Matthäus 23,37).

Ich habe eine Geschichte von einem schrecklichen Feuer gehört, das auf einem Bauernhof ausgebrochen war und alles vernichtete. Als die Flammen gelöscht waren, schritt der Bauer traurig durch die schwelenden Überreste seines Lebenswerks. Da stieß er auf den verkohlten Körper einer Henne. Als er ihn umdrehte, entdeckte er unter ihren Flügeln mehrere Küken, die noch lebten. Die Henne hatte ihr Leben gegeben, um das ihrer Jungen zu bewahren.

Für mich ist die Liebe einer Mutter ein Geschenk Gottes, ein Vorgeschmack auf den Himmel, ein Abbild dessen, wie leidenschaftlich Gottes Herz für uns schlägt. Juliana von Norwich[3] verglich Gottes Liebe mit der einer Mutter: „Die irdische Mutter versteht in liebevoller Weise ihr Kind und sieht jedes seiner Bedürfnisse; sie umsorgt es ganz zärtlich, denn das ist die wahre Art und Natur des Mutterseins. Dann, wenn das Kind größer wird, ändert sich die Art ihrer Fürsorge, aber niemals ihre Liebe. Denn wenn es älter ist, wird sie es züchtigen, um seine Ungezogenheiten zu vereiteln und so dem Kind zu helfen, Tugend und Sittsamkeit zu erlangen." Sie fährt fort: „Diese gleiche Arbeit des Liebens, Tröstens, Erziehens vollbringt unser Herr selbst an uns."

Was für ein Geschenk! Es geht über die menschliche Vorstellungskraft hinaus, die Tiefe von Gottes Liebe zu ermessen. Gottes Sohn starb für mich. Sie fragen sich jetzt vielleicht: Wie konnte Gott, der Vater, seinen Sohn senden, um zu sterben? Wie konnte das ein Vater seinem Sohn nur antun? Wir verstehen vielleicht nie ganz die Einheit der Liebe und den Sinn der Dreieinigkeit. Wir verstehen in mancher Hinsicht vielleicht nicht, dass der Vater und der Sohn und der Heilige Geist – der ICH BIN – eins sind. In Johannes 1,1 heißt es: „Im Anfang war das Wort. Das Wort war bei Gott." Und in Johannes 10,18 sagt Jesus, dass er sein Leben hingibt: „Niemand kann mir das Leben nehmen. Ich gebe es aus freiem Entschluß. Es steht in meiner Macht, es zu geben, und auch in meiner Macht, es wieder an mich zu nehmen. Damit erfülle ich den Auftrag meines Vaters."

Lesen Sie einmal Johannes 3,16–18 und versuchen Sie, diese Stelle für sich in Anspruch zu nehmen: „Gott hat die Menschen so sehr geliebt, daß er seinen einzigen Sohn hergab. Nun werden alle, die sich auf den Sohn Gottes verlassen, nicht zugrunde gehen, sondern ewig leben. Gott sandte den Sohn nicht auf die Welt, um die Menschen zu verurteilen, sondern um sie zu retten. Wer sich an den Sohn Gottes hält, wird nicht verurteilt."

Wenn wir das begriffen haben, können wir mit der Gewissheit leben, dass wir von Gott bedingungslos geliebt werden. Aber zu viele von uns halten an ihren unsicheren Gefühlen fest und verurteilen sich selbst. Sie ergreifen nicht die Chance, die er uns im Hier und Jetzt verspricht. Sie glauben nicht wirklich, dass Gott die Liebe ist, sondern halten lieber an ihren verzerrten Vorstellungen von ihm fest.

Gott ist treu

Das griechische Wort für *Glaube* ist das gleiche Wort wie für *Treue*. Wir setzen unser Vertrauen in einen Gott, der *treu* ist – auch wenn wir seinen Plan nicht immer ganz verstehen.

Ich möchte das anhand meines eigenen Lebens und meiner Erfahrungen mit meinem kleinen Sohn Christian illustrieren. Christian hat etwas gegen seinen Autositz. Darauf war ich allerdings nicht vorbereitet. Mein Neffe David war nämlich immer mit seinem Kindersitz höchst zufrieden und ich dachte, dass alle Babys das so sehen. Da hatte ich mich aber getäuscht. An manchen Tagen kann Christian mit seinem Quakfrosch oder seinem Kuschelhäschen abgelenkt werden oder Barry und ich singen ihm aus voller Kehle ein Lied vor und schmuggeln ihn nebenbei in seinen Sitz, aber an anderen Tagen hilft gar nichts, und er heult wie jemand, der gerade gefoltert wird. Er will einfach nicht einsehen, dass ein Kindersitz sicherer ist als Mamas Arm.

Vor kurzem betrachtete ich ihn im Rückspiegel und plötzlich entdeckte ich mich in ihm. Er hatte ein zornrotes Gesicht und war total sauer. Ich konnte einem sechs Monate alten Baby wohl schlecht erklären, dass es zu seinem eigenen Schutz in diesem Ding saß. Ich konnte ihm auch nicht zu verstehen geben, dass ich ihn in diesen Gurt hineingezwängt hatte, gerade *weil* ich ihn liebte. Alles, was er wusste, war, dass er da rauswollte, dass seine Mutter die Macht hatte, ihn zu befreien und dass sie es einfach nicht tat.

Ich begriff, dass es Gott wohl mit mir oft genauso ergehen musste. Ich verstehe nicht immer, was der Herr in meinem Leben und durch mein Leben bewirkt. Ich muss Gott öfters einmal so vorkommen wie ein kleines, quängelndes Kind, das denkt, es wisse alles besser, aber in Wirklichkeit keine Ahnung hat. Genauso wenig, wie ich anhalten und Christian aus dem Auto werfen würde, lässt Gott uns los, auch wenn uns der Plan nicht passt und wir uns kindisch aufführen. „Doch der Herr ist treu. Er wird euch stärken und vor dem Bösen beschützen" (2. Thessalonicher 3,3).

Die Bibel benutzt beispielhaft ein anderes Bild von der Treue Gottes zu uns: Sie vergleicht Gott mit einem liebenden, treuen Ehemann. Stellen Sie sich einmal folgende Unterhaltung zwischen einem Vater und seinem Sohn über die zukünftige Braut des Sohnes vor: „Sie ist die Richtige für dich, mein Sohn. Da bin ich mir ganz sicher."

Martin schaut seinen Vater ungläubig an: „Du machst wohl Witze!", meint er. „Sie ist doch wohl kaum die Art von Frau, die du mir als Ehefrau empfehlen solltest."

„Ich meine es ernst. Ich meine es immer ernst", fährt sein Vater fort. „Ich sage dir, dies ist die Frau, die du heiraten solltest."

Martin schaut zur Bar hinüber, wo seine „Verlobte" gerade für etwas Aufregung sorgt. Sie ist bei ihrer vierten Runde Bier und wird mit jedem Glas lauter. Er beobachtet, wie vier der Männer an der Bar ihre Autoschlüssel in ein Bierglas fallen lassen und es Sonja unter die Nase halten. Sie fischt den Schlüsselbund heraus, der zu dem Mann im blauen Anzug passt, und verschwindet mit ihm in der Dunkelheit der Nacht.

„Bitte heirate sie mir zuliebe", sagt der Vater zu seinem Sohn. „Tu es für mich!"

Eine Szene aus einer billigen Seifenoper? Lesen Sie doch mal das biblische Buch Hosea. Dieser Mann Gottes erhielt die Anweisung, eine Frau „mit einem gewissen Ruf" zu heiraten, um dem untreuen Israel Gottes Treue vor Augen zu führen. Hosea heiratete Gomer, die ihm auch weiterhin untreu blieb, und doch hielt Hosea an ihr fest.

Vielleicht gibt uns Gott hier auf die einzig verständliche Art und Weise ein Beispiel dafür, wie wir ihn durch unsere Untreue und unsere mangelnde Liebe und Verbindlichkeit verletzen. Was so erstaunlich an der Geschichte von Hosea und Gomer anmutet, ist die Erlösung und Gnade, die mitten in der Schwierigkeit ihres Lebens zum Vorschein kommen. Wir lesen: „Der Herr sprach zu mir: ‚Obwohl deine Frau deine Liebe nicht erwidert hat, sondern ständig die Ehe bricht, sollst du sie wieder bei dir aufnehmen und sie lieb haben. Denn auch ich liebe die Israeliten, obwohl sie anderen Göttern nachlaufen [. . .].'" (Hosea 3,1, HfA). Trotz des lieblosen Verhaltens seines Volkes liebt Gott es weiterhin, geht ihm nach und bleibt immer noch treu und versöhnungsbereit.

Meine Lebensphilosophie – auf eine kurze Formel gebracht – lautet: „Das Leben ist hart, aber Gott ist treu."

„Treu inwiefern?", fragen Sie jetzt vielleicht. „Aber Gott ist treu und wird nicht zulassen, daß die Prüfung über eure Kraft geht." (1. Korinther 10,13). „Wenn wir aber unsre Verfehlungen eingestehen, können wir damit rechnen, daß Gott treu und gerecht ist: Er wird uns dann unsere Verfehlungen vergeben und uns von aller Schuld reinigen, die wir auf uns geladen haben" (1. Johannes 1,9). Und schließlich: „Und doch bleibt er treu, auch wenn wir ihm untreu sind" (2. Timotheus 2,13).

Kennen Sie den alten Film „*Entführt – Die Abenteuer des David Balfour*"[4] (1959)? In diesem Film gibt es eine Grauen erregende Szene: Der boshafte Onkel befiehlt dem jungen David, er solle die Stufen zu einem alten Turm hinaufklettern. Es ist sehr dunkel und David kann kaum die nächste Stufe vor sich sehen. Plötzlich erhellt ein Blitz den Himmel – gerade in dem Moment, in dem David die letzte Stufe erklimmt, hinter der nur ein Abgrund auf ihn wartet! Als ich den Film zum ersten Mal sah, ging es mir durch Mark und Bein. David war bewusst *in eine Falle gelockt worden*. Das ist genau das Gegenteil von Gottes Handeln. Er wird uns niemals in eine Situation bringen, in der wir zu Fall kommen.

In einer anderen Bibelstelle heißt es über die Treue Gottes: „Gott selbst aber [. . .] bewahre euch im Innersten unversehrt, fehlerlos an Seele und Leib, für den Tag, an dem Jesus Christus, unser Herr, kommt. Gott ist treu, der euch berufen hat; er wird euch auch vollenden" (1. Thessalonicher 5,23–24). Darin liegt ein großes Geheimnis: Wir sind berufen, aber Gott wird uns „vollenden". Heißt das, dass wir uns bequem zurücklehnen können und uns um nichts mehr zu kümmern brauchen? Ganz im Gegenteil. Wir sind berufen, das Rennen zu laufen. Doch der Trainer hat versprochen, dafür zu sorgen, dass wir es auch beenden.

Haben Sie manchmal Lust, einfach alles hinzuwerfen? Verzweifeln Sie, weil es so aussieht, als sei die Ziellinie noch unendlich weit entfernt und Sie sind schon vollkommen am Ende? Gott verspricht Freude und Trost und Mut. Sein Wort verheißt: „Ich bin ganz sicher: Gott wird das gute Werk, das er bei euch angefangen hat, auch vollenden bis zu dem Tag, an dem Jesus Christus kommt" (Philipper 1,6).

Der Gott der Hoffnung

In gewissem Sinne ist die ganze Bibel ein Zeugnis davon, dass unser Gott ein Gott der Hoffnung ist, wie in Römer 15,13 zu lesen ist: „Ich bitte Gott, auf den sich unsere Hoffnung gründet, daß er euch in eurem Glauben mit aller Freude und allem Frieden erfüllt, damit eure Hoffnung durch die Kraft des Heiligen Geistes immer stärker und unerschütterlicher wird."

Hoffnung steht also in enger Beziehung zur Freude! Paulus nannte sich selbst einen „Apostel [. . .] von Jesus Christus, auf den wir hoffen" (1. Timotheus 1,1).

Das Lexikon definiert *Hoffnung* folgerndermaßen: „. . . den Wunsch nach etwas zu haben mit der Erwartung seiner Erfüllung. Eine feste Zuversicht, Vertrauen haben." Ich glaube, wir haben das Wort *Hoffnung* entwertet und es seiner ureigensten Bedeutung beraubt. Wir „hoffen" auf gutes Wetter für ein Picknick. Wir „hoffen", dass unsere Politiker zu ihren Wahlversprechen stehen, aber die meiste Zeit denken wir, dass es wahrscheinlich doch regnen wird und dass die Worte der politisch Verantwortlichen wie Eiswürfel an einem heißen Sommertag dahinschmelzen werden.

Die Hoffnung auf Gott, auf einen treuen, liebenden Gott, ist jedoch ganz anders. Sie ist mit nichts auf dieser Welt zu vergleichen. Banken gehen Pleite, politisch Verantwortliche brechen ihr Wort, Kirchen können enttäuschen – aber Gott lässt uns nie im Stich.

Der treue Gott der Hoffnung sieht uns auch in unserem untreuen, ziellosen Umherirren und setzt trotz allem seine Hoffnung auf uns. Denken Sie an das berühmte Bild von dem Vater, der jeden Tag auf den verlorenen Sohn wartet (Lukas 15). Wir schalten uns am Tag der Heimkehr ein. Der Vater hat schon jeden Tag gehofft und gebangt, hat jeden Tag die Straße hinuntergespäht, ob der Sohn kommt. Wer weiß, wie lange das schon so geht?! Aus Monaten werden Jahre, ohne auch nur ein einziges Lebenszeichen vom Sohn, und doch wartet er und doch hofft er. Was für eine Liebe! Der Vater hofft ohne Unterlass auf Versöhnung, tiefere Gemeinschaft, innige Vertrautheit mit seinem Kind. Er hofft auch für den älteren Sohn, dass er in Freude lebt, denn „du bist immer bei mir, und dir gehört alles, was ich habe" (Vers 31). Wir ordnen Menschen in Geschichten gern nach den „Guten" und den „Bösen" ein. In diesem Gleichnis für unsere Beziehung zu Gott sind wir alle die „bösen Jungs", die durch Christus zu den „Guten" geworden sind.

Jesus sagt: „Ich bin [. . .] die Wahrheit" (Johannes 14,6). Und weiter: „. . . und die Wahrheit wird euch frei machen" (Johannes 8,32). Die Freiheit, Leben und „im Überfluß" zu haben (Johannes 10,10). Darum geht es bei der Freude.

Jessicas Geschichte

Jessica und ich haben uns angefreundet, als ich neunzehn war. Ich besuchte eine Bibelschule in London und sie war die Mutter einer meiner Mitschülerinnen. Da ich weit von meinem Zuhause in Schottland entfernt war, nahm die Familie mich unter ihre Fittiche. Ich verbrachte viele Wochenenden bei ihnen und lernte sie alle schätzen und lieben.

Einmal wachte ich früh auf und ging in die Küche hinunter, um Kaffee zu kochen. Da entdeckte ich Jessica, wie sie am Frühstückstisch saß und Tränen ihr über die Wangen liefen. Ich war total schockiert. Einen Moment lang stand ich still da und fragte mich, ob ich etwas sagen oder auf Zehenspitzen wieder verschwinden sollte, als sie aufschaute und mich ansah.

„Tut mir Leid", sagte ich. „Ich wusste nicht, dass du schon auf bist."

„Setz dich, Sheila", sagte sie und wischte sich mit dem Zipfel ihres Morgenmantels die Tränen ab.

„Kann ich irgendetwas für dich tun?", fragte ich.

„Nein, ich bin schon okay!", sagte sie und lachte dann etwas gequält. „Na ja, ich schätze, man sieht es mir doch an, dass es mir nicht so gut geht."

Aus irgendeinem Grund beschloss sie, mit mir darüber zu reden. Vielleicht hatte sie sonst niemanden oder es beruhigte sie, dass ich an diesem Tag wieder abreisen und zurück zur Schule gehen würde.

„Ich kann einfach nicht glauben, dass Paul und ich so unvernünftig sein konnten", begann sie zu erzählen.

Ich fragte mich, was jetzt wohl kommen würde, da sie ihren Mann mit ins Spiel brachte.

„Als wir uns kennen lernten, waren wir so verliebt. Er war der tollste Mann, dem ich je begegnet war. Es war mein Traum, einmal einem Mann zu begegnen, der Gott liebte und der mich von ganzem Herzen lieben würde. Ein Jahr später heirateten wir und obwohl unser Haus klein war, fühlten wir uns dort sehr wohl. Es war ein Heim und ein Zufluchtsort für uns. Wir hatten viel Besuch und viele Menschen lernten unter unserem Dach Gott besser kennen. Wir wussten, dass wir etwas Besonderes hatten. Dann kamen die Kinder." Sie betrachtete lächelnd das Bild an der Kühlschranktür, das ihre drei Kinder zeigte,

als sie noch klein waren. „Wir haben uns ganz ihrer Erziehung verschrieben. Sie wurden zu unserem Lebensinhalt. Dieses Jahr wird der
Jüngste seinen College-Abschluss machen und Paul und ich werden
wieder allein sein. Aber wir sind uns vollkommen fremd geworden. Ich
habe Angst, denn ich weiß nicht, worüber wir reden sollen." Sie legte
ihren Kopf auf den Küchentisch und weinte. Ich ging zu ihr, legte meinen Arm um sie und schwieg einfach. Was konnte ich bloß sagen?

Ich weiß nicht, wie Jessica und Paul mit der neuen Situation umge-
gangen sind. Wir haben uns aus den Augen verloren, aber die Begegnung mit ihr und dieses Gespräch war so eindrücklich, dass sie mich
fürs Leben geprägt haben.

Je älter ich werde, desto mehr erkenne ich, was sie mir über Beziehungen sagen wollte – besonders über meine Beziehung zu Gott.
Wenn man über längere Zeit nicht mehr von Herz zu Herz mit seinem
Partner redet, wird man sich fremd. Doch Gott und ich sind keine
Fremden, die eben unter dem gleichen Dach wohnen. Wir leben in- und
miteinander. Ich darf nicht zulassen, dass wir uns entfremden.
Ohne Frage ist das Gespräch und die Vertrautheit mit Gott noch
schwieriger aufrecht zu erhalten als mit einem menschlichen Gegenüber. Aber wir haben einen ganz bestimmten Platz, an dem wir Gott
begegnen können: Wir begegnen ihm im Gebet und in seinem Wort,
der Bibel.

Schmücken Sie sich mit dem Wort

Wie lernen wir diesen Gott kennen, der die Liebe ist, der treu ist, der
unsere Hoffnung ist?

Wir können mit dem beginnen, was C. S. Lewis das „Schmücken"[5]
oder „Festonieren mit dem Wort Gottes" nannte. *Festonieren* ist ein alt-
modisches Wort und bedeutet so viel wie „eine Girlande aus Blumen
binden". Lewis fordert uns dazu auf, uns mit dem Wort Gottes zu zie-
ren.

Behängen Sie Ihre Seele mit Girlanden des Wortes Gottes! Ist das nicht
ein schönes Bild? Ich kann mir keinen festlicheren Schmuck vorstellen!

Wenn Sie das nächste Mal Ihre Bibel öffnen, möchte ich Sie bitten,
ganz gezielt darum zu bitten, dass der Heilige Geist Ihnen neue Wahr-

heiten über das Wesen Gottes deutlich macht. Wenn Sie die Liebe Gottes nicht tief in sich spüren, halten Sie in seinem Wort danach Ausschau. Lesen Sie das Hohelied Salomos: Stellen Sie sich Gott als Ihren vollkommenen, liebevollen Bräutigam vor. Lesen Sie das Buch Rut: Stellen Sie sich Gottes Wesen in der Person des Boas vor, der Rut schützte und barg und befreite, obwohl sie eine Fremde war. Lesen Sie das Evangelium nach Johannes, den Römerbrief. Sie alle fließen über vor Hinweisen auf die Liebe Gottes.

Ich erinnere mich an den allerersten Kartengruß, den Barry mir am Beginn unserer Liebesbeziehung geschickt hat. Ich las ihn immer wieder und wieder. Ich las ihn stundenlang, um sicherzugehen, dass ich auch noch die letzte Nuance und jeden möglichen Gedankengang aus seinen Worten herausgeholt hatte. Ich habe die Karte liebevoll aufgehoben. Gott hat den radikalsten aller Liebesbriefe verfasst. Deshalb „schmücken Sie sich mit ihm"! Tragen Sie ihn überall, wo Sie gehen und stehen, in sich. Er wurde für Sie geschrieben, damit Sie mit tiefer Freude über Gottes Liebe zu Ihnen erfüllt werden.

Mark Aurel[6], ein bedeutender römischer Kaiser des zweiten Jahrhunderts, sagte einmal, dass die wichtigste Sache, für die ein Mann sich entscheiden kann, seine Gedanken sind. Wir lassen immer wieder die alte Platte in unserem Kopf abspielen. Lügen des Feindes quälen uns und lassen uns glauben, dass wir uns nie zum Besseren verändern und unseren Lauf nie beenden werden. Wir müssen diese alte Leier abstellen und durch die Wahrheit Gottes ersetzen!

Der Brief des Judas ermahnt die Christen: „Bleibt im Schutz der Liebe Gottes und wartet darauf, daß Jesus Christus, unser Herr, wiederkommt und euch in seinem Erbarmen das ewige Leben schenkt" (Vers 21). Es ist unsere Entscheidung, wie wir und was wir denken. Römer 12,2 fordert uns auf: „Laßt euch vielmehr von Gott umwandeln, damit er euer ganzes Denken erneuern wird. Dann könnt ihr euch ein sicheres Urteil bilden, welches Verhalten dem Willen Gottes entspricht, und wißt in jedem einzelnen Fall, was gut und gottgefällig und vollkommen ist."

Ich habe mein Leben lang mit Ängsten zu kämpfen gehabt. In den letzten Jahren habe ich begonnen, unter dieser Last hervorzukommen. Wenn die Angst mich jedoch wieder innerlich aufwühlt, „ersäufe" ich sie im Wort Gottes.

Der Herr ist mein Licht, er befreit mich und hilft mir; darum habe ich keine Angst. Bei ihm bin ich sicher wie in einer Burg; darum zittere ich vor niemand. Wenn meine Feinde mich bedrängen, wenn sie mir voller Haß ans Leben wollen, dann stürzen sie und richten sich zugrunde. Mag ein ganzes Heer mich umzingeln, ich habe keine Angst. Auch wenn es zum Kampf kommt: Ich vertraue auf ihn. Nur eine Bitte habe ich an den Herrn, das ist mein Herzenswunsch: Solange ich lebe, möchte ich in seinem Haus bleiben, um dort seine Freundlichkeit zu schauen und seinen Tempel zu bewundern. Wenn schlimme Tage kommen, nimmt der Herr mich bei sich auf, er gibt mir Schutz unter seinem Dach und stellt mich auf sicheren Felsengrund.   Psalm 27,1–5

Ich habe einen Teil dieses Psalms auswendig gelernt und ich wiederhole ihn oft laut, und selbst wenn ich nur meine Stimme – und nicht die Gottes – höre, merke ich, wie Hoffnung und Glauben in mir hochsteigen.

Als ich Christian noch stillte, betete ich immer für ihn und hielt mir diese Worte vor Augen:

Ja, du hast mich aus dem Mutterschoß gezogen, an der Mutterbrust hast du mich Vertrauen gelehrt. Seit dem ersten Atemzug stehe ich unter deinem Schutz; von Geburt an bist du mein Gott.   Psalm 22,10–11

Wenn Sie anfangen, in der Bibel zu lesen, weisen Sie den Vater der Lüge in seine Schranken. Eine Freundin von mir hat kürzlich eine dramatische Wendung in ihrer Beziehung zu Gott erfahren. Als sie ihn bat, ihr sein wahres Wesen zu zeigen, begann sie, ganz neu das Licht und die Liebe im Wort Gottes zu sehen. Sie ist davon überzeugt, dass ihre eigenen negativen Reaktionen – ihre eigene Scham und ihr Selbsthass als Folge der Lügen, an die sie glaubte – ihre verzerrte Sicht von Gott bewirkt hatten. Wenn Sie Gottes Wort lesen, vertrauen Sie darauf, dass er Ihnen den Weg zu einem Leben in Fülle und Freude zeigt.

In seinem Buch *Praying the Scriptures* („Die Bibel durchbeten") erzählt Judson Cornwall die Geschichte von einem jungen Mann, der zu ihm in die Seelsorge kam. Cornwall fragte ihn nach seinen Gewohnheiten, die Bibel zu lesen, woraufhin der Mann antwortete: „Ich habe wirklich keine Zeit, die Bibel zu lesen. Ich studiere an der Universität und meine Studien fordern meine gesamte Zeit. Ich halte mich ans Gebet und überlasse dafür anderen das Bibellesen."

Cornwall antwortete mit einem gezielten Rat: „Darf ich Sie ernsthaft darum bitten, Ihre Gebetszeit aufzuteilen in ein andächtiges Lesen der Bibel und ein gefühlsmäßiges Anrufen Gottes? Sie müssen den Gott, zu dem Sie beten, besser kennen lernen, und Sie müssen ihn durch sein Wort zu sich reden lassen. Sie halten in Wirklichkeit einen Monolog ab und nennen es Gebet."

Ist Ihnen das auch schon passiert? Sie reden und möchten eine Antwort, geben Ihrem Gegenüber aber keine Gelegenheit, etwas zu Ihnen zu sagen. Die Beziehung zu Gott verlangt nach einem Dialog, einem Gespräch in beide Richtungen. Seien Sie bereit zu hören! Lassen Sie sich füllen!

Die Frucht des Weinstocks

Während ich diese Worte hier schreibe, muss ich an die Pastorenfrau denken, die Angst davor hat, sich in ihrer Depression helfen zu lassen. Ich denke an diejenigen, die mir geschrieben und mir gesagt haben: „Ich möchte auch diese Freude erfahren, von der Sie sprechen, aber das Leben ist so schwierig." Ich denke an eine andere junge Frau, deren Worte nach einem Vortrag von mir waren: „So, jetzt gehe ich nach Hause und arbeite an der Freude."

Freude ist keine neue Last, die man sich aufbürden und mit sich herumschleppen muss! Man kann sich nicht vornehmen, an der Freude zu *arbeiten*. Wir sind dazu berufen, Gott ähnlicher zu werden, der die Freude *ist*.

Ich erinnere mich an eine Reise durch Frankreich, auf der ich prächtige Weintrauben sah. Manchmal waren die Stöcke so voller Trauben, dass sie schon von selbst abfielen. Die Vorstellung, der Weinstock müsste sich *anstrengen*, um Weintrauben hervorzubringen, ist lächerlich. Man kann es auf die kurze Formel bringen: Weintrauben gibt es einfach! Weintrauben entstehen ganz von allein, wenn die Wurzeln gut sind, genügend Wasser vorhanden ist und die Reben beschnitten werden – es ist ganz normal, dass sie dann Frucht tragen.

Veranschaulichen Sie sich die Verheißung in Johannes 15,4: „Bleibt mit mir vereint, dann werde auch ich mit euch vereint bleiben. Nur wenn ihr mit mir vereint bleibt, könnt ihr Frucht bringen, genauso wie eine Rebe nur Frucht bringen kann, wenn sie am Weinstock bleibt."

Als unser neugeborener Sohn im Krankenhaus lag und wir nicht wussten, was ihm fehlte, musste ich gegen die Angst in mir ankämpfen, die auf einer falschen Vorstellung von Gott basierten. In meiner Verzweiflung als frisch gebackene Mutter mit einem kranken Kind hatte ich mir von Gott ein bestimmtes Bild gemacht, das eines Gottes, der seine Untergebenen bei einer Art Gewaltmarsch willkürlich auf die Probe stellt. Einmal habe ich mich davongeschlichen und bin nach unten in das Stillzimmer gegangen. Ich habe das „Besetzt'"-Schild an die Tür gehängt und bin auf die Knie gegangen.

„Herr, ich möchte dir hier vertrauen. Ich möchte sagen: ‚Was immer passiert: Nicht mein Wille, sondern dein Wille geschehe'. Aber ich habe solche Angst, dass du mir den kleinen Christian nimmst, und ich glaube, ich könnte das nicht ertragen. Bitte hilf mir!"

Ich blieb lange, lange Zeit in dem Zimmer, und plötzlich erinnerte ich mich daran, dass Gott schon vor mir dort gewesen war. Er hatte gesehen, wie sein Sohn in einem Garten kniete und Blut und Wasser schwitzte vor Angst. Und ich erinnerte mich, wer er ist. Er ist mein treuer Vater, der mich liebt, der Barry liebt und der unseren kleinen Jungen liebt. Ich war voller Verzweiflung niedergekniet. Als ich den Raum verließ, hatte ich immer noch Angst, aber ich hatte mich Gott neu anvertraut.

Ich bin sehr dankbar für die Freiheit, Gott gegenüber ehrlich sein zu können. Ich glaube, wir tun keiner Beziehung einen Gefallen, wenn wir die wunden, zerbrochenen Teile in unserem Leben zu kaschieren versuchen. Früher dachte ich immer, wenn ich Gott nur genug liebe, hält er alle schlechten Dinge von mir fern. Aber heute weiß ich, dass das nicht stimmt. Mein Baby hätte sterben können. Viele Mütter haben einen so tragischen Verlust erlebt . . . aber sie sind nicht allein gewesen. Der treue, liebende Gott war und ist mit ihnen.

Schritte zur Freude

1. Bitten Sie einen guten Freund (oder ein Familienmitglied), Sie an zwei Erlebnisse zu erinnern, bei denen Gott sich in den letzten fünf Jahren Ihnen gegenüber als treu erwiesen hat. Manchmal können andere Segnungen bei uns entdecken, für die wir selbst blind sind.

2. Lassen Sie Ihre Enttäuschungen über Gott vor Ihrem inneren Auge Revue passieren, die Sie im Anschluss an Kapitel 2 aufgeschrieben (und begraben) haben. Bringen Sie jede Enttäuschung, die Ihnen bewusst ist, zu Gott und bitten Sie Ihn, Ihnen diesbezüglich neue Erkenntnisse zu schenken. Bitten Sie ihn um ein neues Verständnis seines Handelns in Ihrem Leben, für Sie und Ihr persönliches Wachstum. Halten Sie in einer neuen Liste fest, wo Gott gut zu Ihnen gewesen ist.

3. Schreiben Sie in einem oder zwei Sätzen auf, wie Sie Gott erlebt haben. Heften Sie sich diese Aussagen eine Zeit lang an Ihre Kühlschranktür. Jedes Mal, wenn Sie daran vorbeikommen, lesen Sie sie laut vor. Lassen Sie die Wahrheit in Ihr Herz und Gedächtnis dringen, so wie die irrigen Vorstellungen von Gott es früher getan haben.

4. Kaufen Sie sich einen Kalender mit Bibelversen für jeden Tag, und stellen Sie ihn an einer Stelle auf, wo Sie ihn oft sehen können. Bewegen Sie den Vers des Tages immer wieder in Ihrem Gedächtnis und lassen Sie Ihr Herz davon durchdringen. Meditieren Sie darüber. Lernen Sie ihn auswendig. Singen Sie ihn zu einer Melodie, die Ihnen einfällt – kurzum: Schmücken Sie sich mit Gottes Wort!

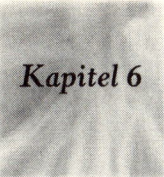

Kapitel 6

Die Freude anziehen

Ich bestaune den Himmel, das Werk deiner Hände, den Mond und alle die Sterne, die du geschaffen hast: wie klein ist da der Mensch, wie gering und unbedeutend! Und doch gibst du dich mit ihm ab und kümmerst dich um ihn!

Psalm 8,4–5

Wir haben von der Wahrheit über Gott gesprochen: den ICH BIN, der war und ist und sein wird. Aber Gott ist nur die eine Seite der Beziehung. Was sagt Gottes Wort über Sie und mich aus – wer wir waren, wer wir sind und wer wir sein werden?

Ein echter Christ

Wie sieht ein „echter Christ" aus? Als Kind stellte ich mir vor, dass ein wahrer Christ ein Missionar sein musste. (Ich war mir sicher: Das war auch meine Bestimmung.). So sah sie aus in meiner Vorstellungswelt, die echte Christin: Ultra-kurz geschnittener Pony – der guten Haushalterschaft wegen, denn so musste sie mindestens sechs Monate nicht mehr zum Frisör gehen. Die restlichen Haare so stramm zu einem züchtigen Knoten zusammengesteckt, dass sie ständig etwas erstaunt aussah. Brauner langer Rock, der bis kurz über die Knöchel reichte, damit sie niemandem Anstoß gab. Darauf trug sie einen gestrickten Pullover mit Rollkragen bis zum Kinn. Kein Make-up. Kein Schmuck.
Eine wahre Christin?
Vielleicht aber auch nicht?!

81

Wir sind nach Gottes Bild geschaffen

Im ersten Kapitel der Bibel treten Mann und Frau glorreich in Erscheinung. „Dann sprach Gott: Nun wollen wir Menschen machen, ein Abbild von uns, das uns ähnlich ist! Sie sollen Macht haben über die Fische im Meer, über die Vögel in der Luft [. . .]. So schuf Gott die Menschen nach seinem Bilde, als Gottes Ebenbild schuf er sie und schuf sie als Mann und Frau" (1. Mose 1,26–27).

Geschaffen zum Bilde Gottes! Wie sieht das aus? Wir sind dazu geschaffen, liebevoll, treu, aufrichtig, mitfühlend, freundlich, kreativ, gerecht, stark, zärtlich und ewig zu sein. All die Dinge, nach denen wir uns sehnen, sind Dinge, zu denen wir auch gedacht sind.

Es ist interessant und traurig zu sehen, wie unsere Gesellschaft sich immer weiter von Gott weg bewegt – auf der Suche nach etwas, was nur bei ihm gefunden werden kann. Wir suchen in den „Abfalleimern" der Welt nach einem Ziel und Zweck, nach Hoffnung und Erfüllung. Adam und Eva badeten täglich in dem, wonach wir uns sehnen. Wollen Sie diese Ursprünglichkeit auch erleben? Stellen Sie sich folgendes Idyll vor:

Es ist Morgen. Die Sonne küsst sie sanft wach. Wieder ein vollkommener Tag. Der Garten ist reich an allen nur erdenklichen Blüten. Der Duft ist berauschend. Das beste Essen liegt zu ihren Füßen und alles, was sie begehren, bringt ihren schönen Körpern Gesundheit und Kraft. Kristallklares Wasser fließt über sie hinweg, während sie zusammen ein Bad nehmen – nackt, ohne Scham, vollkommen und schön. Die Tiere schauen ihnen in Ehrfurcht zu, Adam und Eva, denjenigen, zu denen Gott spricht. Jeden Abend, wenn die Sonne ihnen gute Nacht sagt, spaziert der Schöpfer mit ihnen durch den Garten. Seine Gegenwart erfüllt ihre Seelen mit Leben,

Seine Worte weben unbeschreiblich schöne Muster in ihre Herzen. Er kennt sie – von Angesicht zu Angesicht. Es gibt keine Geheimnisse, keine Scham, kein Leid und keine Tränen. Es gibt keine Einsamkeit, sondern nur willkommene Momente des Alleinseins, die so reich sind, dass es fast nicht auszuhalten ist. Freude herrscht im Garten, reine Freude.

Hat es Sie je überwältigt, dass Gott seine Schöpfung so sehr liebt? Ich glaube, es war fast mehr, als David zuweilen ertragen konnte. „Ich bestaune den Himmel, das Werk deiner Hände, den Mond und alle die Sterne, die du geschaffen hast: Wie klein ist da der Mensch, wie gering und unbedeutend! Und doch gibst du dich mit ihm ab und kümmerst dich um ihn! Ja, du hast ihm Macht und Würde verliehen; es fehlt nicht viel, und er wäre wie du" (Psalm 8,4–6).

Wir leben in einer Welt, die nur vor sehr wenigen Dingen Achtung hat. Aber halten Sie einen Moment inne und denken Sie nach. Der Gott des Universums hat Ihnen das Privileg gewährt, ihn kennen zu lernen, mit ihm in Beziehung zu treten! Es ist, als ob man ganz verdreckt aus einer Schlammgrube herauskriecht und so auf die Liste der bestgekleideten Personen gesetzt wird. Es ist, als ob man den Pulitzerpreis für Literatur überreicht bekommt, wenn man kaum seinen eigenen Namen schreiben kann. Es ist, als ob man bei einer Benefizveranstaltung mit leeren Taschen aufkreuzt und zum Gönner des Jahres gewählt wird.

Eines ist klar: Bei der Schöpfung waren wir Menschen mit dem schönsten Gewand bekleidet: der Reinheit vor Gott und voreinander. Wir waren in den herrlichsten Stoff gehüllt, den es gab: die innige Beziehung zu Gott.

Wir sind gefallen

Aber das Leben im Garten ist nicht so wie das Leben, das wir kennen. Etwas ist passiert. Sie kennen ja sicher die Schöpfungsgeschichte. Adam und Eva hatten alles, was sie sich nur wünschen konnten. Alles – außer der Möglichkeit, Nein zu sagen. Und dafür gaben sie alles andere auf: für ihren freien Willen. Es reichte ihnen nicht, „ein wenig niedriger zu sein." Sie gestanden sich selbst die Möglichkeit zu: „Vielleicht können wir mehr sein."

John Milton kreiert in seinem Versepos *Das verlorene Paradies*[1] ein Szenario, das zu dem verhängnisvollen Fall in Eden führt: Der „höchste Rath"[2] versammelt sich in einer großen (unterirdischen) Halle, die zutreffend als „Pandämonium"[3] bezeichnet wird, als den „hohen Sitz des Satans" und seiner gefallenen Engel. Dort überlegt der „Rath", wie man Gott „kränken"[4] könne. Ein listiger Plan wird ersonnen, nach dem es das Beste wäre, Gottes neue Schöpfung zu Fall zu bringen, sie zu „hintergehn" und zu „verderben"[5]. Satan schwingt sich aus der Hölle empor[6] und überredet einen Engel, ihm zu verraten, wo sich Eden befindet. Er umgarnt Eva. Sie isst die verbotene Frucht. Und Adam beißt – aus Liebe zu Eva – ebenfalls hinein.

In dieser Szene ändert sich alles schlagartig.

Plötzlich streiten Adam und Eva sich heftig und klagen einander an. Adam beschuldigt Eva. Eva beschuldigt die Schlange. Es ist der erste Krieg der Menschheit.

Plötzlich versuchen sie, sich mit Feigenblättern zu verhüllen, denn sie sehen ihre Schuld, die sich in der Scham vor ihrer Nacktheit und Menschlichkeit äußert.

Plötzlich sind sie Gott fremd und verstecken sich hinter den Büschen vor ihm.

Plötzlich ist das Leben mühsam und hart: Schmerz, Unterdrückung und Einschüchterung sind geboren. Es gibt Dornen und Disteln. Es gibt „mühsame" und „beschwerliche"[7] Arbeit. Es gibt den physischen Tod: „Ja, Staub bist du, und zu Staub mußt du wieder werden!" (1. Mose 3,19).

Und plötzlich sind sie und alle ihre Nachfahren bis zum heutigen Tag dem geistlichen Tod ausgesetzt, wie es in Römer 5,12 geschrieben steht: „Deshalb gilt: Wie die Sünde durch einen einzigen Menschen in die Welt kam, so auch die Überwindung der Sünde. Die Sünde dieses einen brachte den Tod mit sich, und alle verfielen dem Tod, weil sie auch alle selbst sündigten."

In Römer 3,23 bringt es Paulus sogar noch treffender zum Ausdruck: „Alle sind schuldig geworden und haben den Anteil an Gottes Herrlichkeit verloren." Wie Neal Lozano in *The Older Brother Returns* („Der ältere Bruder kehrt heim") treffend bemerkt: „Wir werden nie die Bedeutung der Sünde erfassen, wenn wir nicht erkennen, dass wir der Herrlichkeit Gottes bedürfen."

Können Sie sich Gottes Enttäuschung vorstellen? Den Geschöpfen alles geboten zu haben. Die Beziehung zu dem unbegreiflichen Gott ermöglicht zu haben. Einen Mann und eine Frau mit jeglicher guten Gabe überhäuft zu haben und als Gegenleistung nur ein Zeichen der Liebe und der Loyalität zu wollen – und nicht zu bekommen . . .?

Es fällt mir schwer zu glauben, dass es nach der Rebellion in Eden noch einen weiteren Tag in der Menschheitsgeschichte gegeben hat.

Wenn ich Gott gewesen wäre, wäre dies der letzte Tag der Menschheit auf dem Planeten Erde gewesen. Er schuldete uns nichts. Er gab uns alles. Und doch haben wir ihm einen Schlag ins Gesicht versetzt und Nein zu seinen Gaben gesagt! Hat der ganze Himmel gebebt bei dem Schmerz in Gottes Herzen, als Eva in die Frucht biss?

Trotz allem finde ich auch ein klein wenig Trost in der Geschichte von dem Fall Adams und Evas. Wenn, wie Milton es nahe legte, Satan einen Weg suchte, um „Gott zu kränken"[4], dann traf er damit mitten ins Schwarze. Der Gott, den ich in 1. Mose 3 sehe, war verletzt und traurig über Adams und Evas Entscheidung – ihren Ungehorsam und ihre Sünde –, weniger über sie selbst. Er verfluchte die Schlange. Er verfluchte die Erde. Aber das Wort *Fluch* richtet sich nicht gegen Adam und Eva.

Ja, sie würden Not und Leid erfahren, sie würden den Tod kennen lernen, sie würden aus dem Garten der Freude verbannt werden. Aber Gott sprach nicht im Zorn zu ihnen. Und was war mit ihrem neuen Bewusstsein ihrer Unwürdigkeit und Scham? 1. Mose 3,21 lässt darauf schließen, dass Gott Mitleid mit seinen Geschöpfen hatte. Vielleicht sah er, wie erbärmlich ihre Schürzen aus Feigenblättern waren. „Und Gott, der Herr, machte für den Menschen und seine Frau Kleider aus Fellen." Dieser aufschlussreiche Satz beschreibt das Handeln eines Gottes, der seine Geschöpfe lieb hat und ihnen hilft, wie falsch sie sich auch verhalten mögen.

Während ich diese Zeilen schreibe, kommt mir ein eindrückliches Bild ins Gedächtnis. Wie schon erwähnt arbeitete ich mit sechzehn eine Weile als Aushilfe in einem geriatrischen Krankenhaus. Ich war ein schüchterner Teenager und stand noch auf Kriegsfuß mit meiner aufkeimenden Sexualität und dem kleinen Unterschied zwischen Mann und Frau. Eines Abends, als ich gerade dabei war, den Patienten ihren Kakao aufs Zimmer zu bringen, kam ein alter Mann ohne Schlafanzughose aus der Toilette. Die Szene war ihm offensichtlich mehr als peinlich. Er hatte seine Hose verschmutzt und auf dem Boden liegen lassen und stand nun halb nackt vor einem 16-jährigen Mädchen. In diesem Moment fühlte ich Mitleid für diesen alten Mann, der mein Großvater hätte sein können. Ich griff rasch nach einer Decke aus dem Wäscheschrank, hängte sie ihm um und führte ihn zurück zu seinem Bett. Er schien sehr dankbar.

Ich denke, so etwas tat Gott für Adam und Eva. Sie standen nackt und schamerfüllt da und Gott wickelte eine Decke um sie – so, wie er seitdem jeden, der nackt und schamerfüllt vor ihm steht, mit seiner Liebe und seinem Erbarmen einhüllt.

Wir sind mit Gerechtigkeit bekleidet

Im Alten Testament gab es den Sündenbock. Ein Ziegenbock wurde geholt und die Sünden des Volkes wurden symbolisch auf ihn gelegt. Dieser Sündenbock wurde hinaus in die Wüste geführt, von wo aus er seinen Weg nie wieder zurückfinden würde. Damit waren auch die Sünden sozusagen verschollen. Aber dieser symbolische Akt war nur für kurze Zeit wirksam und musste jedes Jahr aufs Neue wiederholt werden.

Aber dann passierte etwas: Der heilige, vollkommene, untadelige Gott griff selbst ein, um die Sünde auf sich zu nehmen. „Zur rechten Zeit, als wir noch in der Gewalt der Sünde waren, ist er für uns gottlose Menschen gestorben. [. . .] Wie sehr uns Gott liebt, beweist er uns damit, daß Christus für uns starb, als wir noch Sünder waren" (Römer 5,6 und 8).

Und in 2. Korinther 5,21 schreibt Paulus: „Gott hat Christus, der ohne Sünde war, an unserer Stelle als Sünder verurteilt, damit wir durch ihn vor Gott als gerecht bestehen können."

Ich wünschte mir, ich hätte Oswald Chambers' Fähigkeit, geistliche Wahrheiten zu erklären. Da ich diese nicht besitze, gebe ich hier seine Betrachtungsweise dieses Verses aus seinem unbedingt empfehlenswerten Werk *Mein Äußerstes für sein Höchstes* wieder:

„Wir sind von Grund auf mit der Sünde verknüpft; Sünde ist nicht Unrecht tun, sondern unrecht *sein*; Sünde ist vorsätzliches, nachdrückliches Unabhängig-sein-Wollen von Gott. In der christlichen Religion wird alles auf die eingewurzelte Sündennatur zurückgeführt. Andere Religionen befassen sich mit Sünden; die Bibel allein befasst sich mit der Sünde. Jesus Christus trat der Erbsünde im Menschen entgegen; und weil wir dies bei unserer Darlegung des Evangeliums so gänzlich außer Acht ließen, hat die Botschaft des Evangeliums ihre Schärfe und ihre Stoßkraft verloren.

Aus der Offenbarung der Bibel geht nicht hervor, dass Jesus Christus unsere fleischlichen Sünden auf sich genommen hat, sondern dass er die Erbsünde auf sich nahm, an die kein Mensch rühren kann. *Gott machte seinen eigenen Sohn zur Sünde*, damit der Sohn die Sünder in Heilige verwandle. [. . .] Er nahm die gesamte Sünde des ganzen Menschengeschlechts willentlich auf seine Schultern und trug sie in seiner eigenen Person hinweg. [. . .] Er brachte [die Menschheit] in jene Stellung zurück, zu der Gott sie bestimmt hatte. Nun kann jeder Mensch auf Grund dessen, was der Herr am Kreuz vollbracht hat, in die Gemeinschaft mit Gott eingehen."[8]

Ich schreibe dieses Buch hauptsächlich für Leute, die bereits ein Grundverständnis von Jesus Christus haben, der auf die Erde gekommen, gestorben und auferstanden ist. Aber verstehen wir wirklich, was er da alles für uns getan hat? Er hat uns vor Gott gerecht gemacht – eine Gerechtigkeit, die sich auf Jesu Tod am Kreuz gründet und nicht auf unsere Verdienste. Wir können nichts dafür tun, uns diesen Stand vor Gott zu verdienen.

Jesaja gebraucht ein eindrückliches Bild, um unseren Versuch zu beschreiben, uns selbst zu erlösen und Gott zu beeindrucken: „Selbst unsere allerbesten Taten sind unrein wie ein schmutziges Kleid" (Jesaja 64,5). Er spricht hier von Menstruationskleidern, die zu Zeiten des Alten Testaments auf dem Müll landeten.

Wie Neal Lozano zu sagen pflegt: „Mit unseren guten Taten, unseren langen Gebeten, unseren Jahren des Dienstes können wir uns auch nicht einen einzigen Tropfen vom Blut unseres Heilandes verdienen. Wir werden nie Gottes Liebe verdienen; und doch, so arm und elend, wie wir sind, gießt er seine Liebe über uns als Geschenk aus. Sie ist ein Geschenk, das wir bewusst in Anspruch nehmen müssen – mit Demut, Ehrerbietung und Achtung, immer in dem Bewusstsein, dass wir, obwohl wir für würdig befunden wurden, unwürdig sind."

Gottes Liebe ist ein Geschenk, das wir bewusst einmal in Anspruch genommen haben, als wir uns Gott zugewendet haben. Und danach müssen wir es weiterhin jeden Tag aufs Neue annehmen, so als ob es ein neues Kleidungsstück wäre, das die albernen Feigenblätter ersetzt, hinter denen wir uns zu verstecken versuchen.

Der Prophet Jesaja drückt seine Vorfreude auf den Messias so aus: „Anstelle doppelter Schande und Schmach, die eure Feinde euch zugefügt haben, werdet ihr von deren Land einen doppelten Anteil bekommen und eure Freude wird kein Ende haben. [. . .] Wir freuen uns und jubeln über den Herrn, unseren Gott! Er umgibt uns mit seiner Hilfe wie mit einem Kleid, hüllt uns in seinen Schutz wie in einen Mantel, [. . .] wie eine Braut, die ihren Hochzeitsschmuck anlegt" (Jesaja 61,7 und 10).

In diesem Bild liegt so etwas Frisches, Fröhliches. Es lässt einen an die vielen, zeitaufwendigen Vorbereitungen denken, die eine Braut in diesen großen Tag investiert. Nichts ist zu schade, weil nur das Beste gut genug ist.

Jesus *bekleidet* uns, aber Galater 3,26–27 sagt auch, dass wir ihn *angezogen* haben. „Ihr alle seid jetzt mündige Söhne und Töchter Gottes – durch den Glauben und weil ihr in engster Gemeinschaft mit Jesus Christus verbunden seid. Denn als ihr in der Taufe Christus übereignet wurdet, habt ihr Christus angezogen wie ein Gewand."

In seinem Buch *Riding the Wind* („Den Wind reiten") erklärt Terry Fullam die ursprüngliche, profane Bedeutung des griechischen Wortes für *taufen*: „Wenn ein Stück ungebleichter Stoff in einen riesigen Bottich mit rotem Färbemittel getaucht wurde, war es *getauft* – völlig ein- und untergetaucht und durchtränkt, so dass es die neue Farbe vollständig annahm. Auch nicht eine Ecke wurde ausgespart oder blieb unbedeckt."

Christus hat uns mit seiner Gerechtigkeit eingefärbt und durchdrungen und wir sollen ihn anziehen.

Im Moment bestand die schwierigste Aufgabe für mich jeden Tag darin, meinem Sohn die Kleider anzuziehen. Er zappelt. Er bewegt sich im falschen Moment. Ich bekomme ein Bein in seinen Strampler, er krabbelt davon und jagt einem Spielzeug oder einer Fliege nach, und schwupps, kann ich wieder von vorne anfangen. Hin und wieder kommt es vor, dass er ruhig liegen bleibt und es seiner Mutter vergönnt ist, ihn anzuziehen, ohne zum Schluss außer Atem zu geraten. Wundervolle Momente! Kein Wunder, dass wir in der Bibel immer wieder dazu aufgefordert werden, still zu sein und Gott gewähren zu lassen, wenn er uns mit seiner Gerechtigkeit kleiden will.

In Epheser 2,8–9 heißt es: „Eure Rettung ist wirklich reine Gnade, und ihr empfangt sie allein durch den Glauben. Ihr selbst habt nichts dazu getan, sie ist Gottes Geschenk. Ihr habt sie nicht durch irgendein

Tun verdient; denn niemand soll sich mit irgendetwas rühmen können."

Das ist das Erstaunliche an der Gnade! Wir sind geliebt. Wir sind aus Glauben gerettet. Wir müssen uns vor Gott nicht unter Beweis stellen. Wir müssen einfach an sein Angebot glauben und es für uns annehmen.

An dieser Stelle mögen Sie sich vielleicht eine Frage stellen, die Paulus im ersten Jahrhundert seinen Lesern gestellt hat: *„Wenn Gott mich genauso liebt, wie ich bin, warum sollte ich mich dann verändern?"* Paulus formuliert es so: „Was folgt nun daraus? Sollen wir ruhig weitersündigen, damit die Gnade sich noch mächtiger entfalten kann?" (Römer 6,1).

Paulus hat sich seine Frage selbst beantwortet: „Unmöglich!" Wir sind in Christus neu geworden. „Die Sünde hat kein Anrecht mehr an uns, für sie sind wir tot" (Vers 2). Warum sollten wir weiterhin darin leben wollen? Wenn wir bewusst die Grenzen von Gottes Gnade austesten wollen, haben wir nicht verstanden, worum es geht, haben nicht die Wahrheit begriffen, die uns dazu führt und auffordert, so zu sein wie Christus selbst.

Das griechische Wort im Neuen Testament für *Gnade* – die Gabe Gottes – ist *charis*. Und das griechische Wort für Freude ist *chara*. Sie haben beide dieselbe Wurzel. Und ich wünsche uns, dass wir immer mehr dazu fähig werden, die Freude an Gott „anzuziehen". Die Freude wie ein Kleidungsstück tragen? Ja, das ist das Bild, das in Psalm 30,12–13 gebraucht wird: „Du hast mein Klagelied in einen Freudentanz verwandelt, mir statt des Trauerkleids ein Festgewand gegeben. Ich mußte nicht für immer verstummen; ich kann dich mit meinen Liedern preisen. Dir, Herr, mein Gott, gilt allezeit mein Dank."

Freude kann die Frucht sein, die wir bringen sollen. Freude ist aber auch die Kleidung, die wir tragen sollen, wenn wir in dem Bewusstsein leben, wer wir vor Gott sind: durch Gnade errettete Sünder, die unter der Barmherzigkeit eines liebenden Gottes leben und mit seiner Kraft bevollmächtigt sind.

Wir sind Kinder, die wachsen

Als Jesus von dieser Erde ging, versprach er, den Heiligen Geist, den „Tröster aus der Höhe" zu senden. Wir sind nicht allein gelassen auf unserer Reise. Wir könnten sie gar nicht allein schaffen. Wie Martin Luther sagte: „Würden wir auf unsere eigene Stärke bauen, wäre unser Streben umsonst." Wir haben aber im Heiligen Geist nicht nur einen Reisebegleiter, wir haben auch Freude in allen Lebenslagen, weil „die Liebe Gottes in unsre Herzen ausgegossen ist durch den Heiligen Geist."

„Nun haben wir Grund, uns zu rühmen, weil wir die gewisse Hoffnung haben, daß Gott uns an seiner Herrlichkeit teilnehmen läßt. Mehr noch: Wir rühmen uns sogar der Leiden, die wir für Christus auf uns nehmen müssen. Denn wir wissen: Durch Leiden lernen wir Geduld, durch Geduld kommt es zur Bewährung, durch Bewährung festigt sich die Hoffnung. Unsere Hoffnung aber wird uns nicht enttäuschen. Denn daß Gott uns liebt, ist unumstößlich gewiß. Seine Liebe ist ja in unsere Herzen ausgegossen durch den Heiligen Geist, den er uns geschenkt hat." (Römer 5,2–5).

Freude ist ein Gewand. Wir sind dazu geschaffen, es zu tragen. Es passt wie angegossen. Es ist ein Geschenk, wenn wir täglich unser Leben vor Gott bringen und darum bitten, wieder neu von ihm erfüllt zu werden: „Ich bitte Gott, auf den sich unsere Hoffnung gründet, daß er euch in eurem Glauben mit aller Freude und allem Frieden erfüllt, damit eure Hoffnung durch die Kraft des Heiligen Geistes immer stärker und unerschütterlicher wird" (Römer 15,13).

Im nächsten Kapitel werden wir uns mit der Freude befassen, die es bedeutet, wahrhaftig zu leben. Der Geist Gottes ist es, der uns auf dieser Reise weiterführt zur Freude, zu Frieden, Hoffnung und Wahrheit. „Aber wenn der Helfer kommt, der Geist der Wahrheit, wird er euch anleiten, in der vollen Wahrheit zu leben. Was er euch sagen wird, hat er nicht von sich selbst, sondern er wird euch nur sagen, was er hört. Er wird euch jeweils vorbereiten auf das, was auf euch zukommt." (Johannes 16,13).

Es ist ein Geheimnis für mich – dieses Zusammenwirken zwischen dem dreieinigen Gott und seinen Kindern. Aber eines weiß ich sicher: Wenn es in meinem Leben keine Freude gibt, dann nur deshalb, weil ich aufgehört habe, an Gottes Kraftquelle aufzutanken, und versuche, alles wieder aus meinen eigenen Fähigkeiten heraus zu tun. Ich kann mich entscheiden: Will ich mich festfahren in dem Versuch, etwas Beeindruckendes mit meinem Leben zu schaffen, oder kann ich Sicherheit und Ruhe bei Jesus finden?

Wir sind Heilige, die auf die Verherrlichung warten

Das Leben im Hier und Jetzt ist wahrhaftig nicht paradiesisch, sondern manchmal ganz schön hart, obwohl wir erlöst sind. Wir sind gerettet, aber leider gibt es noch eine andere Tatsache: „Wir wissen, daß die ganze Schöpfung bis jetzt noch stöhnt und in Wehen liegt wie eine Frau bei der Geburt. Aber auch wir selbst, die doch schon als Anfang des neuen Lebens – gleichsam als Anzahlung – den Heiligen Geist bekommen haben, stöhnen ebenso in unserem Innern. Denn wir warten sehnsüchtig auf die volle Verwirklichung dessen, was Gott uns als seinen Kindern zugedacht hat: daß unser Leib von der Vergänglichkeit erlöst wird. [. . .] Wenn wir aber auf etwas hoffen, das wir noch nicht sehen können, dann heißt das, daß wir beharrlich danach Ausschau halten." (Römer 8,22–23,25).

Und doch sind wir im Hier und Jetzt dazu berufen, Heilige zu sein. Oswald Chambers fasst es so in Worte: „*Gott machte seinen eigenen Sohn zur Sünde, damit der Sohn die Sünder in Heilige verwandle.*"[8]

Ich – eine Heilige? So komisch es klingt, Gott sieht uns so! Fast alle Paulusbriefe – auch die, die Christen zu einem heiligeren Leben anspornen – sind an „die Geheiligten" gerichtet oder an „die berufenen Heiligen"[9].

Aber, so mögen Sie (zusammen mit mir) einwenden, ich stolpere durchs Leben und falle, und mir fehlt immer noch ganz und gar die Herrlichkeit Gottes, auch wenn ich „glaube", auch wenn ich Gott noch so sehr gefallen möchte.

Selbst damit sind wir nicht allein. Die gleich darauf folgenden Verse in Römer 8 machen dies deutlich: „Aber ebenso wie wir seufzt und stöhnt auch der Geist Gottes, der uns zur Hilfe kommt. [. . .] Deshalb tritt sein Geist für uns ein mit einem Stöhnen, das sich nicht in Worte fassen läßt" (Vers 26). Und Paulus Botschaft lautet weiter: „Was auch geschieht, das eine wissen wir: Für die, die Gott lieben, muß alles zu ihrem Heil dienen. Es sind Menschen, die er nach seinem freien Entschluß berufen hat." (Vers 28).

Im Herbst 1997 war ich zusammen mit dem bekannten Autor Max Lucado[10] Gastrednerin auf einer Kreuzfahrt zu den Bermuda-Inseln. Ein Abend ist mir besonders im Gedächtnis haften geblieben. Wir lagen im Hafen von St. George auf den Bermudas vor Anker und hatten die Erlaubnis erhalten, an jenem Abend in der dortigen Kirche einen Abendmahlsgottesdienst abzuhalten. Die Kirche war im 17. Jahrhundert erbaut worden. Seither wurden dort fortwährend Gottesdienste abgehalten. Etwa hundert „Kreuzfahrer" versammelten sich dort in dem wunderschönen alten Gebäude, um das Abendmahl zu feiern. Die Kirche war mit Kerzen erleuchtet, und wie wir so zusammen sangen, hatte ich das Gefühl, dass unsere Stimmen sich mit all denen der Christen aus den Jahrhunderten vor uns zu einer zeitüberspannenden Lobeshymne vereinten.

Max Predigt erinnerte uns daran, dass Jesus seine Krone ablegte, um auf diese Erde zu kommen und unter uns zu leben. Er, das unschuldige Lamm Gottes, nahm unsere Sünde auf sich und wir nahmen durch den Glauben an ihn seine Gerechtigkeit an. Er nahm die Krone ab und legte sie auf Ihren Kopf, auf meinen. Wer kann solch ein Geschenk begreifen? Wir kommen mit leeren Händen zu Gott und bekommen alles. Sie können nichts dazu tun, um es sich zu verdienen, um sich seiner Liebe würdig zu erweisen. Es ist und bleibt ein Geschenk. Und wenn Sie es nicht verdienen, können Sie auch nichts dazu tun, es zu verlieren – es sei denn, Sie laufen vor dem Geber des Geschenkes davon.

Bei dem Gala-Abend an Bord, an dem jeder festliche Kleidung trug, beobachtete ich, wie die Menge in den Speisesaal strömte. Einige trugen Roben, die ein Vermögen gekostet haben mussten. Die Damen waren mit Pailletten und Perlen geschmückt. Die Männer wanden sich in unbequemen Smokings, die meist etwas zu eng oder zu steif aussahen. Ich lächelte und genoss dieses Diner mit seinen dem Anlass entsprechend festlich gekleideten Menschen.

Etwas später an diesem Abend musste ich über die ewige Bedeutung der Kleidung nachdenken: Eines Tages, wenn wir alle vor dem Thron der Gnade zusammenkommen, werden wir nur mit einer Sache bekleidet sein: mit dem Kleid der Gerechtigkeit, das Christus für uns gekauft hat.

Kleide mich, kleide mich mit dir selbst, ewige Wahrheit.

Katharina von Siena

Schritte zur Freude

1. Betrachten Sie einmal Ihren Kleiderschrank. Welche Farben sind vorherrschend? Ich hatte eine Phase, in der fast alle meine Sachen schwarz waren – eine traurige Spiegelung meines Gemütszustandes. Ich fing an, meine Kleider mit einigen anderen Farben zu ergänzen, in denen ich mich wohl fühlte. Machen Sie einen Einkaufsbummel im Einkaufszentrum. Kaufen Sie sich *ein* neues Kleidungsstück in Ihrer Lieblingsfarbe. Jedes Mal, wenn Sie es tragen, erinnern Sie sich daran, dass Sie mit der Schönheit und dem Glanz Christi bekleidet sind.

2. Gehen Sie heute spazieren. Nehmen Sie die Blumen und Bäume, die Vögel und Schmetterlinge bewusst wahr. Oder suchen Sie einen Blumenladen auf oder gehen Sie auf den Markt und sehen Sie sich einen Obststand an. Erinnern Sie sich dabei daran, dass der Gott, der die Blumen auf dem Feld schmückt, auch Sie kleidet (siehe Matthäus 6,28–30).

3. Kaufen oder pflücken Sie einen kleinen Strauß Blumen. Machen Sie sich bewusst, wie selbstverständlich die Natur ihre Früchte und ihr Farbenkleid trägt. Verschenken Sie Ihre Blumen an jemanden, den Sie heute treffen und der niedergeschlagen aussieht. Wenn Sie Ihr Geschenk überreichen, sagen Sie ein paar kurze Worte dazu – zum Beispiel: „Das ist für dich. Gott liebt dich." Oder: „Damit möchte Gott deinen Tag aufhellen."

4. Bitten Sie Gott jeden Tag, wenn Sie sich zurechtmachen oder Ihr Make-up auftragen, Sie für den vor Ihnen liegenden Tag auch geistlich „einzukleiden". Bitten Sie ihn, Sie mit Freude zu kleiden.

5. Denken Sie über eine oder mehrere Bibelstellen nach, zum Beispiel die folgenden:

Gott hat Christus, der ohne Sünde war, an unserer Stelle als Sünder verurteilt, damit wir durch ihn vor Gott als gerecht bestehen können. 2. Korinther 5,21

Anstelle doppelter Schande und Schmach, die eure Feinde euch zugefügt haben, werdet ihr [. . .] doppelten Anteil bekommen, und eure Freude wird kein Ende haben.[. . .] Wir freuen uns und jubeln über den Herrn, unseren Gott! Er umgibt uns mit seiner Hilfe wie mit einem Kleid, hüllt uns in seinen Schutz wie in einen Mantel. [. . .] wie eine Braut, die ihren Hochzeitsschmuck anlegt. Jesaja 61,7 und 10

Ihr alle seid jetzt mündige Söhne und Töchter Gottes – durch den Glauben und weil ihr in engster Gemeinschaft mit Jesus Christus verbunden seid. Denn als ihr in der Taufe Christus übereignet wurdet, habt ihr Christus angezogen wie ein Gewand. Galater 3,26–27

Du hast mein Klagelied in einen Freudentanz verwandelt, mir statt des Trauerkleids ein Festgewand gegeben. Ich mußte nicht für immer verstummen; ich kann dich mit meinen Liedern preisen. Psalm 30,12–13

Kapitel 7

Die Freude, in der Wahrheit zu leben

Ich habe keine größere Freude als die zu hören, dass meine Kinder in der Wahrheit leben. (3. Johannes 4)

Das Problem bei den meisten Menschen liegt nicht darin, die Wahrheit zu finden, sondern ihr ins Auge zu blicken. (Verfasser unbekannt)

Wir haben uns einigen Wahrheiten über Gott und einigen Wahrheiten über uns selbst zugewandt. Was bedeuten sie für eine Frau von heute? Für die Frauen, denen ich begegne und die ein Gott gefälliges Leben führen wollen? Die bei ihrem Versuch, ihm zu dienen, ausgebrannt sind? Die die Kraft Gottes und die „Freude am Herrn", von der in der Bibel die Rede ist, ganz neu erfahren wollen? Wie verhält sich die Freude am Herrn zu einem Leben in der Wahrheit?

Jesus selbst sagte zu seinen Jüngern: „Und ihr werdet die Wahrheit erkennen, und die Wahrheit wird euch frei machen" (Johannes 8,32).

Wie können wir dahin gelangen? Unsere „fröhliche Reise" beginnt, wenn wir uns von uns selbst weg dem zuwenden, der von sich sagt: „ICH BIN".

1953 zog Dag Hammarskjöld aus Schweden nach New York, wo er das Amt des Generalsekretärs der Vereinten Nationen bekleidete. Nach seinem tragischen Tod wurden seine Tagebucheintragungen – eine Sammlung persönlicher Aufzeichnungen und aphorismenartiger Reflexionen – unter dem Titel „Zeichen am Weg" veröffentlicht. Darin gab er sich als tief religiöser Mensch zu erkennen. Er resümierte, dass das „Leben als Selbstzweck in seiner individuellen Zerstörung"[1] endet; erst, wenn ich mein Leben an Gott verliere, erhalte ich die Gewissheit, „dass das Dasein sinnvoll ist und dass darum mein Leben, in Unterwerfung, ein Ziel hat."[2]

Natürlich ist diese Erkenntnis der Egozentrik des Menschen nichts Neues. Dieses Problem existierte bereits von Anfang an. Luzifer war nicht zufrieden mit dem, wer er war; er konnte seine „Nicht-Göttlichkeit" nicht annehmen und den Schöpfer nicht anbeten. Adam und Eva gaben den vollkommenen Frieden des Gartens und die tiefe, vertraute Beziehung zu Gott auf, um mehr zu werden, als sie waren.

Manchmal denken wir in der Kirche, dass nur „die da draußen" selbstbezogen sind – die karrierebewussten Yuppies zum Beispiel, die eine gute Dosis Demut und Gemeinschaftssinn nötig hätten. Aber wenn wir ehrlich sind, müssen wir zugeben, dass wir auch nicht besser dastehen, weil wir uns zu sehr mit uns selbst beschäftigen.

Eigentlich können alle Freude sabotierenden Faktoren auf ein und denselben Ursprung zurückverfolgt werden: Sie gehen alle davon aus, dass das „Ich" an erster Stelle steht. Ich musste schmunzeln, als ich herausfand, dass das Wort *Idiot* von dem griechischen Wort *idios* abstammt, was so viel bedeutet wie „das Selbst". Nur zu oft gleichen wir Christen dem Mann, den George Eliot wie folgt beschrieben hat: „Er war wie ein Hahn, der glaubte, die Sonne wäre nur aufgegangen, um ihn krähen zu hören."

Unsere Vorsätze sind oft gut gemeint. Können Sie sich mit dem Wunsch identifizieren, eine Elitekämpferin oder Heldin für Jesus sein zu wollen? Ich hatte mir das als Teenager fest vorgenommen. Eisern lief ich immer abends nach den Treffen unserer Jugendgruppe am Strand entlang und härtete mich ab, um mich für die schwierige Mission Christi zu rüsten. Aber das war der falsche Ansatz. Unser Leben und unser Fortkommen in Glauben steht und fällt mit Gott – nicht mit uns selbst und unserem Kampfgeist.

Denken Sie einmal über folgende Parabel nach: Der Besitzer eines Antiquitätengeschäftes heftete ein Preisschild mit der Aufschrift „4 Millionen Dollar" an einen billigen, zerbrochenen Krug und platzierte diesen auf einem Regal. Niemand konnte sich den horrenden Preis erklären, den er für dieses schäbige Ding verlangte. Und dann fing das Gefäß an, sich zu verändern. Anstatt bescheiden und dankbar zu sein, so ausgezeichnet worden zu sein, begann die angeschlagene

Vase, auf die anderen Gefäße herabzusehen. Tatsache war jedoch, dass sie immer noch eine billige, kaputte Vase war. Und wenn sie sich noch so großartig fühlte – sie war ein zerbrochener Scherbenhaufen. Ihr einziger Wert lag im Blick des Antiquitätenhändlers, der sie besaß und sie als Kostbarkeit betrachtete.

Eine fröhliche Reise in Wahrhaftigkeit beginnt also so: „Laßt uns ablegen alles, was uns beschwert, und die Sünde, die uns ständig umstrickt, und laßt uns laufen mit Geduld in dem Kampf, der uns bestimmt ist, *und aufsehen zu Jesus, dem Anfänger und Vollender des Glaubens,* der, obwohl er hätte Freude haben können, das Kreuz erduldete und die Schande gering achtete und sich gesetzt hat zur Rechten des Thrones Gottes. Gedenkt an den, der so viel Widerspruch gegen sich von den Sündern erduldet hat, damit ihr nicht matt werdet und den Mut nicht sinken laßt" (Hebräer 12,1–3[3]).

Ist der Groschen gefallen? „Laßt uns aufsehen zu Jesus, dem Anfänger und Vollender." Lasst uns unsere Augen weg von uns selbst richten! Dann können wir der Freiheit entgegengehen.

In diesem Kapitel sowie in den Kapiteln 8 und 9 möchte ich einen kurzen Blick auf das Leben in Fülle werfen, das uns zugedacht ist und das sich darauf gründet, wer Gott ist und wer wir in seinen Augen sind.

Ich habe die Wahl

Wenn wir uns zu sehr mit uns selbst beschäftigen, können wir schnell zu der Überzeugung gelangen, dass Gott uns nicht liebt. Bei meinen Reisen durch das ganze Land höre ich die gleiche Geschichte immer und immer wieder: „Ich kann nicht glauben, dass Gott mich liebt. Wenn Sie mich wirklich kennen würden, würden Sie verstehen, warum ich so fühle." „Ich fühle mich so einsam und verlassen. Ich hasse mich selbst."

Derart im Schlamm zu baden kostet so viel Energie und verdirbt die Freude. Diese in sich gekehrte Haltung lässt uns glauben, wir hätten nichts zum Reich Gottes beizutragen. Das führt zu einer Art Lähmung; wir ziehen uns noch mehr zurück und tun gar nichts mehr. Oder wir legen uns so sehr ins Zeug, dass Gott doch von unserer Arbeit angetan sein muss und wir uns seine Zuwendung damit verdient haben. So habe ich es gemacht. Ich fühlte mich immer so wertvoll vor Gott, weil ich so einen wichtigen Job als Fernsehmoderatorin hatte. Im Grunde rechnete ich damit, dass Gott mit meinem Leben ganz zufrieden sein müsste, zumindest, wenn ich immer härter und härter arbeiten und immer mehr produzieren würde. Oberflächlich betrachtet sah auch alles gut aus. Aber ich hatte keinen sicheren Boden unter den Füßen.

Wenn Gottes Liebe zu uns und unser Angenommensein durch ihn auch nur im Geringsten von unserer Liebenswürdigkeit oder Produktivität abhinge, würde unser Boot sehr schnell sinken. Eigentlich war mein ganzes Schaffen für Gott eher ein Hindernis für meine Beziehung zu ihm und stellte schließlich eine fast undurchdringliche Barriere dar.

Ich bin der Meinung, dass unsere Selbstbezogenheit – auch und besonders, wenn sie sich in Selbsthass äußert – uns die Freude auch deshalb raubt, weil sie unsere Beziehungen zu anderen Menschen zerstört. Sie macht uns unfähig, andere zu lieben. Es ist unmöglich, andere zu lieben und sich selbst zu hassen. Wenn Sie sich in dem Netz der Selbstverachtung verfangen haben, können Sie nach außen hin höflich und hilfsbereit erscheinen, aber unter der Oberfläche brodelt es und Sie hegen heimlichen Groll. Vielleicht wird dies ja durch ein Gedicht deutlich, das ich geschrieben habe:

> *„Entschuldigen Sie bitte", sagte sie scheu,*
> *„Ich bin Stroh, Sie sind das Heu."*
> *„Entschuldigen Sie bitte", flüsterte sie leise*
> *„Ich bin Sisal, Sie sind Seide."*
> *„Entschuldigen Sie bitte", sagte sie verbissen,*
> *„Sie sind neu und ich zerschlissen."*
> *„Entschuldigen Sie noch ein einziges Mal", bat sie um Geduld*
> *Und verschwand in der Menge und im Tumult.*
> *Es war klar für mich und dich:*
> *Sie hasste das Leben und darum auch mich.*

Wenn Sie meinen, dass jeder andere um Sie herum leistungsfähiger, anziehender oder liebenswürdiger ist als Sie, glauben Sie vielleicht, dass Sie diese Menschen höher einschätzen als sich selbst – aber in Wirklichkeit verachten Sie sie. Erst wenn wir die Liebe Gottes für uns persönlich annehmen können, sind wir fähig, uns über die „Gesichtszüge" Gottes bei anderen zu freuen.

Für mich lag einer der bedeutendsten Schlüssel zur Freude darin, dass ich der Wahrheit über mich selbst ins Auge gesehen habe. Ich bin eine Sünderin, die dringend Gottes Hilfe braucht. Mein Wert, meine Stärke, meine Hoffnung liegt in ihm. Eine meiner größten Schwächen lag immer darin, dass ich dachte, ich sei stark.

Aber nun ist eine meiner größten Stärken das Wissen, dass ich ohne Gott erbärmlich schwach bin. Ich weiß das so sicher, wie ich mein Gesicht im Spiegel erkennen kann. Und Gott weiß es. Als ich endlich aufgab und Gott sagte, wie hilflos und hoffnungslos ich war, hat Gott die Dinge nicht einfach entschuldigt oder unter den Teppich gekehrt. Er stimmte mir in allem zu. Ja, ich hatte sogar das Gefühl, dass zu einem späteren Zeitpunkt noch mehr ans Licht kommen würde, das noch mehr Loslassen erforderte.

Aber an diesem Tiefpunkt versicherte er mir, dass er mich liebte. Er liebte mich, obwohl er wusste, dass alles stimmte, was ich gesagt hatte. Durch diese bewusste Hinwendung zu Gott wurde ich fähig, seine Liebe zu *empfangen*. Ich war innerlich fähig, mir seine Werte zu Eigen zu machen. Es ist ein geistliches Paradoxon: Erst wenn wir unsere Unwürdigkeit erkennen, kann Gott uns für würdig erklären. Nur in ihm finden wir uns selbst und nur in ihm liegt unser Wert.

Enttäuschung und Freude gingen bei mir Hand in Hand. Ich war schrecklich enttäuscht von mir selbst, als ich der Wahrheit ins Gesicht schaute und erkannte, wer ich wirklich bin. Aber dahinter verbarg sich die überwältigende Umarmung des Einen, der mehr als jeder andere wusste, dass ich unwürdig bin – und der mich trotzdem liebt. Was für eine Erleichterung!

Je weniger Raum wir unserer Selbstliebe oder Selbstverachtung einräumen, desto mehr Raum bleibt für Gott. Und dann setzt ein Aufwärtstrend ein, denn es ist unmöglich, Gott zu lieben und sich selbst zu hassen. Wenn Sie Gott lieben, können Sie das lieben, was Gott liebt. Und Gott liebt Sie. Es ist unangenehm und beschämend, geliebt zu werden, wenn wir meinen, wir hätten nur Verachtung verdient, aber Gott ist Gott. Er sieht Sie an mit Ihrer Schwarzen Liste, zerreißt diesen Schandfleck und umgibt Sie mit Herzlichkeit. Warum sich noch länger dagegen sträuben? Was für eine Vergeudung des Lebens! Legen Sie Ihr altes Selbstbild ab, und nehmen Sie das neue Bild an, das Gott von Ihnen gezeichnet hat.

„Richte den Blick nur auf Jesus"[4] – das befreit Sie, die Liebe zu empfangen, die er freimütig anbietet. Den Blick auf Jesus richten – das befreit Sie davon, immer im Mittelpunkt stehen zu müssen, und befähigt Sie dazu, sich als von Gott geliebt zu sehen.

Bernhard von Clairvaux listet vier Schritte auf, die wir gehen, wenn wir uns selbst verlieren und uns in Gott finden. Können Sie feststellen, in welchem Stadium der Reise Sie sich gerade befinden?

- Schritt 1: Wir lieben uns selbst um unserer selbst willen.
- Schritt 2: Wir lieben Gott um unserer selbst willen.
- Schritt 3: Wir lieben Gott um seinetwillen.
- Schritt 4: Wir lieben uns selbst um Gottes willen.

Die Freude kommt mit Schritt 4; wenn wir verstehen, dass wir mit Gottes Gerechtigkeit gekleidet sind.

Wie viel menschliche Not könnte gelindert werden, wenn wir für eine Weile still sein und dieser Wahrheit begegnen würden und sie tief in unsere Seelen einsickern ließen. Wir können Ruhe finden, wenn wir unser Geltungsstreben Gott übergeben und die Wahrheit annehmen, dass wir ohne ihn keinen Wert besitzen. Und bei dieser Übergabe und der neuen, klaren Sichtweise von uns selbst kommt die Ehrfurcht gebietende und größte Wahrheit von allen zu Tage: Der Gott des Universums, der das Leben erschuf und irgendwann einmal dieser Welt ein Ende setzen wird, schätzt Ihr Leben so sehr, dass er seinen Sohn an Ihrer Stelle opferte. Das sollte uns demütig stimmen und gleichzeitig unserer Seele Würde verleihen.

Ich kann meine Sünde bekennen

In ihrem Buch „Buße – Glückseliges Leben" schreibt Schwester Basilea Schlinck: „Das erste Kennzeichen des Reiches Gottes ist die übersprudelnde Freude, die aus der Reue und Buße kommt. . . . Reuetränen werden selbst harte Herzen aufweichen."[5]

Sie hat eine Wahrheit entdeckt, die so alt ist wie die Psalmen. Sagt Ihnen das etwas? Davids Bitte an Gott, ihm „einen Geist, der beständig zu [ihm] hält" zu geben und ihn „wieder Freude erleben zu lassen", ist in der Mitte von Psalm 51 zu lesen, einem Bußpsalm, in dem David seine Verfehlungen vor Gott bringt und um Rettung bittet. Mit was beginnt der Psalm? Mit der Wahrheit über Gottes Wesen: „Gott, du bist reich an Liebe und Güte; darum erbarme dich über mich, vergib mir meine Verfehlungen" (Vers 1).

David war ein Mann, der zuließ, dass die Reue sein Herz brach. In Vers 19 heißt es: „Aber wenn ein Mensch dir Herz und Geist hingibt, wenn er mit sich am Ende ist und dir nicht mehr trotzt – ein solches Opfer weist du nicht ab."

Nach unserer allerersten Hinwendung zu Gott müssen wir zu einer tieferen Erkenntnis unserer Fehlerhaftigkeit und Unwürdigkeit vor Gott kommen. Das ist oft eine schmerzliche Erkenntnis und führt zum inneren Zerbrechen. Es bedeutet, dass wir alle Enttäuschungen über uns selbst – die großen und die kleinen Sünden, die Lasten, die andere auf uns geladen haben – an Gott abgeben. Es bedeutet, uns selbst seinem Erbarmen ganz und gar anzuvertrauen. Wie Joel 2,13 es ausdrückt: „Zerreißet eure Herzen und nicht eure Kleider! Ja, kehrt um zum Herrn, eurem Gott! Ihr wißt doch: Er ist voll Liebe und Erbarmen. Er hat Geduld, seine Güte kennt keine Grenzen. Das Unheil, das er androht – wie oft tut es ihm leid!"

Oswald Chambers bemerkt: „Die Reue ist der Fels, auf dem das Christentum aufgebaut ist. Um es genau zu sagen: Ein Mensch kann nicht bereuen, wann er will; die Reue ist ein Geschenk Gottes."[6]

Die Puritaner hatten früher die Angewohnheit, für die „Gabe der Tränen" zu beten. Wenn Sie je aufhören, Reue zu empfinden, dann sind Sie auf dem Weg abwärts. Prüfen Sie sich selbst, ob Sie vergessen haben, wie sich Traurigsein über sich selbst anfühlt.

Was bedeutet Reue und für wen ist sie von Bedeutung? Muss man nur die bewussten Taten des Ungehorsams gegen Gottes Gebote bereuen?

Natürlich ist Reue nötig, wenn man falsch gehandelt hat. Das hat aber nichts mit Genugtuung zu tun. Gott bringt es vermutlich nicht viel, wenn wir eine Sünde vor ihm bereuen. Doch für uns ist die Reue überlebenswichtig. Denn Reue erfordert einen Richtungswechsel, macht eine Kurskorrektur notwendig. Wie Aldous Huxley es treffend formuliert: „Wenn du dich schlecht benommen hast, kehre um, führe alle Veränderungen durch, die in deiner Macht stehen, und wende dich der Aufgabe zu, dich das nächste Mal besser zu verhalten. Brüte keinesfalls über deiner bösen Tat. Sich im Schlamm zu wälzen ist nicht der beste Weg, um sauber zu werden."

Viele Menschen belasten sich viel zu sehr mit dem Eingeständnis ihrer Unfähigkeit, die guten Vorsätze auszuführen und es Jesus wirklich gleich zu tun. Wir lehnen uns nicht bewusst gegen Gott auf. Trotz unserer besten Absichten „haben [wir] den Anteil an Gottes Herrlichkeit verloren" (Römer 3,23). Wir kennen die Wahrheit aus Jakobus 3,2: „Wir alle sind in vieler Hinsicht fehlerhafte Menschen." Wir machen die Erfahrung, von der Paulus in Römer 7 schreibt. Paulus weiß, dass er das „Kleid der Gerechtigkeit" trägt, und doch gesteht er (in Vers 18 f): „Wir bringen es zwar fertig, uns das Gute vorzunehmen; aber wir sind zu schwach, es auszuführen." Paulus fährt fort, dieses Dilemma von verschiedenen Seiten her zu beleuchten. Schließlich ruft er aus: „Ich unglückseliger Mensch!" (Römer 7,24). Und doch verzweifelt er nicht ganz daran. Er wendet seinen Blick zu Jesus und schreibt weiter: „Wer rettet mich aus dieser tödlichen Verstrickung?" (Vers 24). Und dann beantwortet er sich seine Frage selbst: „Gott sei gedankt durch Jesus Christus, unseren Herrn!" (Vers 25).

Dieses „Gott sei gedankt" können wir auch aussprechen, wenn wir uns ständig unserer allzu menschlichen Handlungs- und Denkweise, unserer Schwäche und unserer völligen Abhängigkeit von ihm bewusst sind und seine Stärke in Anspruch nehmen. Probieren Sie es aus: Geben Sie ihm Ihre Schwäche und lassen Sie ihn seine Stärke zeigen.

Paulus hat es gewagt. Er bat Gott, den nicht näher bezeichneten „Stachel im Fleisch" (2. Korinther 12,7), der ihn quälte, wegzunehmen. Und Gott sagte zu ihm: „Du brauchst nicht mehr als meine Gnade. Je schwächer du bist, desto stärker erweist sich an dir meine Kraft" (Vers 9). Paulus schreibt weiterhin: „Darum freue ich mich über meine Schwächen, über Mißhandlungen, Notlagen, Verfolgungen und Schwierigkeiten. Denn gerade wenn ich schwach bin, dann bin ich stark" (2. Korinther 12,10). Stark in Christus. Durch „die Kraft Christi" (Vers 9) – und nicht seine eigene.

Erinnern Sie sich jeden Morgen neu daran. George MacDonald sagte einmal: *„Mit jedem Morgen muss mein Leben aufs Neue die Kruste des Selbst zerbrechen, die sich wieder um mich gebildet hat."*

Es ist eine tägliche Arbeit, sich auf Kurs zu halten. Ich zum Beispiel bin sehr aufbrausend. Ich weiß aber auch, wie schwer es für mich wird, meinen Mann hart anzugehen, wenn ich mir – jeden Morgen neu – bewusst sage: „Gott, ich bin heute total von dir abhängig. Ich gebe heute meinen Zorn an dich ab." Ich dachte früher nämlich immer: *Ich kann nichts an meinen Wutausbrüchen ändern. Ich bin eben so.* Heute weiß ich, dass das eine Lüge des Feindes ist, denn ich kann entscheiden, wie ich leben möchte. Ich bin kein Opfer, und ich entscheide mich, bewusst zu leben, mir meiner Schwäche bewusst zu sein, aber sie immer wieder vor Gott zu bringen.

Gott kann dieses tägliche – oder auch stündliche – Eingeständnis unserer Schwachheit gebrauchen und sozusagen eine schützende Hecke um uns herum errichten, die uns davor bewahrt, in ein großes Loch zu fallen. Ich sage das an dieser Stelle, weil so viele gute, gläubige Frauen in schmerzliche, gefährliche Sünden hineinstolpern, weil sie durch ihren selbstgerechten Stolz geblendet sind und denken, sie wären über die Sünde erhaben.

Vor kurzem sprach ich mit einer Frau, die in ihrer Gemeinde sehr angesehen war. Sie war für die Frauenarbeit zuständig und leitete den Gemeindechor. „Ich bin immer die Unschuld in Person gewesen", sagte sie. „Wenn ich Frauen, die einen Seitensprung auf dem Gewissen hatten, seelsorgerlich begleitete, dankte ich immer Gott, dass ich nicht so war. Und dann passierte es. Ich beging selbst Ehebruch. Ich war so blind für meine Schwäche, dass ich die Gefahr überhaupt nicht kommen sah."

Ich dachte lange über ihre Worte nach. Ich konnte es so gut nachvollziehen, dass sie meinte, über gewissen Sünden zu stehen. In Wahrheit steht keiner von uns über irgendeiner Sünde. Es ist arrogant und gefährlich, das zu denken. Diese Arroganz rührt daher, dass wir uns eben nicht oft genug ins Bewusstsein rufen, wie sehr wir von Gott abhängig sind, und unsere Schwachheit und Fehler vor ihm bekennen.

Nichts stößt die Welt berechtigtermaßen mehr ab als Selbstgerechtigkeit und pseudochristliches Getue. Wir meinen, moralisch über den anderen zu stehen, und bilden uns noch ein, dass die Menschenmengen dadurch zu uns strömen würden. Aber die Menschen entlarven diesen aufpolierten Heiligenschein sehr schnell. Die wahre Botschaft des Evangeliums lautet: Es gibt keine guten Menschen – nur einen guten Gott, der eine Brücke von den Sündern zum Kreuz schlägt.

Paulus warnt davor: „Du meinst sicher zu stehen? Gib acht, daß du nicht fällst." Und er fährt dann fort: „Die Proben, auf die euer Glaube bisher gestellt worden ist, sind über das gewöhnliche Maß noch nicht hinausgegangen." (Wir sitzen alle im gleichen Boot.). „Aber Gott ist treu und wird nicht zulassen, daß die Prüfung über eure Kraft geht" (1. Korinther 10,12–13).

Holen Sie tief Luft und nehmen Sie die Wahrheit des folgenden Textes in sich auf, den der Apostel Johannes an Christen geschrieben hat:

„Wenn wir behaupten, ohne Schuld zu sein, betrügen wir uns selbst, und die Wahrheit lebt nicht in uns. Wenn wir aber unsere Verfehlungen eingestehen und die Wahrheit über unsere Sünden anerkennen, können wir damit rechnen, daß Gott treu und gerecht ist: Er wird uns dann unsere Verfehlungen vergeben und uns von aller Schuld reinigen, die wir auf uns geladen haben. Wenn wir behaupten, nie Unrecht getan zu haben, machen wir Gott zum Lügner, und sein Wort lebt nicht in uns.

Meine lieben Kinder, ich schreibe euch dies, damit ihr kein Unrecht tut. Sollte aber jemand schuldig werden, so haben wir einen, der beim Vater für uns eintritt: Jesus Christus, den Gerechten, der ohne Schuld ist. Durch seinen Tod hat er Sühne für unsere Schuld geleistet, ja sogar für die Schuld der ganzen Welt. Ob wir Gott wirklich kennen, erkennen wir daran, daß wir auf seine Befehle hören" (1. Johannes 1,8–2,3).

Lesen Sie diesen Abschnitt noch einmal. Gott ist treu und gerecht und vergibt uns unsere Schuld. Er reinigt uns von allen Makeln.

Letztes Jahr wurde ich von einem Bekannten gefragt, ob ich einen bestimmten Kinofilm gesehen hätte. Ich weiß nicht warum, aber ich sagte spontan: „Ja, den habe ich gesehen. Er war super." Dabei hatte ich den Streifen gar nicht gesehen. Ich wechselte schnell das Thema; äußerst peinlich berührt, weil mir das so herausgerutscht war. Warum sagte ich etwas, was gar nicht stimmte? Tagelang stellte ich mir diese Frage. Vielleicht wollte ich mich dazugehörig fühlen oder besonders up to date erscheinen? Ich hätte darüber hinweggehen oder dieses Gespräch belächeln können, als ob es nur ein Ausrutscher, ein kleiner menschlicher Fehler von mir gewesen wäre. Stattdessen fand ich die Freiheit und Gnade, die Begebenheit als Sünde zu bekennen, und bekam Vergebung.

In Kapitel 3 haben wir den Unterschied zwischen Schuld und Scham herausgearbeitet. Wir haben die Schuld als etwas definiert, was durch unser Bewusstsein, dass wir etwas falsch *gemacht* haben, verursacht ist, und die Scham als etwas, das uns einflüstert, wir *seien* falsch. Wie können diese Ausführungen zu Reue und Sündenbekenntnis uns helfen, die verkehrten Vorstellungen zu durchbrechen, die uns weismachen wollen, dass wir erbärmliche Kreaturen sind?

War da nicht Paulus' eindrücklicher Ausruf: „Ich unglückseliger Mensch!" (Römer 7,24), der gefolgt ist von seinem „Dank sei Gott" und dem Vers, in dem er seine guten Absichten bezeugt: „Nun diene ich also, ein und derselbe Mensch, mit meinem bewußten Streben dem Gesetz Gottes, aber mit meinen Gliedern dem Gesetz der Sünde" (Römer 7,25).

Römer 8 beginnt dann mit einer großartigen Aussage: „Vor dem Gericht Gottes gibt es also keine Verurteilung mehr für die, die mit Jesus Christus verbunden sind." Keine Verdammnis!

Erinnern Sie sich an die vorangegangenen Ausführungen? Im Hebräerbrief heißt Satan der „Ankläger". Und Offenbarung 12,10 nennt ihn „den Ankläger derer, die durch Christus erlöst wurden und unter seiner Gerechtigkeit leben", „den Ankläger unserer Brüder".

Der Ankläger freut sich über unsere Niederlagen, unsere Entmutigung, Depression und Scham. Er freut sich, wenn er uns dazu bringt, den Lügen Glauben zu schenken. Aber er hat nicht das letzte Wort. Die Bibel tritt den Lügen entgegen, die uns in Scham versinken lassen: „Daran werden wir erkennen, daß die Wahrheit Gottes unser Leben bestimmt. Damit werden wir auch unser Herz vor Gott beruhigen können, wenn es uns anklagt, weil unsere Liebe doch immer Stückwerk bleibt. Denn wir dürfen wissen: Gott ist größer als unser Herz und weiß alles, er kennt unser Bemühen wie unsere Grenzen" (1. Johannes 3,19–20).

Das hilft uns zur Rückbesinnung auf die Liebe und Wahrheit: „Meine lieben Kinder, unsere Liebe darf nicht nur aus schönen Worten bestehen. Sie muß sich in Taten zeigen, die der Wahrheit entsprechen: der Liebe, die Gott uns erwiesen hat" (Vers 18).

Johannes zieht uns weg von den Lügen. Er fordert uns auf, ein Leben in Liebe und Wahrheit zu führen; Gottes Liebe anzunehmen und auszuleben. Johannes fordert uns auf, andere zu lieben, und zwar in und mit Wahrhaftigkeit, die sich nur dann zeigt, wenn wir uns Gottes Liebe zu Eigen machen.

Es fällt schwer, sich mehr als zehn Minuten in der Bibel mit Jesus zu beschäftigen und nicht von der Art und Weise ergriffen zu werden, wie sein Leben und seine Gegenwart alle Scham vertreiben. Das Wichtigste ist nicht, dass die Scham für uns Menschen unangemessen wäre. Was zählt, ist, dass Jesus das alles stellvertretend für uns auf sich nahm. Das ist der Schlüssel zu Hebräer 12,2–3: „Wir wollen den Blick auf Jesus richten, der uns auf dem Weg vertrauenden Glaubens vorausgegangen ist und uns auch ans Ziel bringt. Er hat das Kreuz auf sich genommen und die Schande des Todes für nichts gehalten, weil eine so große Freude auf ihn wartete. Jetzt hat er den Platz an der rechten Seite Gottes eingenommen. Denkt daran, welche Anfeindungen er von den sündigen Menschen erdulden mußte! Das wird euch helfen, mutig zu bleiben und nicht aufzugeben."

Das Recht zu trauern

Trauer – eine Tür zur Freude? Ja. Ein reuiges Herz führt uns zur Trauer über unsere eigene Schlechtigkeit; und ein Herz, das Gottes Pulsschlag nah ist, kann über die verheerenden Folgen trauern, die die Sünde über uns Menschen gebracht hat. Lesen Sie die Psalmen Davids. Er wird „ein Mann, der [Gott] gefällt" (Apostelgeschichte 13,22) genannt, und wie Richard Foster in seinem Buch „Gottes Herz steht allen offen" sagt: „Fast jede Seite des Psalters ist feucht von den Tränen der Dichter."[7]

Ich begegne immer wieder Frauen, die mir sagen: „Ich fürchte mich davor, laut zu weinen . . . Ich habe Angst, dass ich nicht mehr aufhören kann." Da hat sich so viel Schmerz angestaut, dass sie Angst davor haben, was passieren wird, wenn sie ein bisschen davon herauslassen. Es ist Schmerz über sich selbst, aber oft auch über andere – der Schmerz der Ablehnung oder des Verlusts.

Ich stand einmal zusammen mit einer anderen Rednerin auf der Bühne, die etwas Aufmunterndes sagen wollte. Aber ich konnte ihr keinen Beifall zollen. Sie sprach über eine Frau, die ihr vom Tod ihres Kindes geschrieben hatte. Der Brief sagte in etwa Folgendes aus: „Ich höre Ihre Kassetten, und ich konnte weiterleben, ohne zu trauern, weil ich den Sieg in Jesus Christus habe."

Mein Herz weinte um diese Frau und ihr Unvermögen zu trauern. Warum klatschte das Publikum? Sind wir wie die pawlowschen Hunde in unserer christlichen Kultur darauf konditioniert, auf eine Aussage, die beeindruckend klingt und emotional vorgetragen wird, einfach automatisch zu reagieren, ob sie nun wahr ist oder falsch?

Das erinnert mich an einen Abschnitt in Augustinus' „Bekenntnissen"[8]. Augustinus und seine Mutter Monika standen sich sehr nahe. Man könnte sagen, sie hat ihn in das Himmelreich hineingebetet, denn sie hat so lange auf ihren Knien gelegen, bis ihr abtrünniger Sohn seinen Frieden mit Gott fand. Während seines ganzen Dienstes war sie bei ihm und für ihn da. Augustinus beschreibt ihren Tod so: „Nun war in dem Augenblick, da sie verhauchte, der Knabe Adeodat, Monikas Enkelsohn, in lautes Weinen ausgebrochen, dann aber, als wir alle ihn zurechtgewiesen, wieder still geworden." Er fährt fort: „Man trug die Leiche fort, wir gingen mit hin, wir gingen zurück – und ohne Tränen [. . .] aber den ganzen Tag über trug ich im Stillen die Last der Trauer."[9]

Liest man weiter, so erfährt man, dass Augustinus dachte, es sei ein schlechtes Zeugnis, es sei sogar sündig, um seine Mutter zu weinen und um den Verlust der irdischen Gegenwart von jemandem zu trauern, den er sehr geliebt hatte.[10]

Gott erwartet das nicht von uns. Gott fordert von Ihnen und mir nicht, ein Kind, eine Mutter oder einen Vater zu Grabe zu tragen, ohne auch nur eine Träne zu vergießen. Es ist schlimm, wenn ein geliebter Mensch die Erde verlässt. Im Himmel werden wir ihn wieder sehen, aber jetzt ist er nicht mehr bei uns und es ist in Ordnung, wenn wir darüber traurig sind.

Der Sohn Gottes wurde „ein Mann der Schmerzen" genannt. Es heißt, er war „voller Schmerzen" (Jesaja 53,3). Die „Hoffnung für alle"–Bibel umschreibt es mit dem Ausdruck „von Schmerzen und Krankheit gezeichnet sein". Jesus weinte und zeigte offen seine Gefühle, wenn der Anlass (wie zum Beispiel der Tod seines Freundes Lazarus) es gebot. Warum sollten solche Gefühlsäußerungen dann bei uns nicht in Ordnung sein?

Es mag wohl passende und unpassende Zeiten geben und Orte, an denen wir es uns erlauben können, bewusst die Trauer über den Verlust zu durchleben. Aber wenn wir unseren Schmerz zu unterdrücken versuchen, dann ist das so, als ob eine schwangere Frau versuchen würde, ihr Kind im Bauch zu behalten, wenn es Zeit für die Geburt ist. Es hat keinen Zweck. Und es wäre überdies gefährlich. Sie würde sich jede Hoffnung auf die Freude nehmen, die mit der Geburt eines Kindes verbunden ist.

Ich erinnere mich noch lebhaft an meine ersten starken Wehen, als Christian zur Welt kommen sollte. Ich hatte noch nie zuvor so etwas Grausames erlebt, aber ohne den Geburtsschmerz und die Wehen beim Herauspressen des Kindes hätte es kein Leben für meinen Sohn gegeben. Ich musste mit dreiundzwanzig Stichen genäht werden und ich hinkte noch ein paar Monate nach der Geburt, weil ein Muskel abgeklemmt worden war. Aber es war ein Schmerz, der unaussprechliche Freude hervorbrachte. Ich fand es angemessen, dass eine Narbe als Erinnerung an die Geburtsarbeit zurückblieb.

In seinem Buch „Gottes Herz steht allen offen" schreibt Richard Foster über die Trauer und das Weinen über unsere eigenen Sünden oder die Sünden anderer: „Es hört sich ein wenig schwermütig an – wenigstens für jene von uns, die in einem Glauben groß geworden sind, wo es nur gute Gefühle und immer währende Heiterkeit gibt. Aber die alten Schreiber sahen es ganz anders. Für sie war es eine Gabe, die man sich wünschen sollte, sozusagen ein Charisma der Tränen. Für sie waren die Menschen am meisten zu bedauern, die mit trockenen Augen und kalten Herzen durchs Leben gingen."[11]

Ich glaube, dass man nur dann wahre Freude finden kann, wenn man der Trauer ins Auge sieht und sie bewusst durchlebt. Einige brauchen wirklich Mut, um sich durch dieses Gefühlswirrwarr hindurchzuarbeiten.

Von Sören Kierkegaard stammt der Ausspruch: „Moralischer Mut ist nötig, um zu trauern." Er verweist noch auf eine andere Art von Mut, die, wie ich meine, damit zusammenhängt und sich daran anschließt: „Religiöser Mut ist nötig, um sich zu freuen."

Ich möchte Sie dazu ermutigen, „den Blick nur auf Jesus zu richten"[4], ihm Ihren Schmerz und Ihre Enttäuschung zu geben und im Glauben darauf zu vertrauen, dass er das alles auf sich nimmt. Im Glauben darauf, dass „Wer mit Tränen sät, [. . .] mit Freuden ernten" wird. (Psalm 126,5). Wir dürfen hoffen: „am Abend mögen Tränen fließen – am Morgen jubeln wir vor Freude." (Psalm 30,6).

Übergeben Sie Ihren Schmerz Gott! Lassen Sie ihn los! Wir können uns selbst so sehr über unsere traumatischen Erlebnisse definieren, dass wir uns ohne sie ganz nackt und bloß fühlen. Doch Gott wird Ihnen ein neues Kleid zum Anziehen geben. Jesaja prophezeite, dass Christus kommen würde: „Die Weinenden soll ich trösten und allen Freude bringen, die in der Zionsstadt traurig sind. Sie sollen sich nicht mehr Erde auf den Kopf streuen und im Sack umhergehen, sondern sich für das Freudenfest schmücken und mit duftendem Öl salben; sie sollen nicht mehr verzweifeln, sondern Jubellieder singen" (Jesaja 61,2–3). Neue Kleider!

Es ist erstaunlich, was Gott aus den Bruchstücken, aus den Trümmern unseres Lebens machen kann, wenn wir ihn nur lassen.

In der Wahrheit wachsen

Ich habe dieses Kapitel mit einer Reihe von *„Laßt uns"*-Imperativen aus Hebräer 12,1–2 begonnen: *„Laßt uns* [. . .] alles ablegen, was uns dabei behindert, vor allem die Sünde, die uns so leicht umgarnt! Wir wollen den Blick auf Jesus richten [. . .] (Luther: und *laßt uns* laufen mit Geduld in dem Kampf, der uns bestimmt ist, und aufsehen zu Jesus [. . .])."

1. Petrus 2,1–3 gibt dem Thema noch eine andere Richtung und ist sehr direkt in Bezug auf die Hindernisse, an denen wir uns festbeißen: „Hört auf zu lügen und euch zu verstellen, andere zu beneiden oder schlecht über sie zu reden."

Haben Sie das bewusst gelesen? Wir sollen uns von allem Betrug und aller Heuchelei lösen. Es heißt dann weiter: „Wie neugeborene Kinder nach Milch schreien, so sollt ihr nach dem unverfälschten Wort Gottes verlangen, um im Glauben zu wachsen und das Ziel, eure Rettung, zu erreichen. Ihr habt schon gekostet, wie gütig Christus, der Herr ist" (Verse 2 und 3). Petrus geht davon aus, dass wir die Güte des Herrn geschmeckt haben. Darauf aufbauend sagt er, können und sollen wir in unserem Heil wachsen.

Es ist eine Freude, den kleinen Christian zu beobachten, wie er Neues entdeckt. Er lernt sehr schnell. Ich beobachtete ihn, wie er eines Abends seinem Großvater beim Fernsehen zusah. Sein Großvater klatschte Beifall, als ein Tor fiel, und Christian klatschte mit. Wir mussten alle lachen. Meine Mutter zeigte ihm, wie man Kusshände zuwirft und nun haucht er allen Leuten kleine Küsschen zu – angefangen vom Pizzaboten bis hin zu den Leuten, die beim Metzger hinter uns in der Schlange stehen. Jedem macht das Freude.

Ich sehe es gern, wenn mein kleiner Sohn Fortschritte macht, und freue mich, wenn er eine neue Entdeckung gemacht hat. Das zeigt mir, wie Gott sich wohl fühlen muss, wenn wir in unserem Glauben weiterkommen und Neues dazu lernen. Er liebt uns darum nicht mehr oder weniger, aber er freut sich daran. Was für ein großartiger Gedanke, dass wir Gott Freude bereiten können!

„Er hat Freude an dir, er droht dir nicht mehr, denn er liebt dich; er jubelt laut, wenn er dich sieht." (Zefanja 3,17).

Wie Petrus benutzt auch Paulus das Bild von heranwachsenden Kindern. Und beide Apostel schreiben vom Reifwerden als vom „Leben in der Wahrheit". Epheser 4,14–16 ermahnt: „Wir sind dann nicht mehr wie unmündige Kinder, die kein festes Urteil haben und auf dem Meer der Meinungen umhergetrieben werden wie ein Schiff von den Winden. Wir fallen nicht auf das falsche Spiel herein, mit dem betrügerische Menschen andere zum Irrtum verführen. *Vielmehr stehen wir fest zur Wahrheit, die Gott uns bekanntgemacht hat, und halten in Liebe zusammen. So wachsen wir in allem zu Christus empor, der unser Haupt ist.* Von ihm her wird der ganze Leib zu einer Einheit zusammengefügt und durch verbindende Glieder zuammengehalten und versorgt. Jeder einzelne Teil erfüllt seine Aufgabe, und so wächst der ganze Leib und baut sich durch die Liebe auf."

Wir gehen von der Vorstellung aus, dass Reife bedeutet, immer mehr für Gott zu *tun*. Aber ich denke, geistliche Reife hat sehr viel damit zu tun, dass die Kluft zwischen dem, was wir meinen zu sein, und dem, was wir wirklich sind, geringer wird. Das heißt, wahrhaftiger und weniger heuchlerisch zu leben.

Die neutestamentlichen Briefe sind voller Ermahnungen, was wir alles ablegen sollten. Und wenn wir Gott kennen, wissen wir auch, dass das zu unserem Besten ist. (Schlagen Sie mal Psalm 19,9 nach! „Die Weisungen des Herrn sind zuverlässig, sie erfreuen das Herz. Die Anordnungen des Herrn sind deutlich, sie geben einen klaren Blick."). Wir richten unser Herz darauf aus, richtig zu handeln.

In 1. Johannes 2,5 heißt es: „Wer aber Gottes Wort befolgt, bei dem hat die göttliche Liebe ihr Ziel erreicht." Oder kurz gesagt: Wenn wir ihn lieben, gehorchen wir ihm.

Andererseits sind wir in unserer Schwachheit auch transparenter. Gottes Liebe zu uns setzt uns in Bewegung, so dass wir ihm mit all unseren Eigenarten und Schwächen so weit vertrauen, dass wir unser Versteckspiel beenden und seine Stärke in Anspruch nehmen. So können wir wahrhaftig leben – im Vertrauen darauf, dass wir mit seiner Gerechtigkeit, Liebe, Treue und Hoffnung umgeben sind.

Ich habe bereits das beeindruckende Familien-Drama erwähnt, das sich in dem Kinofilm *Lügen und Geheimnisse*[12] abspielt. An einer Stelle bricht der Hauptdarsteller Maurice das Schweigen und lüftet ein Familiengeheimnis – keine große Sünde, sondern nur eine menschliche Unzulänglichkeit, die Ursache ist für großes Unbehagen und Schmerz. Er hält kurz inne und sagt dann: „So, jetzt ist es heraus. Und wo bleibt der Blitz, der mich jetzt erschlägt? Lügen und Geheimnisse. Leiden wir nicht alle an etwas? Wieso können wir das nicht mit jemandem teilen?"

Für jeden in dieser Familie war es schmerzlich, seine Geheimnisse offen zu legen. Aber erst von da an war ein Gespräch möglich und konnte Heilung geschehen. Die Geheimnisse verloren ihre Macht über eine ganze Familie.

Wir sprachen von den Feigenblättern, hinter denen sich Adam und Eva bedauernswerterweise verbergen mussten. Noch immer verstecken wir uns hinter Geheimnissen und manchmal sogar Lügen. Manchmal tun wir das, weil die Wahrheit einfach nicht spannend genug ist und wir mehr auf das Verwirrspiel und die Aufmerksamkeit aus sind, die wir daraus ziehen können. Manchmal lügen wir, um unsere Nöte und unsere Verletzlichkeit zu verbergen. Wir lügen, um schmerzliche Erfahrungen zu vermeiden.

Was auch immer der Grund dafür sein mag, wir müssen der Lüge die Tür weisen. „Belügt einander nicht mehr! Ihr habt doch den alten Menschen mit seinen Gewohnheiten ausgezogen und habt den neuen Menschen angezogen: den Menschen, der in der Weise erneuert ist nach dem Bild dessen, der ihn am Anfang nach seinem Bild geschaffen hat" (Kolosser 3,9–10).

Beten Sie täglich darum, dass Gott Ihnen hilft, die Wahrheit zu sagen. Wenn Sie versagen, gestehen Sie es ein und bitten Sie um Vergebung. Sie sind eine neue Schöpfung. Sie müssen nicht mehr den Verhaltensmustern aus der Vergangenheit folgen. Sie sind kein Opfer. Sie sind ein Kind des Königs. Sie sind ein neuer Mensch geworden und entsprechen immer mehr dem Bild, nach dem Gott Sie geschaffen hat.[13]

In seinem Buch *The Art of Passingover* (etwa: „Die Kunst der Veränderung") beschreibt Francis Dorff den Prozess des geistlichen Reifwerdens in drei Stufen, die er „Gesichte" nennt: Erstens „das Gesicht, das nichts beweisen muss", aus dem wir herauswachsen zum „Gesicht, das nichts verbergen muss", und schließlich erhellt sich unser „Gesicht, das nichts befürchten muss". Was heißt das nun, nichts zu verbergen und nichts zu befürchten zu haben?

Ich habe nichts zu verbergen

Wenn wir begreifen, dass wir nichts vor uns selbst und vor Gott verstecken müssen, „fangen wir an, eine unveräußerliche Freiheit zu erfahren, die unser Gesicht von innen heraus verändert. Wir fangen an, ein ganz neues Lied zu singen und zu leben", schreibt Dorff.

Und dieses innere Befreitsein und Aufrichtigsein lässt uns ehrlicher mit anderen umgehen. Wenn wir ein Geheimnis preisgeben, schlagen wir meist eine Brücke über den Strom unserer Einsamkeit zu jemand anderem, der genauso fühlt und der auch dachte, er wäre allein. Dorff bemerkt: „Das heißt nicht, dass wir uns in ungeeigneter Weise selbst offenbaren sollen. Wir wissen aus Erfahrung, dass diese Art von psycho-spiritueller ‚Zurschaustellung' einen beträchtlichen Schaden anrichten und die innere Realität in unserem Leben und in dem Leben anderer empfindlich stören kann."

Es empfiehlt sich also nicht, seine Probleme und Schwachpunkte in einer Fernseh-Talkshow vor Millionen von Zuschauern offen zu legen. Ein bisschen Weisheit ist schon vonnöten! Schauen Sie sich nach jemandem um, bei dem Ihre Geheimnisse gut aufgehoben sind, und wie Jakobus 5,16 sagt: „Überhaupt sollt ihr einander eure Verfehlungen bekennen und füreinander beten, damit ihr geheilt werdet."

In einem Bibelstudienkreis wurden wir vor kurzem gebeten, uns in Kleingruppen von drei Leuten aufzuteilen und einander zu erzählen, womit wir gerade am meisten zu kämpfen hatten. Zwei andere Mädchen und ich (ja, ich weiß, ich bin mit 41 schon ein recht altes

Mädchen) fanden eine stille Ecke, wo wir uns hinsetzen konnten und einander eine Weile beäugten.

Wir sollten uns in dieser Zeit eigentlich innerlich sammeln, aber ich denke, die anderen brauchten genauso wie ich einen Moment, um sich durch die Angst vor dem Verletzlichsein hindurchzukämpfen. Vielleicht kennen Sie auch dieses Gefühl?

Ich schlage hier den Bogen zu einem meiner Lieblingsthemen, das von Miriam Adeney in „A Time for Risking" (Zeit für Wagnisse) in gelungener Weise zur Sprache gebracht wird: „Ich bin davon überzeugt, dass die größte Sehnsucht der Frau von heute die ist, die Liebe Gottes kennen zu lernen und sie ganz tief zu erleben. *Nur Gottes Liebe ist heiß genug, um unsere Hemmungen dahinschmelzen zu lassen.*"[14]

Schließlich durchbrach ich das Schweigen und sagte: „Ich habe zur Zeit am meisten mit meiner Unbeherrschtheit zu kämpfen. Ich verliere so leicht die Fassung." Beide Mädchen fingen an zu schluchzen und gaben zu, dass auch sie auf diesem Gebiet Probleme hatten. Eine ehrliche Aussprache befreit uns aus unserer inneren Isolation und befreit andere dazu, ebenfalls offen zu sein.

Wenn wir ehrlicher zu uns selbst werden, werden wir auch bereit und fähig, unsere Hoffnungen, Träume, Versäumnisse, Probleme und Schmerzen mit anderen zu teilen.

Ich denke an ein Gespräch, das ich mit einer Freundin hatte, als wir bei mir zu Hause zusammen kochten. „Deshalb hasse ich Weihnachten", verkündete sie plötzlich aus heiterem Himmel.

Ich drehte mich zu ihr um und sagte: „Wie bitte? Habe ich mich da gerade verhört: Du *hasst* Weihnachten?"

„Es ist einfach zu kommerziell!"

„Und?", hakte ich nach.

„Was meinst du mit ,und'? Reicht das nicht?", fragte sie, als sie die Hühnerbrüstchen in die Marinade tunkte.

„Ja, klar, es reicht eigentlich", entgegnete ich. „Ich glaube nur nicht, dass das schon alles ist."

Wir wuschen unsere Hände, nahmen unsere Kaffeetassen und setzten uns.

„Na, gut. Du hast Recht. Weihnachten ist einfach wieder eine Gelegenheit mehr, die mir ganz klar zeigt, dass meine Familie mich gar nicht richtig kennt", sagte sie mit Tränen in den Augen.

„Was meinst du damit?", fragte ich zurück.

„Jedes Geschenk, das ich öffne, sagt mir, dass diejenigen, mit denen ich das erste Drittel meines Lebens verbrachte, noch nicht einmal wissen, was mir wirklich gefällt." Sie unterbrach für einen kurzen Moment und fuhr dann fort: „Es liegt nicht daran, dass die Geschenke hässlich sind. Es ist einfach die falsche Art richtiger Geschenke. Es verletzt mich zu sehen, dass sie mich nicht gut genug kennen, um mir die richtige Art falscher Geschenke zu kaufen."

Alle möglichen Bilder schwirrten in meinem Kopf herum. Mir fiel eine entfernte Verwandte von mir ein. Als ich anfing, christliche Pop-Musik zu machen, sagte sich diese Person wohl: „Sheila ist anders als ich. Wenn ich also etwas scheußlich finde, wird sie es mögen." Das Ergebnis dieser Überlegung waren neongrüne Socken mit aufgenähten, reflektierenden Musiknoten und dazu violette Ohrringe, die so lang waren, dass sie beim Gehen hinter mir her auf dem Boden mitschleiften!

„Ich weiß, was du meinst", sagte ich lächelnd. Für mich war die Erinnerung daran eher amüsant. Ich freute mich immer schon darauf, die Geschenke dieser Dame zu öffnen und ihren nächsten skurrilen Einfall zu entdecken. Aber bei meiner Freundin hatten sich die Erinnerungen an all die lieblosen Geschenke tief ins Herz hineingefressen. Wir sprachen eine lange Zeit über das Wagnis, andere Menschen wissen zu lassen, wer man wirklich ist. Wir teilten den Wunsch, dass es jemanden geben möge, der geradewegs in unsere Seelen blicken und alles akzeptieren könnte, was er dort sah.

„Ich fühle mich oft einsam und allein", erzählte sie tapfer weiter.

„Und diese ‚besonderen' Momente wie Feiertage verstärken das Gefühl in mir anscheinend nur noch mehr."

„Hast du je deiner Familie gegenüber einen Ton darüber gesagt, wie du dich fühlst?", fragte ich sie.

„Nein!", erwiderte sie so entschieden, als ob ich ihr vorgeschlagen hätte, ihre Großmutter umzubringen.

„Du willst also, dass sie dich besser kennen, lässt sie aber nicht in dein Innerstes blicken!?"

„Ich glaube, ich möchte, dass sie mich kennen, ohne dass ich mich ihnen ausdrücklich erklären muss", gestand sie.

Aufrichtig zu sein ist besonders schwierig, wenn es um unsere Familie geht, denn die weiß oft sehr genau, wie wir zu sein haben. Ein

Freund von mir hat schon siebzehn Jahre lang nicht mehr mit seiner Mutter gesprochen. Er hat regelrecht Angst vor ihr. Wir haben ausgiebig über die Situation gesprochen. „Sie kontrolliert einfach alles", konstatierte er. „Ich kann sie besser aus der Distanz lieben." (Ich frage mich nur, ob sie das auch mitbekommt.).

Wir fühlen uns schuldig, wenn wir gegenüber unserer Familie negative Gefühle hegen. Also unterdrücken wir sie, wünschen uns dann aber, wir könnten unsere Familie genauso tief vergraben! Wahre Liebe erfordert einen anderen Ansatz: Aufrichtigkeit! Wie gesagt, ich meine damit nicht, dass wir zu einer Talkshow im Fernsehen antreten und einer sensationslüsternen Menge verkünden, dass unsere Familie unser Leben kaputtgemacht hat. Ich rede von einer liebevollen, beständigen Wahrhaftigkeit. Und ich meine damit, dass wir bereit sind, Wagnisse miteinander einzugehen und auch schwere Stunden gemeinsam durchzustehen, weil uns etwas an einer echten Beziehung liegt. Aufrichtig zu sein *ist* harte Arbeit und macht es erforderlich, dass wir die Ängste, die uns gefangen halten, in den Griff bekommen.

Ich habe nichts zu befürchten

Francis Dorffs dritte Stufe, „das Gesicht, das nichts zu befürchten hat", ist untrennbar damit verbunden, dass man nichts verbergen muss. Er schreibt, das Gesicht, das nichts befürchten muss, „strahlt jugendlichen Mut, Freude und Lebenskraft aus." Es ist ein friedfertiges, wohlwollendes Gesicht, das selbst in den aufreibendsten Situationen noch ein sanftes Lächeln bereithält.

Dieses furchtlose Gesicht, so schreibt er, „besagt nicht, dass wir uns nie mehr zu fürchten brauchen. Es bedeutet, dass wir gelernt haben, unserer Angst ins Auge zu schauen, sie beim Namen zu nennen und nicht mehr von ihr beherrscht zu werden."

Denken Sie einmal über Ihre Ängste nach! Wie viele der befürchteten Katastrophen sind je eingetroffen? Und wenn sie eingetroffen sind, wie viele von ihnen überstiegen Ihre Kraft? Mark Twain prägte den Satz: „Ich bin ein alter Mann und habe sehr viele Sorgen gehabt, aber die meisten von ihnen sind nie eingetroffen." Wir verschwenden viel Energie darauf, in unseren Gedanken verschiedenste Unglücke heraufzubeschwören, von denen die meisten nie eintreten.

Manchmal geschieht aber auch genau das, was wir fürchten. Ich lebte jahrelang unter einer pechschwarzen Wolke der Angst, die von Gedanken wie den folgenden triefte: „Was, wenn ich versage?"– „Was, wenn ich Gott und andere Menschen enttäusche?" – „Was, wenn ich meine Berufung und meinen Beruf verliere?"

Nun, ich habe sie verloren! Ich habe kläglich versagt, Menschen maßlos enttäuscht und meine Berufung total aus den Augen verloren. Als meine schlimmsten Alpträume eintrafen, wurde mir der Boden unter den Füßen weggerissen. Aber als der Sturm sich schließlich legte, war ich immer noch da und Gott liebte mich unverändert.

Eine Bekannte, die unter einer chronischen Depression leidet, erkannte kürzlich eine latente Furcht, die all ihre Energie und Freude aufzehrte und schließlich dazu führte, dass sie sich vor anderen Menschen versteckte. Da sie es leid war, mit diesem Gefühl zu leben, stellte sie sich selbst die direkte Frage: *„Wovor hast du eigentlich Angst?"* Nach langem Nachdenken konnte sie dem Kind einen Namen geben: *Ich habe Angst davor, dass mich jemand anbrüllt.* Na gut. Indem sie ihre vorher unbestimmte Furcht beim Namen nannte, wurde ihr klar, dass „Jemand könnte mich anbrüllen" ein reichlich dürftiger Grund dafür ist, sich ganz und gar vor den Menschen zurückzuziehen.

Ich habe bereits von einem Freund geschrieben, der unter der – wie ihm schien – schweren Last einer Glatzenbildung litt. Seine Selbstverachtung, die sich auf die Sorge stützte, was die Leute nur von ihm denken würden, wenn sie wüssten, dass er eine Glatze hatte, machte ihn zu einer bemitleidenswerten Gestalt. Er kämmte immer seine noch verbliebenen Haarsträhnen quer über seinen Kopf, um die Kahlstellen zu verbergen. Natürlich sah man trotzdem sofort, was los war, und die Frisur ließ ihn einfach nur lächerlich aussehen.

Ich konnte es kaum ertragen mit anzusehen, wie wenig Freude er an seinem Leben hatte und wie er immer wieder unnütze Versuche unternahm, seinen „Mangel" zu kaschieren. Ich wusste aber nicht so recht, was ich tun sollte.

Eine Zeit lang hielt ich also still, weil ich ihn nicht verletzen wollte. Aber als ich schließlich andere Leute hinter seinem Rücken tuscheln hörte, nahm ich das Risiko auf mich. Ich mag diesen Freund sehr gern und konnte es einfach nicht mehr ertragen, wie sein albernes Vertuschungsmanöver alles nur viel schlimmer machte. Ich wollte, dass er frei wurde, hatte aber gleichzeitig schreckliche Angst, die Sache zu verpatzen.

Schließlich nahm ich all meinen Mut zusammen und packte es an. Ich hatte versucht, mich in seine Lage zu versetzen, und wusste, dass ich mir an seiner Stelle wünschen würde, die Wahrheit in Liebe gesagt zu bekommen. Wir gingen also am Strand spazieren, und ich sagte zu ihm: „Tom, ich glaube nicht, dass du das mit deinem Haar machen musst. Du hast ein tolles Gesicht, und du würdest auch dann prima aussehen, wenn du dein Haar nicht quer über den Kopf kämmen würdest."

Wir sprachen lange miteinander über seine Angst, eine Niederlage zugeben und seine letzte längere Strähne abschneiden zu müssen.

„Was wäre das Schlimmste, was dir passieren könnte?", fragte ich ihn.

„Dass ich ganz offensichtlich eine Glatze hätte!", antwortete er.

„Was sonst noch?", bohrte ich weiter.

„Was willst du sonst noch von mir hören? Das ist schlimm genug . . . Ich würde dann wie mein Vater aussehen!"

Ich musste darüber lachen und war froh, dass Tom den wunden Punkt angesprochen hatte, an dem ich einhaken konnte.

„Ich mag deinen Vater", fuhr ich fort. „Was ich am meisten an ihm schätze, ist, dass er sich in seiner eigenen Haut und mit seinem ganz persönlichen Glatzkopf wohl fühlt!"

Tom lächelte. „Du hast Recht. Er ist wirklich in Ordnung."

Am nächsten Sonntag erschien Tom ohne seine quergekämmte Haarsträhne in der Kirche. Er sah prima aus! Und er wirkte sehr erleichtert.

„Ich fühle mich etwas nackt da oben", witzelte er. „Und ich friere am Kopf!"

Ich lachte darüber, denn die kümmerliche Haarsträhne hatte ihm vorher wohl kaum den Schädel gewärmt. Aber das ist eben alles eine Sache der persönlichen Wahrnehmung!

„Das Wichtigste ist, dass ich mich jetzt frei fühle", gestand er mir. „Ich muss nicht mehr ständig krampfhaft überprüfen, ob nichts verrutscht ist und meine Fassade noch steht. Ich habe nichts mehr zu verbergen!"

Für diesen Durchbruch brauchten wir beide Mut. Er begegnete seiner Angst, nahm sie an und stand am Ende besser da als vorher. Der Angst entgegenzutreten – sei es vor dem Gerede anderer oder davor, jemanden zu verletzen, wenn man die Wahrheit sagt – ist nichts für schwache Herzen. Wenn das Problem besonders tief liegt oder sehr komplex ist, kann ein seelsorgerliches Gespräch hilfreich sein. Manchmal brauchen wir professionelle Hilfe, um unsere Probleme in aller Deutlichkeit zu sehen und mutig anzugehen.

Mut fällt uns aber nicht als Geschenk des Himmels einfach in den Schoß. Wir müssen auf unserem Weg immer wieder neu Mut sammeln. Kennen Sie den feigen Löwen aus dem Märchen-Musical *Der Zauberer von Oz*?[15] Er war sich ganz sicher, dass er nur in die Smaragdene Stadt gehen und den Zauberer um die Gabe des Mutes bitten musste. Er fürchtete sich vor allem und jedem, und er sprach sehr laut, um seine Angst zu verdecken. (Viele Leute, die andere anschreien, sind in Wahrheit zutiefst ängstliche Menschen.)

Der Löwe machte die Entdeckung, dass er das, was er suchte, im Verlauf seiner Reise fand. Er wollte sich Mut holen, dabei trug er ihn schon die ganze Zeit in sich.

Ich glaube, wir wissen nicht, was Mut ist. Er ist jedenfalls nicht gleichzusetzen mit der Abwesenheit von Angst.[16] Man kann gleichzeitig Angst haben und trotzdem mutig sein. Mut ist die Gegenwart Gottes inmitten der Angst.

Wenn Sie sich auch von Angst umklammert fühlen – Angst vor anderen Menschen, Angst vor der Zukunft, vor drohenden Katastrophen –, dann sollten Sie einen meiner Lieblingspsalmen aufschlagen: Psalm 91:

„Wer unter dem Schutz des höchsten Gottes lebt und bleiben darf bei ihm, der alle Macht hat, der sagt zum Herrn: Du bist meine Zuflucht, bei dir bin ich sicher wie in einer Burg. Mein Gott, ich vertraue dir. Du kannst dich darauf verlassen: Der Herr wird dich retten vor den Fallen, die man dir stellt, vor Verrat und Verleumdung. Er breitet seine Flügel über dich, ganz nah bei ihm bist du geborgen. Wie Schild und Schutzwall deckt dich seine Treue. Du mußt keine Angst mehr haben vor Gefahren und Schrecken bei Nacht, auch nicht vor Überfällen bei Tag, vor der Seuche, die im Dunkeln zuschlägt, oder dem Fieber, das am Mittag wütet. Auch wenn tausend neben dir sterben und zehntausend rings um dich fallen – dich selber wird es nicht treffen. Mit eigenen Augen wirst du sehen, wie Gott alle straft, die ihn mißachten. Du sagst: ‚Der Herr ist meine Zuflucht.' Beim höchsten Gott hast du Schutz gefunden. Darum wird dir nichts Böses geschehen, kein Unheil darf dein Haus bedrohen. Gott hat seinen Engeln befohlen, dich zu beschützen, wohin du auch gehst. Sie werden dich auf Händen tragen, damit du nicht über Steine stolperst. Löwen und Schlangen können dir nicht schaden, du wirst sie alle niedertreten. Gott selber sagt: ‚Er hängt an mir mit ganzer Liebe, darum werde ich ihn bewahren. Weil er mich kennt und ehrt, werde ich ihn in Sicherheit bringen. Wenn er mich ruft, dann antworte ich. Wenn er in Not ist, bin ich bei ihm; ich hole ihn heraus und bringe ihn zu Ehren. Ich gebe ihm ein langes, erfülltes Leben; er wird die Hilfe erfahren, auf die er wartet.'"

Was für umwerfende Zusagen! Diese Verheißungen gelten denen, die „unter dem Schutz des Höchsten stehen." Das ist die Zuversicht all derer, die Zuflucht bei Gott suchen. Luther führt in seiner Übersetzung den Vergleich mit einem Schatten an. Gehen Sie am nächsten sonnigen Tag nach draußen und passen Sie einmal auf, wie dicht Ihr Schatten Ihnen folgt. Wo Sie auch hingehen, er ist dabei.

So ist das, wenn man Gott auf dem Fuße folgt – man ist sicher in seiner Nähe, muss nichts beweisen, sich vor nichts verstecken und sich vor nichts fürchten. Jemand, der unter Gottes Schutz steht, wird nicht von den Windböen dieser Welt umgeworfen.

Angst und Mut sind zwei widersprüchliche Weggefährten. Es scheint unmöglich, dass man beide gleichzeitig dabei hat. Und doch denke ich, ist genau dies die eigentliche Herausforderung des Lebens. Angst und Mut gehören zusammen. Die Angst sagt uns, dass das Leben unvorhersehbar ist und jederzeit alles Mögliche passieren kann. Der Mut antwortet ganz leise: „Ja, aber Gott hat alles unter Kontrolle." Wie Oswald Chambers erklärte: „Wenn du Gott fürchtest, fürchtest du sonst nichts. Wenn du aber Gott nicht fürchtest, fürchtest du alles andere."

Und D. Martyn Lloyd-Jones ermahnt uns: „Wir dürfen nicht von uns als gewöhnliche Menschen denken. Wir sind keine natürlichen Menschen; wir sind wiedergeboren. Gott hat seinen Heiligen Geist gegeben, und er ist der Geist ‚der Kraft und der Liebe und der Zucht'.

Daher sage ich denen, die durch ihre Angst vor der Zukunft besonders anfällig sind für geistliche Lähmungen, im Namen Gottes und mit den Worten des Apostels: ‚Erwecke die Gabe Gottes'. Erinnern Sie sich an das, was für Sie gilt. Anstatt sich von der Zukunft und von den Gedanken daran hemmen zu lassen, sollten Sie sich selbst daran erinnern, wer Sie sind, was Sie sind und welcher Geist in Ihnen ist. Nachdem Sie sich an den Charakter des Geistes erinnert haben, werden Sie in der Lage sein, stetig vorwärts zu gehen, nichts zu fürchten, in der Gegenwart zu leben – bereit für die Zukunft und mit nur einem Verlangen: den zu ehren, der sein alles für Sie gab."[17]

Jedes Mal, wenn ich spüre, wie die Zukunftsangst in mir hochzukommen droht, erinnere ich mich an Gott. Ich lerne Bibelverse auswendig und trage sie in meinem Herzen mit mir herum. Wenn ich der Angst nachgegeben habe, bitte ich Gott, mir zu vergeben und mich mit Ehrfurcht vor ihm allein zu füllen.

Schritte zur Freude

1. Denken Sie über die Dinge nach, die Sie Ihrer Meinung nach für Gottes Liebe nicht wertvoll genug erscheinen lassen. Schreiben Sie alles auf. Ich finde es hilfreich, etwas Schwarz auf Weiß vor mir zu haben. Vergegenwärtigen Sie sich, dass Gott jede dieser Einzelheiten kennt und Sie von Kopf bis Fuß liebt – und zwar genau so, wie Sie jetzt gerade sind.

2. Wenn Sie einigen unangenehmen Dingen in die Augen schauen, kann es vielleicht für Sie hilfreich sein, einen Merksatz zu haben, den Sie sich vorsagen können. Ich sage mir immer: „Ich bin eine Tochter des Königs der Könige! Gott ist immer noch auf dem Thron, und ich bin geliebt. Es gibt nichts, was mir heute passieren könnte, das für Gott eine Überraschung wäre."

3. Fällt Ihnen noch eine der „Enttäuschungen über uns selbst" ein, die Sie am Schluss von Kapitel 2 aufgeschrieben (und symbolisch begraben) haben? Sie können vielleicht an dieser

Stelle beginnen und sich Gott mit einem offenen Herzen zuwenden. Gestehen Sie Ihre Sünde, Ihre Verfehlungen und Ihre Unzulänglichkeiten – ob wirklich oder eingebildet – vor Gott ein. Sprechen Sie mit ihm darüber, dass Sie sich mit seiner Hilfe von der Vergangenheit abwenden wollen.

4. Wenn Sie das Gefühl haben, von immer wiederkehrenden Angstgedanken belastet zu werden, die der Teufel Ihnen schickt, setzen Sie ihnen die Wahrheit entgegen: Satan hat keine Macht über Ihr Leben und Ihre Gedanken. Deshalb sprechen Sie es laut aus: „Ich weigere mich, die Lügen zu akzeptieren, die Satan mir vorgaukelt. Ich bin ein Kind Gottes, und ich lebe in seiner Wahrheit."

5. Wenn Sie einen lieben Menschen verloren haben, schreiben Sie einen Brief an ihn. Schütten Sie ihm Ihr Herz, Ihre Sorgen und Ihre Trauer aus. Mit siebenunddreißig Jahren schrieb ich einen Brief an meinen Vater, in dem ich ihm mitteilen wollte, wie sehr ich ihn vermisse, wie oft meine Gedanken um ihn kreisen. Auch wenn ich weiß, dass er bei Gott ist, tat es mir gut, den Brief zu schreiben.

6. Hier sind ein paar Tipps, die mir helfen, wenn ich denke, die Angst hat mich fest im Griff. Probieren Sie mal Folgendes: Ich suche mir einen ruhigen, abgeschiedenen Ort, und wenn es das Badezimmer ist. Ich schließe meine Augen, atme zehn Mal ganz langsam tief durch und sage mir laut vor: „Der Herr ist mein Licht, er befreit mich und hilft mir; darum habe ich keine Angst. Bei ihm bin ich sicher wie in einer Burg, darum zittere ich vor niemand." (Psalm 27,1)
Manchmal klinge ich zunächst wenig überzeugend; dann sage ich es mir nochmal vor. Ich sage es wieder und wieder, bis ich merke, wie die Worte in mir Fuß zu fassen beginnen und den Raum einnehmen, den die Angst beansprucht hatte. Sie können sich auch folgende Verse einprägen:

„Der Herr steht mir bei; nun fürchte ich nichts mehr. Was könn-
te ein Mensch mir schon tun?" Psalm 118,6

„Gott hat uns nicht einen Geist der Feigheit gegeben, sondern den
Geist der Kraft und der Liebe und der Besonnenheit."

2. Timotheus 1,7

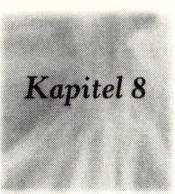

Kapitel 8

Die Freude, treu und frei zu sein

Die Wahrheit wird euch frei machen. (Johannes 8,32)

Steinmauern machen kein Gefängnis aus
noch schaffen Eisengitter ein Käfighaus.
Geschöpfe unschuldig und still
nehmen es als Klause hin.
Habe ich Freiheit in meiner Liebe verwoben
und bin ich frei in der Seele mein,
Engel allein, die schweben da droben,
genießen solches freie Sein. Richard Lovelace

Jesus sagte, die Wahrheit würde uns frei machen. Frei von Angst und frei, die zu sein, die wir ursprünglich sein sollten.

Ich bin ich

Ich hatte immer mit Jesu Bezeichnungen für die Pharisäer zu kämpfen. Er nannte sie „Schlangenbrut", „Narren" und „übertünchte Gräber"[1]. In meinen Augen waren sie einfach religiöse Anführer, die ihr Bestmögliches taten, um Gottes Gesetz so zu befolgen, wie sie es verstanden hatten. Sie lebten ihr religiöses Leben viel bewusster, als ich das jemals getan habe. Aber auf den zweiten Blick gibt es viele dunkle Stellen: Sie bevorzugten die Ehrenplätze bei Festessen und die besten Plätze in der Synagoge und standen gern im Rampenlicht. Es ist so leicht, dieser Verlockung zu folgen. So etwas kann nach außen hin sogar sehr fromm aussehen.

Aber wenn man auf dem Podest steht, verbringt man die Hälfte seiner Zeit damit aufzupassen, dass man nicht herunterfällt. Wir können unser negatives Selbstbild dadurch aufrechterhalten, dass wir uns in christliche Aktivitäten stürzen – oder wir können uns selbst finden, wenn wir uns ganz Gott anvertrauen.

Wenn Sie im Bewusstsein dessen leben, wer Sie in Gottes Augen sind, haben Sie die Kraft, Gott ans Steuer zu lassen. Manchmal denken wir, dass fünfundzwanzig Sachen plus Gott wichtig sind. Aber in Wahrheit ist Gott allein wichtig und wir sind für ihn wichtig, und das ist das Allerwichtigste. Wenn Ihr Herz – nicht Ihr Kopf – diese Wahrheit erfasst hat, können Sie im Vertrauen auf eine andere biblische Aussage weitergehen, die in Matthäus 10,39 zu lesen ist: „Wer sein Leben festhalten will (Luther: „findet"), der wird es verlieren. Wer es aber um meinetwillen verliert, der wird es gewinnen."

Das heißt doch: „Sich selbst zu finden" ist möglich – aber nur, wenn wir uns in ihm finden, und nur, wenn wir unser Klammern an andere Dinge wie Status oder äußere Erscheinung loslassen. Richten wir unseren Blick auf Jesus, nicht auf das, was andere von uns denken könnten.

Wenn wir hier über das Thema „Selbstfindung" sprechen bzw. darüber, unsere Bestimmung zu entdecken, müssen wir uns immer vor Augen halten, dass Gott einen einzigartigen Plan für jeden von uns hat. In Epheser 2,10 heißt es: „Wir sind ganz und gar Gottes Werk. Durch Jesus Christus hat er uns so geschaffen, daß wir nun Gutes tun können. Er hat sogar unsere guten Taten im Voraus geschaffen, damit sie nun in unserem Leben Wirklichkeit werden."

Ihre Werke – für Sie vorbereitet.

In seinem Buch *Between the Dreaming and the Coming True* („Zwischen Traum und Wirklichkeit") gibt Robert Benson den weisen Ausspruch eines großen jüdischen Lehrers wieder. Rabbi Zusya sagte einmal: „In der zukünftigen Welt werde ich nicht gefragt: Warum warst du nicht Moses? Sondern die Frage wird lauten: Warum warst du nicht Zusya?"

Benson fährt fort: „Der Wille des einen, der uns gesandt hat, zielt darauf ab, dass wir der sind, der gesandt wurde. Was wir tun, soll aus dem Zusammenhang dessen heraus gelebt werden, was wir an der Person entdecken, die wir sind und zu der wir werden sollen."

In den Kapiteln 7, 8 und 9 dieses Buches ging es darum, die vielen Schichten von überflüssigem Zeug abzuschütteln, mit denen wir uns so leicht zudecken. Nur so können wir lernen, unsere Einzigartigkeit zu schätzen, so wie ein Kind, das sich an der Schönheit Gottes und seiner Schöpfung freut.

Ich danke Gott, dass ich nicht länger versuchen muss, so zu sein wie Laura Bannerman (das coole Mädchen aus meiner Klasse). Ich kann Sheila Walsh sein – die Frau, die ich in Wahrheit bin.

Ich finde es wirklich schön, so zu sein, wie ich bin. Mir sind zehn Menschen lieber, die mich wirklich kennen und mögen, als zehn Millionen, die meinen, mich zu kennen.

In ihrer Autobiographie schreibt Thérèse von Lisieux: „Die Pracht der Rose und das strahlende Weiß der Lilie rauben dem kleinen Veilchen nicht seinen Duft und dem Gänseblümchen nicht seinen schlichten Charme. Ich erkannte: Wollte jedes kleine Blümchen eine Rose sein, würde der Frühling seinen Glanz und seine Schönheit verlieren, und es gäbe keine wilden Blumen, die die Wiesen in bunte Vielfalt kleiden."

Was sind die Dinge an Ihnen, die Sie von allen anderen unterscheiden? Die Dinge, die Sie an sich selbst mögen . . . wenn Sie sie nur entdecken könnten? Warum haben Sie diese besonderen Begabungen und Eigenschaften aus Ihrem „Repertoire" gestrichen? Weil sie anders waren als die der anderen? Sie sind immer noch da und warten darauf, ans Licht geholt zu werden.

Vielleicht brauchen Sie etwas Unterstützung, um Ihre verschütteten Anteile in die Wirklichkeit Ihres Tagesablaufes zurückzuholen. In ihrem Buch *The Path* („Der Pfad") regt Laurie Beth Jones an, dass jeder Mensch einen ganz persönlichen „Leitsatz" haben sollte; einen einzigen Satz, der klar zum Ausdruck bringt, warum wir hier auf Erden sind bzw. was wir hier für einen Auftrag haben. Sie schreibt, dieser Satz sollte so einfach sein, dass ein Kind ihn versteht, aber auch so markant, dass wir ihn jederzeit aus dem Gedächtnis abrufen können.

Ich glaubte früher immer, dass mein Auftrag darin bestünde, eine der Moderatorinnen der Sendung *The 700 Club* zu sein. Das war aber nie mein Auftrag. Das war schlicht und einfach mein Job. Er gab mir teilweise die Möglichkeit, meinen Auftrag zu erfüllen, aber dieser ging auch nach meiner Arbeitszeit noch weiter. Wie Eugene Peterson in *Growing Up in Christ* („Geistlich erwachsen werden") bemerkt: „Die Hauptaufgabe der Eltern ist nicht, Eltern zu sein, sondern *Persönlichkeiten* zu sein." Unsere eigentliche Mission geht über unsere augenblickliche Rolle oder Aufgabe hinaus.

Ich habe meinen persönlichen Auftrag so zusammengefasst: *Mein Auftrag hier auf Erden ist es, Gott mehr lieben zu lernen und seine Liebe anderen mitzuteilen.* Offensichtlich hat dieser Satz eine ziemlich umfassende Bedeutung und mit ihm ist alles gesagt.

Ein solcher Leitsatz ist in vieler Hinsicht wie ein treuer Freund. Er dient als Richtschnur in einer hektischen Welt. Er gibt uns Ausrichtung und klare Wegweisung, wenn wir in verschiedene Richtungen gezogen werden. Was mit unserem Auftrag in Einklang steht, bejahen wir, was nicht dazu passt, überlassen wir getrost anderen.

Wir sollten folgende Gedanken von Henri Nouwen aus seinem Buch „Der Kelch unseres Lebens" näher betrachten:„Wenn wir uns dem Willen Gottes überlassen und nicht dem eigenen Willen den Vorrang geben, werden wir bald feststellen, dass vieles von dem, was wir tun, von uns nicht unbedingt getan werden muss. Wozu wir wirklich aufgerufen sind, ist ein Handeln, das uns wahre Freude und Frieden bringt. [. . .]

Mit einem Handeln, das zu Überarbeitung führt, zu Erschöpfung und Ausgebranntsein, können wir Gott nicht loben und verherrlichen. Was Gott uns aufgetragen hat zu tun, *können* wir tun und können wir *gut* tun. Wenn wir in der Stille auf die Stimme Gottes horchen und mit unseren Freunden im Vertrauen sprechen, werden wir wissen, was unsere Berufung ist, und ihr mit dankbarem Herzen entsprechen."[2]

Eine Bibelstelle zum Thema Gebet ist mir besonders wichtig geworden: „Wenn aber jemand von euch nicht weiß, was er in einem bestimmten Fall tun muß, soll er Gott um Weisheit bitten, und Gott wird sie ihm geben" (Jakobus 1,5). Ich glaube, ich habe diesen Vers in den vergangenen Jahren immer und immer wieder gelesen, aber ich habe ihn bis vor ungefähr einem Jahr nie ganz ernst genommen.

Um mein Leben war es für eine Weile ruhig geworden. Ich hatte eine „Auszeit" von dem Fernsehjob und den vielen Reisen genommen, um wieder die Schulbank zu drücken und mich weiterzubilden. Der langsame und stetige Lauf meiner Tage war eine willkommene Abwechslung zu dem schnelllebigen Dasein, das ich vorher geführt hatte.

Aber dann gerieten die Dinge nach der Veröffentlichung meiner Biographie „Honestly" (Titel der deutschen Ausgabe: „Als Star zwischen Licht und Schatten") wieder in Bewegung. Ich hatte zwei Wochenenden im Monat für einen Vortragsreisedienst mit dem „Women of Faith"-Team zugesagt. Bald kam eine Unmenge weiterer Einladungen ins Haus geflattert. Ich wusste, dass es der helle Wahnsinn wäre, wieder so ein unstetes Leben zu führen wie vorher. Aber wie konnte ich wissen, welche Einladung ich annehmen sollte und welche nicht? Natürlich rieten mir die Leute manchmal, dass ich „darüber beten sollte", aber ich hatte das nie besonders ernst genommen. Ich für meinen Teil hatte immer geglaubt, dass jede Gelegenheit, ein Konzert zu geben oder vor Publikum zu sprechen, eine von Gott gegebene Chance war. Ich sagte ja, bis es mich fast umhaute.

An einem Morgen, als ich mich mit einer Tasse Tee hingesetzt hatte, bat ich Gott um Hilfe: „Herr, ich habe nicht die geringste Ahnung, was ich in diesem Fall tun soll. Ich weiß, dass du nicht willst, dass ich kopflos wie ein aufgescheuchtes Huhn herumrenne. Aber wie kann ich wissen, wo ich mich engagieren soll? Ich danke dir, dass du mein Gebet beantwortest und mir deinen Weg ganz deutlich zeigst, denn ich bin so voller eigener Ideen, dass ein leises Flüstern von dir gar keine Chance hätte."

Etwas später in dieser Woche las ich im Jakobusbrief und blieb bei Kapitel 1, Vers 5 hängen: „Wenn aber jemand von euch nicht weiß, was er in einem bestimmten Fall tun muß, soll er Gott um Weisheit bitten, und Gott wird sie ihm geben." Es war einer jener seltenen Momente, in denen es mir so vorkam, als hätte Gott für mich einen Lichtstrahl direkt auf die Seite gerichtet. Ich verstand ihn so deutlich, dass ich ausrief: „Na klar! Danke!"

Seither bete ich vor jedem wichtigen Telefonat, jeder wichtigen Besprechung oder einfach zu Beginn eines neuen Tages mit voller Überzeugung: „Herr, du hast gesagt, wenn es uns an Weisheit fehlt, sollen wir uns an dich wenden und darum bitten. Hier bin ich nun. Du kennst mich so gut. Ich habe wenig Weisheit in mir. Aber ich möchte

Dinge tun, die dich erfreuen. Deshalb zeige sie mir bitte, und ich werde sie von ganzem Herzen tun. Rede mit mir; lass mich dein Ja verstehen und schenk mir Ohren, um dein Nein zu hören. Wenn du nein zu einer Sache sagst, werde ich nicht daran festhalten, und wenn du ja sagst, werde ich mich der Sache voll und ganz zuwenden."

Es wäre so einfach, dieses Gebet in der Haltung eines „Möchtegern-Märtyrers" zu beten, der stumm leidend akzeptiert, dass Gott ihm einen Strich durch die Rechnung macht. (Früher hätte ich das sicherlich getan.) Aber jetzt verstehe ich! Gott weiß, was er tut, und wenn er eine Tür verschließt, sollte ich ihm dankbar dafür sein, denn es ist ganz bestimmt besser so für mich.

Ich bin bereit

Ein junger Mann stand in unserer Eingangstür. Eine kleine Kiste stand zu seinen Füßen.

„Ja, bitte?", fragte ich, „Was kann ich für Sie tun?"

„Ich verkaufe Bürsten", sagte er entschuldigend.

„Ah ja, was für Bürsten denn?", fragte ich zurück.

„Sie heißen ‚Beste Ware'", gab er zur Antwort.

„Und sind sie das auch?", hakte ich nach.

„Sind sie was?", fragte er etwas begriffsstutzig.

„Na, beste Ware", sagte ich.

„Weiß ich gar nicht so recht. Das ist eigentlich nur der Name der Firma."

Alles an ihm – angefangen von der Haltung bis zu seinem Gesichtsausdruck – sprach eine deutliche Sprache: „Kaufen Sie Ihre Bürsten woanders!"

Ich hätte diesem Mann am liebsten gesagt: „Gehen Sie und lesen Sie erst mal die Firmenphilosophie! Anscheinend waren Sie nicht da, als man dem Verkaufsteam einschärfte, wie gut die Bürsten sind. Ich glaube, Sie haben Ihren Auftrag verfehlt."

Viele von uns verfehlen ihren Auftrag und haben keinen Blick dafür, wer sie sein könnten, weil sie es nicht wagen, von einer Zukunft zu träumen, die sich auf die Liebe, Treue und Hoffnung Gottes gründet. „Denn ich allein weiß, was ich mit euch vorhabe: Ich, der Herr, werde euch Frieden schenken und euch aus dem Leid befreien. Ich gebe euch wieder Zukunft und Hoffnung" (Jeremia 29,11, HfA).

Ich gehe davon aus, dass viele meiner Leserinnen und Leser in der Mitte des Lebens stehen und sich einer Art „zweiten Berufung" gegenübersehen. Wenn das Nest leer ist – was kommt dann? Vielleicht hat der Tod oder eine schmerzliche Scheidung einen größeren Einschnitt gebracht?

Brennan Manning spricht von drei Dingen, die uns im Weg stehen, wenn es darum geht, Gottes „zweite Berufung" in unserem Leben anzunehmen: die Krise des Glaubens, die Krise der Hoffnung, die Krise der Liebe.

Diejenigen, die fähig sind, eine neue klare Zukunftsperspektive anzunehmen, sind die, die fähig sind, in dem treuen Gott der Liebe und Hoffnung zu bleiben und aus ihm ihre Kraft zu schöpfen. Sind Sie bereit, sich nach dem neuen Traum auszustrecken, der Sie über Ihre Enttäuschungen hinwegführt?

Ich bin bereit zu träumen

Wessen Traum leben Sie? Leben Sie *Ihren* Traum oder den Traum, den jemand anderes für Sie geträumt hat? Unsere Zeit auf Erden ist begrenzt. Warum sollten wir sie also damit verschwenden, so zu leben, wie jemand anders – Eltern, Freunde, Partner – es für richtig hält? Warum wenden Sie sich nicht dem Traum zu, den Gott in Sie hineingelegt hat und den Sie verwirklichen sollen? Nehmen Sie Gottes Sichtweise ein! Träumen Sie Ihren Traum!

Über Michelangelo wird berichtet, dass er einmal die Straße hinunterging und einen sehr großen Steinblock vor sich her schob. Einige, die an ihm vorbeigingen, fragten ihn, warum er wegen eines so alten Steines solch eine Mühe auf sich nahm. „In diesem Stein ist ein Engel, der an die Oberfläche gebracht werden möchte", antwortete der Künstler. Und später meißelte er einen wundervollen Engel aus dem Stein.

Wie sieht der Engel in Ihrem Stein aus? Was für einen Traum hat Gott in Ihnen verborgen gehalten, der darauf wartet, herausgemeißelt zu werden?

Machen Sie einmal einen Schritt zurück in die Vergangenheit. Ob Sie nun 75 oder 25 sind, stellen Sie sich für einen kurzen Moment vor,

Sie wären noch einmal ein Teenager und säßen gerade bei Ihrer Abiturfeier. Viele andere sind bei Ihnen, und niemand weiß, wer unter den Schülern aufgefordert werden wird, eine Rede zu halten. Dann kommt jemand auf Sie zu und sagt Ihnen, Sie hätten zehn Minuten Zeit, Ihre Rede über „Mein Lebenstraum" vorzubereiten.

Sie geraten völlig aus der Fassung: „Ich kann in zehn Minuten doch keine Rede schreiben. Ich kann nicht in der Öffentlichkeit reden. Ich kann so etwas einfach nicht." Aber Sie haben keine andere Wahl. Sie sind in zehn Minuten an der Reihe. Sie *müssen*, ob Sie wollen oder nicht.

Legen Sie hier und jetzt einmal alle Ihre Wunschvorstellungen und Bedenken zur Seite, und träumen Sie einen Moment lang einfach drauflos. Wenn Sie alles Mögliche tun könnten, was würden Sie tun? Wenn Sie noch einmal ganz von vorn anfangen könnten, was würden Sie dann tun? Erinnern Sie sich noch an die Träume, die Sie als kleines Mädchen, als junge Frau gehegt haben? Was waren die Dinge, die Sie ausmachten? Was für ein Zeichen wollten Sie in der Welt setzen? Vielleicht kannten Sie als Jugendliche Jesus noch nicht, und jetzt kennen Sie ihn. Wie hat er Ihre Sicht des Lebens verändert? Was für einen Traum hat Gottes Geist in Ihr Herz gelegt? Denken Sie an George Eliots Worte: „Es ist nie zu spät, das zu sein, was du hättest sein können."

Um Ihre Träume zurückzubekommen, fangen Sie am besten bei Ihren natürlichen Begabungen und Veranlagungen an. In ihrem Buch *The Eighth Day of Creation* („Der achte Schöpfungstag") behauptet Elizabeth O'Connor, dass „wir so lange nicht wir selbst sein können, wie wir nicht unseren Gaben treu sind. Unser Gehorsam und unsere Hingabe an Gott sind zum größten Teil unser Gehorsam und unsere Hingabe an unsere Gaben."

Worin sind Sie gut? Wo liegen Ihre Vorlieben? Was tun Sie richtig gern? Wenn Ihnen jemand zehn Millionen Mark mit den Worten geben würde: „Das ist ein Geschenk. Tun Sie damit, was Sie wollen" – wie würde das Ihr Leben verändern?

Wenn mir das passieren würde, würde ich zunächst Gott fragen, was ich mit dem Geld machen soll. Am liebsten würde ich zuallererst die Hypothek auf unser Haus abbezahlen. Es gäbe so einige Organisationen, die ich unterstützen würde, Leute, denen ich helfen würde, und auch ein paar Dinge, die ich vielleicht anschaffen würde. Aber letztlich würde es mein Alltagsleben überhaupt nicht verändern. Ich tue das, was ich gern tue und tun möchte. Es gibt nichts, was ich lieber täte: Ich verbringe meine Tage mit meinem Mann und meinem kleinen Sohn. Wir reisen zusammen. Ich kann vor anderen Frauen über das sprechen, was meiner Meinung nach wirklich im Leben zählt. Ich lese alte und neue Bücher, für die ich ein Faible habe, und ich schreibe, egal, ob jemals ein Wort davon veröffentlicht wird oder nicht. Deshalb nenne ich mich selbst eher eine Schreiberin und nicht eine Autorin, weil Schreiben meine Leidenschaft ist.

Was ist Ihre Leidenschaft? Haben Sie je daran gedacht, nochmals die Schulbank zu drücken? Vielleicht ist jetzt der Zeitpunkt dafür gekommen?! Eine meiner Freundinnen durchlebte kürzlich eine sehr schmerzvolle, ungewollte Scheidung, aber Gott begegnete ihr inmitten ihrer Verzweiflung. Und sie hat einen Schritt ins Ungewisse gewagt und sich für ein Ergänzungsstudium eingeschrieben. Sie hat zwar sehr viel Angst davor, aber ich habe sie selten so lebhaft erlebt.

Walt Kallestad, der Autor eines Buches namens „Stell dir vor, dein Traum wird wahr", rät seinen Lesern, sich einen sogenannten „Traumpartner" zu suchen: „jemand, der an Sie glaubt, der Sie respektiert und Ihnen dabei hilft, das, was Sie *gut* können, von dem zu unterscheiden, was Sie *besser* und *am besten* können."[3]

Dieser Mann weiß, wie wichtig es ist, dass Sie Ihre eigenen Träume mit und vor Gott verwirklichen und nicht den Traum eines anderen verfolgen: „Begabungen zu entdecken und auszubauen ist eine Gratwanderung, und deshalb benötigt man dafür die glaubwürdige Rückmeldung von anderen. Gleichzeitig sollten Sie vorsichtig sein, dass nicht die Enttäuschung eines Einzelnen Sie davon abbringt, Ihre Träume weiter zu verfolgen. So, wie selbst ein wenig Dotter im Eiweiß das Baiser missraten lässt, kann eine einzige Bemerkung, die Zweifel in Ihnen auslöst, den gesamten Traumprozess behindern. Wenn ein Lehrer, Elternteil, Freund oder Kollege Ihnen sagt, Sie hätten nicht das Zeug dazu, Ihren Traum zu verwirklichen, dann betrachten Sie diese Meinungsäußerung nicht automatisch als Tatsache.[4] [. . .] Wenn Sie den Ruf Gottes spüren, sind Sie auf dem richtigen Weg. Gott kann – und wird – sprechen, während wir nach vorne sehen und den nächsten Schritt tun."[5]

Fangen Sie dort an, wo Sie gerade sind, und tun Sie einfach das Nächstliegende! Ich werde oft gefragt: „Wie kam es, dass Sie in der Musikszene Fuß gefasst haben?" Oder: „Wie kam es zur Veröffentlichung Ihrer Bücher?"

Ich nahm jede Gelegenheit wahr, die sich mir bot, egal, wie unscheinbar und klein sie auch war, und ich tat es, weil ich es gern tat. Sitzen Sie nicht untätig herum und warten Sie auf den großen Durchbruch. Schlagen Sie selbst kleine Wellen, und Gott wird den Wind in Ihre Segel geben.

Stellen Sie sich ein kleines Haus mit einem weißen Palisadenzaun ringsherum vor – mit einem Rosenbeet und einem Vogelbad. Auf den zwei Schaukelstühlen auf der Veranda sitzen zwei weißhaarige Damen. Sally ist zu Besuch bei Mary.

Sally hat viele Geschichten auf Lager. Sie erzählt von den Abenteuern, die sie mit Gott erlebt hat und immer noch erlebt. Nicht alles gelang. Es gab Fehlschläge und Verletzungen und dunkle Stunden, aber auf jedem Schritt des Weges war pralles Leben zu spüren.

Mary hört ruhig zu, lächelt ein wenig und gießt noch Tee ein. „Du warst immer für ein Abenteuer zu haben, Sally!", kommentiert sie mit einem leichten Kopfschütteln.

„Ja", antwortet Sally, und die Falten um ihre Augen vertiefen sich, als sie lächelt. „Das Leben hat es gut mit mir gemeint. Gott hat es gut mit mir gemeint! So, ich muss jetzt gehen, denn ich will noch einen Besuch machen. Halt die Ohren steif, Mary." Sie beugt sich hinüber, um ihre Freundin zum Abschied zu umarmen.

„Das werde ich", entgegnet Mary wehmütig, als Sally den schmalen Weg hinuntergeht. „Das habe ich immer getan."

Wenn Sie Ihrer eigenen Zukunft ins Auge blicken, welche der beiden Frauen möchten Sie sein? Diejenige, die immer auf Nummer sicher ging und nie Laufmaschen in den Strümpfen hatte, oder die, die sich ins Leben stürzte, die die Fenster zu Gott und zur Welt aufstieß und sich am Sonnenschein erfreute? Ich glaube, ich möchte so sein wie Sally.

1994 hielt Nelson Mandela seine Eröffnungsrede als Präsident von Südafrika. Er hat sich offensichtlich mehr als zehn Minuten Zeit genommen, um seine Gedanken zu Papier zu bringen, denn er machte einige sehr gute Aussagen. Eine Sache, die er bemerkte, war, dass es der Welt ganz und gar nicht dient, wenn wir immer hinter unseren Möglichkeiten zurückbleiben. Viele Menschen – und ganz besonders Frauen, so meine ich – wollen gar nicht hervorstechen oder besonders sein. Ihnen scheint es erstrebenswerter zu sein, immer auf der sicheren Seite zu stehen.

Bitten Sie Gott, Ihre Träume wahr werden zu lassen, und haben Sie keine Angst davor, die Einzige im Raum zu sein, die „ihr Lied" pfeift. Wenn die Tonlage stimmt, pfeifen Sie weiter, bis jemand die Melodie aufgreift.

Ich bin bereit, aufzustehen

Manchmal erfordern von Gott eingegebene Träume wirklich Mut – die Stärke, von der Jesaja schreibt: „Wach auf, Jerusalem, wach auf! Raff dich auf! Zieh deine prächtigsten Kleider an, du heilige Stadt. [. . .] Schüttle den Staub deiner Schande von dir ab, und setze dich wieder auf deinen Thron! Der Strick um deinen Hals ist gelöst, du bist keine Gefangene mehr!" (Jesaja 52,1–2).

Ich möchte Ihnen hier einen kleinen Einblick in den Traum und den Mut einer jungen Frau aus Sibirien geben, die ich über meine Freundin Marlene kennen gelernt habe.

In ihren späten Jugendjahren sehnte sich Lida Vaschenko danach, ihren Glauben an Gott frei ausleben zu können. Um diese Freiheit Realität werden zu lassen, brach sie mit ihrer Angst, machte sich auf, nahm einen Zug nach Moskau und erkämpfte sich ihren Weg durch die Tore der amerikanischen Botschaft, wo sie um Asyl bat. Als keiner so recht wusste, was man mit ihr tun sollte, trat sie in Hungerstreik. Nach dreißig Tagen – sie wog gerade noch achtzig Pfund – brachte man sie ins Krankenhaus. Schwach und kaum fähig, auf den Beinen zu stehen, zwang man sie – nur mit ihrer Unterwäsche bekleidet –, ein Verhör vor sechzehn Männern über sich ergehen zu lassen.

„Meinen Sie, Sie könnten die ganze sowjetische Nation bekämpfen?", fragte sie ein KGB-Offizier.

„Nein", gab sie zur Antwort, „aber ich diene einem Gott, der das kann."

Nach sieben Jahren, in denen sie praktisch als Gefangene lebte, kam Lida schließlich in die Vereinigten Staaten. Als Marlene sie fragte, wie es war, mit der ständigen Tyrannei und Einschüchterung zu leben, antwortete Lida: „Es ist besser, etwas für Gott zu tun und dabei zu sterben, als nur so dahinzuleben und überhaupt nichts zu tun."

Vielleicht denken Sie, diese Worte klingen auf einer Filmleinwand glaubhafter als aus dem Mund einer jungen Frau. Aber es kommt immer darauf an, wo Sie im Leben stehen. Wenn Sie innerlich lebendig werden, wirklich lebendig, und die Kraft Gottes spüren, die unsere Welt ständig durchdringt, wovor haben Sie dann noch Angst? Wenn die Erkenntnis Ihnen durch Mark und Bein geht, dass dieses Leben, an das wir uns so klammern, nur ein Schatten unseres wirklichen, in Gott verborgenen Lebens ist, dann gibt es eine Grenze, hinter der uns niemand etwas antun kann.

In Hebräer 13,5–6 werden zwei Stellen aus dem Alten Testament zitiert und dabei ein vertrauensvoller Übergang geschaffen: „Niemals werde ich dir meine Hilfe entziehen, nie dich im Stich lassen. So können auch wir getrost sagen: Der Herr steht mir bei; nun fürchte ich nichts mehr. Was könnte ein Mensch mir schon tun?" Genau so ist es!

Es ist noch nicht zu spät. Ich denke an einen Bericht in den Evangelien, in dem Jesus einen besessenen Knaben heilt. Der verzweifelte Vater sagt zu Jesus: „Hab doch Erbarmen mit uns und hilf uns, wenn du kannst!"

Jesus scheint über die Frage etwas erstaunt zu sein. Er antwortet mit einer Gegenfrage: „Was heißt hier: Wenn du kannst?" (So als könnte er nicht glauben, was er da gerade gehört hatte.). Und dann bringt Jesus das ausschlaggebende Argument: „Wer Gott vertraut, dem ist alles möglich."

„Sogleich schrie der Vater des Kindes: „Ich vertraue ihm ja – und kann es doch nicht! Hilf mir vertrauen!" (Markus 9,21–24).

Ich mag diesen Mann. Ich kann mich in ihn hineinversetzen und schätze seine Aufrichtigkeit. Er liebte seinen Sohn und hätte alles getan, um ihm zu helfen. Alle Dinge sind möglich dem, der an den Gott der Hoffnung glaubt.

Erwecken Sie den Traum, den Gott in Ihr Herz gelegt hat, zu neuem Leben!

Ich bin bereit, zu laufen

Manchmal fordert Gott uns dazu auf, ganz wir selbst zu sein und ihm zu vertrauen, dass er uns neue Wege führt –Wegstrecken, die so viel Glauben erfordern, dass wir ganz auf ihn angewiesen sind, wenn wir Erfolg haben wollen.

Als junges Mädchen war ich sehr schüchtern und litt unter Reisekrankheit. Ich konnte nicht mehr als ein paar Kilometer im Auto fahren, ohne dass mir dabei übel wurde. Inzwischen habe ich die ganze Welt bereist und viele, viele Kilometer im Auto zurückgelegt – und das nicht, weil ich es kann, sondern weil ich es nicht kann! Gott macht es für mich möglich.

Und was das Sprechen in der Öffentlichkeit angeht: Ich wurde als Teenager einmal von unserer Jugendgruppe dazu auserwählt, für einen beliebten Jugendleiter, der heiraten wollte, eine kleine Rede zu halten und ihm unser gemeinsames Geschenk zu überreichen. Ich übte und übte, aber als ich dann vorne in der Kirche stand, war ich wie erstarrt. Ich verharrte eine ganze Weile in absoluter Stille, bevor ich mit den denkwürdigen Worten herausplatzte: „Wir sind alle sehr überrascht, dass ihr heiratet." Dann warf ich der armen Braut förmlich das Geschenk hin und floh zurück an meinen Platz . . .

Aber heute habe ich das Vorrecht, vor Tausenden von Frauen zu stehen und meine Glaubenserfahrungen mit ihnen zu teilen. Habe ich schlaue Bücher zum Thema „Öffentliches Reden" gewälzt? Habe ich einen Rhetorikkurs besucht? Nein! Ich habe mich voller Angst hinausgewagt – und Gott war da.

Mose fühlte sich ganz und gar nicht kompetent, Gottes Volk ins Gelobte Land zu führen: „Ach, Herr, ich habe doch noch nie gut reden können, und auch seit du mit mir, deinem Diener, sprichst, ist das nicht besser geworden. Ich bin im Reden viel zu schwerfällig und unbeholfen. [. . .] Nimm es mir nicht übel, Herr, aber schicke einen anderen" (2. Mose 4,10 und 13).

Fühlte sich Jeremia fähig, seiner Generation Gottes Wort zu verkündigen? Nein. Gott sprach zu ihm: „Noch bevor ich dich im Leib deiner Mutter entstehen ließ, hatte ich bereits die Hand auf dich gelegt. Denn zum Propheten für die Völker habe ich dich bestimmt." Und Jeremia antwortete: „Ach Herr, du mein Gott! Ich kann doch nicht reden, ich bin noch zu jung."

Und Gottes Antwort? „Sag nicht: Ich bin zu jung, Geh, wohin ich dich sende, und verkünde, was ich dir auftrage. Hab keine Angst vor Menschen, denn ich bin bei dir und schütze dich. Das sage ich, der Herr" (Jeremia 1,5–8).

Da ist David, der Goliath gegenübersteht, Petrus, der auf dem Wasser geht, Deborah, die eine Armee befehligt. Meinen Sie, sie fühlten sich immer so ganz kompetent? Wohl kaum.

Vielleicht denken Sie, dass Sie nicht so aussehen wie jemand, den Gott auswählen würde. „Ich bin doch nur eine Frau." Oder Sie denken an einige andere Frauen in Ihrer Gemeinde, die allem Anschein nach besonders begabt sind. Sie erfüllen ihre Aufgaben gut und tun es gern. Deshalb lehnen Sie sich zurück und überlassen ihnen getrost das Feld! Ist es wirklich das, was Gott möchte?

Vergegenwärtigen wir uns die Szene, in der Samuel herauszufinden versucht, welcher der Söhne Isais geeignet wäre, König von Israel zu sein. Als er Isais ältesten Sohn Eliab sah, dachte Samuel: „Das ist gewiß der, den der Herr ausgewählt hat". Aber der Herr sprach zu Samuel: „Laß dich nicht davon beeindrucken, daß er groß und stattlich ist. Er ist nicht der Erwählte. Ich urteile anders als die Menschen. Ein Mensch sieht, was in die Augen fällt; ich aber sehe ins Herz" (1. Samuel 16,6–7).

Samuel sah sich in der Folge einen Bruder nach dem anderen an und fragte schließlich Isai: „Sind das alle deine Söhne?"

„Der Jüngste fehlt noch, David,", antwortete Isai, „der hütet die Schafe."

Da sprach Samuel zu Isai: „Laß ihn holen."

Als David kam, sagte Gott zu Samuel: „Er ist es, salbe ihn" (1. Samuel 16,11–12). Selbst Samuel, der Prophet, hätte sich den ältesten Bruder ausgesucht, aber Gott sagte nein. Gott kennt unsere Herzen, und er weiß, dass wir vieles nicht können – aber er kann es. Alle Dinge sind möglich, wenn Gott bei uns ist.

Ich möchte Sie dazu anhalten, einmal stehen zu bleiben und dieses schöne Gebet von Ken Gire aus seinem Buch *Windows of the Soul* („Fenster der Seele") zu sprechen. Das Gebet heißt zutreffend „Ein Gebet um Freude".

Hilf mir, o Gott,
dem zuzuhören, was mein Herz erfreut,
und dahin zu folgen, wo es hinführt.
Mögen Freude und nicht Schuld,
deine Stimme, nicht die Stimme anderer,
dein Wille, nicht meine Willensstärke,
die Leitlinien sein, die mich zu meiner Berufung führen.
Hilf mir, die Leidenschaften meines Herzens auszugraben,
die in meiner Jugendzeit begraben liegen.
Und hilf mir, immer und immer wieder über diesen Boden zu gehen,
bis ich in meinen Händen halten kann,
halten und schätzen,
deine Berufung für mein Leben . . .
Amen!!!

Schritte zur Freude

1. Wählen Sie drei Worte aus, mit denen Sie sich gerne beschreiben würden, wie etwa „mutig", „kontaktfreudig", „mitfühlend". Beten Sie um diese Eigenschaften und träumen Sie davon, sie zu besitzen.

2. Schreiben Sie einen Leitsatz für Ihr Leben auf. (Die drei Übungswörter können Ihnen dabei helfen, über Ihre persönliche Losung nachzudenken.)

3. Stellen Sie sich vor, Sie gehen heute zum Briefkasten und finden einen Scheck über zehn Millionen Mark vor. Er wurde Ihnen von einer älteren Frau vermacht – unter einer einzigen Bedingung: „Verwirklichen Sie Ihren Traum!" Was würden Sie tun? Diese Übung kann Ihnen helfen, die geheimsten Wünsche Ihres Herzens zu entdecken!

4. Sprechen Sie mit Familienmitgliedern und Freunden, die Sie kannten, als Sie noch jünger waren. An was erinnern diese sich, was ganz besonders an Ihnen war? Nehmen Sie sich die besten Erinnerungen vor und lassen Sie sie sich durch den Kopf gehen. Konkretisieren Sie die Träume, die Sie sich gerne erfüllen möchten.

5. Suchen Sie sich einen „Traumpartner", der Ihnen hilft, Ihre Stärken zu sehen und das, was Sie gut können, von dem zu unterscheiden, was Sie besser und am besten können. Fragen Sie drei gute Freunde, was diese als Ihre stärksten Begabungen ansehen.

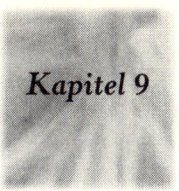

Kapitel 9

Die Freude,
andere zu lieben

Ihr seid von Gott erwählt, der euch liebt und zu seinem heiligen Volk gemacht hat. Darum zieht nun wie eine neue Bekleidung alles an, was den neuen Menschen ausmacht: herzliches Erbarmen, Freundlichkeit, Bescheidenheit, Milde, Geduld. Ertragt einander! Seid nicht nachtragend, wenn euch jemand Unrecht getan hat, sondern vergebt einander, so wie der Herr euch vergeben hat. Und sozusagen über das alles darüber zieht die Liebe an . . . (Kolosser 3,12–14)

Das englische Wort für Freude ist „Joy". Ich mache gern ein Wortspiel damit, bei dem die Anfangsbuchstaben „J", „O" und „Y" für „Jesus", „Others" und „You" stehen. („Jesus, andere und Du".) Aus diesen drei Elementen setzt sich das Geheimnis der Freude zusammen. Oft genug jedoch machen uns unsere Selbstbezogenheit und unser Selbsthass unfähig, andere zu lieben. Nur wenn unser Blick zuerst auf Gott und seine beständige Liebe ausgerichtet ist, können wir uns anderen wirklich zuwenden. Sonst besteht die Gefahr, dass wir ihnen aus Gründen „dienen", die zwar sehr ehrenhaft sein mögen, aber letztlich nicht von Herzen kommen.

Der Auflistung der „Früchte des Geistes" – Liebe, Freude, Frieden –, die wir in Galater 5 finden, geht eine Zusammenfassung des Gesetzes voraus. Die Zusammenfassung selbst findet sich im Alten Testament in 3. Mose 19,18: „Räche dich nicht an deinem Mitmenschen und trage niemand etwas nach. Liebe deinen Mitmenschen wie dich selbst. Ich bin der Herr."

Heißt das nicht auch, dass wir keinen Groll gegen uns selbst hegen sollen? Die Erfüllung des Gesetzes in dem einen Gebot „Liebe deinen Nächsten wie dich selbst" wird von Jesus mehrmals wiederholt und auch im Römer-, Jakobus- und Galaterbrief aufgegriffen, wo dies zu einer Diskussion der „Taten der sündigen Natur" bzw. des „Fleisches" im Gegensatz zu den Früchten des Geistes führt: „Gott hat euch zur Freiheit berufen, meine Brüder und Schwestern! Aber mißbraucht eure Freiheit nicht als Freibrief zur Befriedigung eurer selbstsüchtigen Wünsche, sondern dient einander in Liebe. Das ganze Gesetz ist erfüllt, wenn dieses eine Gebot befolgt wird: Liebe deinen Mitmenschen wie dich selbst" (Galater 5,13–14).

Wer ist mein Nächster? Im Evangelium des Lukas wird die Geschichte eines Mannes erzählt, der Jesus genau diese Frage gestellt hat. Als Antwort gibt Jesus eines seiner bekanntesten Gleichnisse – die Geschichte vom barmherzigen Samariter – wieder (Lukas 10). Der geächtete Ausländer bot einem ausgeraubten und verwundeten Fremden seine Hilfe an. Der Nächste war ein anderer Mensch – ein anderer Sünder –, der Gottes Liebe und Gnade brauchte.

In seinem Buch „Mit offenen Händen: Unser Leben als Gebet" schreibt Henri Nouwen: „In dem Augenblick, da uns ganz und gar bewusst wird, dass derselbe Gott, der uns bedingungslos liebt, jedem einzelnen Menschen dieselbe Liebe schenkt, eröffnet sich uns eine neue Sicht des Lebens. Denn wir werden die, welche in dieser Welt neben uns leben, mit neuen Augen sehen. Wir werden erkennen, dass es auch für sie keinen Grund zur Angst gibt, dass auch sie sich nicht hinter einer Hecke verkriechen müssen. [. . .] Wir werden sehen, dass der innere Garten der Liebe, der lange Zeit vernachlässigt war, auch für sie bestimmt ist."[1]

An der uns geschenkten Gnade ist nichts Ausschließliches; Gott will den Segen teilen – und zwar auch durch uns.

Ein College-Dozent stellte einmal eine schwierige Prüfungsaufgabe, die kaum jemand vor dem Klingelzeichen am Ende der Stunde beenden konnte. Der Dozent gab dem einzigen Studenten, der es in der gegebenen Zeit geschafft hatte, eine Eins. In der nächsten Unterrichtsstunde händigte er den anderen Studenten die Arbeiten mit dem Kommentar aus, sie hätten eine zweite Chance und bekämen mehr Zeit, die unbeantworteten Fragen fertig zu stellen.

Der Dozent war überrascht von der Reaktion des Studenten, der bereits die beste Note erhalten hatte. Der Student wurde nämlich wütend. Es wäre nicht fair, dass die anderen noch eine zweite Chance bekämen. „Moment mal", sagte der Dozent. „Sie haben doch Ihre Eins schon bekommen. Sie ist Ihnen sicher. Wo liegt nun das Problem, wenn die anderen mehr Zeit bekommen, um die Fragen fertig zu beantworten?"

Können Sie das Verhalten des Studenten nachempfinden? Menschlich gesehen ist es ja auch etwas „ungerecht", dass Gott einfach jeden an seinem Segen teilhaben lässt. Doch so ist Gott: Er gibt uns nicht, was wir verdienen, sondern was er uns gönnt. Und von seiner Gnade ist mehr als genug für alle da!

Haben Sie vielleicht Angst, dass Gott Sie gebrauchen könnte, um ein Teil des Segens zu sein?

Ich frage mich, ob Judy sich jemals diese Frage gestellt hat. In dem Buch *My Neighbor, My Self* („Mein Nachbar und ich") erzählt Elise Chase die Geschichte von ihrer Freundin Judy, deren Leben sich wie ein spannender Action-Roman liest: Als allein erziehende Mutter von vier Kindern nimmt sie eine kambodschanische Familie, einen mittellosen Teenager und andere Gestrandete auf. Woher bekommt sie nur ihre Kraft? Judy berichtet:

„Immer, wenn ich daran denke, dass ich im Mittelpunkt all dessen stehe [. . .], bricht alles über mich herein. Gott selbst wirkt durch mich. Das ist das ganze Geheimnis. Wenn man ihn ganz und gar liebt, dann gerät buchstäblich alles ins Wanken. Es ist sozusagen wie in einer Liebesbeziehung. Einmal im Monat ziehe ich mich für ein Wochenende in ein Haus am Meer zurück, um einfach mal dort am Ozean zu sein und Zeit mit Jesus zu verbringen. Wir laufen zusammen den Strand hinunter, er und ich. Und wir lachen auch viel. Aber eines muss ich wohl noch sagen. Am besten sagen Sie nicht gleich Ja zu ihm, wenn Sie nicht wollen, dass er Ihr Leben auf den Kopf stellt. Denn es ist eine ziemlich anspruchsvolle Liebesbeziehung. Sie sollten das gleich von Anfang an wissen. Wenn Sie einmal damit angefangen haben, Jesus zu lieben, dann sind Sie nicht mehr Herr der Lage."

Judys Geschichte erinnert mich an Petrus, der Jesus nach der Auferstehung begegnet (Johannes 21,15–17, HfA). Sie wissen sicher noch, dass Petrus Jesus verleugnet hat. Ich kann mir vorstellen, dass die Verleugnung des Petrus selbst ein Teil der Schande war, die Jesus bei seiner Kreuzigung ertrug. Petrus hatte bitterlich bereut und Jesus fragt ihn hier: „Liebst du mich?" „Ja, Herr." „Dann hüte meine Lämmer. – Liebst du mich?" „Ja, Herr." „Dann hüte meine Schafe! – Hast du mich wirklich lieb?" „Ja, Herr." „Dann hüte meine Schafe."

Ich liebe diese Stelle, weil Jesus Petrus die Gelegenheit gibt, seine drei Verleugnungen wieder gutzumachen. Jesus fährt fort, Petrus andeutungsweise zu sagen, dass sein Leben nicht einfach werden würde. „Als du jung warst, hast du getan, was du wolltest, und du hattest deine eigenen Ziele. Im Alter aber wirst du deine Hände ausstrecken, und ein anderer wird dich führen; dorthin, wo du nicht hingehen willst."(. . .) „Folge mir nach!" (Johannes 21,18–19, HfA).

Ich glaube, Petrus hat es nicht ganz verstanden, denn er wendet sich zu einem anderen Jünger und fragt Jesus: „Herr, was wird denn aus ihm?"

Jesus entgegnet ihm: „Was geht es dich an? Folge du mir nach!" (Johannes 21,21–22, HfA).

Jesus sagt dasselbe zu uns: „Wenn du mich liebst, hüte meine Schafe." Das birgt die Voraussetzung, dass Gott uns etwas geben wird, womit wir sie füttern können. Es ist nicht so, dass wir selbst das Futter beschaffen müssen.

Das bringt mich zurück zum Thema Freude (JOY) und dem J für Jesus. Wenn wir an seinen „Versorgungskreislauf" angeschlossen bleiben, bringen wir Frucht und teilen diese Frucht aus. Es ist genug für jeden da. „Ich bin das lebendige Brot, das vom Himmel gekommen ist", spricht Jesus. „Und dieses Brot ist mein Fleisch, das ich geben werde für das Leben der Welt" (Johannes 6,51).

Denken Sie an den Bericht über die Speisung der Fünftausend (Johannes 6,1–15). Ein Kind opfert sein kleines Proviantpaket – und sehen Sie nur, was Gott daraus macht! Fünftausend Männer (darf ich sie „Schafe" nennen?) werden satt, weil ein kleiner Junge seine sichere Versorgung aufgibt und Gottes Liebe durch sich wirken lässt.

Haben Sie immer noch Zweifel daran, dass nicht genug Liebe für alle da sein wird? In *My Neighbor, My Self* („Mein Nachbar und ich") zitiert Elise Chase eine Freundin, die neben ihren eigenen fünf Kindern die zwei Kinder einer Nachbarin für eine Woche bei sich aufnahm. Am Ende der Woche war sie völlig erschöpft. „Ich *wusste* genau, dass Gott mich berufen hatte, auf diese Art zu helfen, deshalb wusste ich auch, er würde mir die Kraftreserven geben, die ich brauchte. So konnte ich wirklich nur Jesus bitten, jeden *durch* mich zu lieben. Und als ich darum gebeten hatte, konnte ich spüren, wie er mir neue Kraft gab."

Ich kann und will vergeben

Jesus gibt uns die klare Anweisung, dass unsere Beziehungen auf einer Haltung der Vergebung basieren sollen. Er setzt für seine Jünger einen hohen Maßstab an: „Denn wenn ihr den Menschen ihre Verfehlungen vergebt, so wird euch euer himmlischer Vater auch vergeben. Wenn ihr aber den Menschen nicht vergebt, so wird euch euer Vater eure Verfehlungen auch nicht vergeben" (Matthäus 6,14–15).

Manchmal reden wir uns selbst ein, dass wir nicht vergeben können. Charles Spurgeon sagte einmal: „Lasst uns nach Golgatha gehen, um zu lernen, wie uns vergeben werden kann. Und dann lasst uns dort verweilen, um zu lernen, wie man vergibt."

Wenn ich lerne, in Gottes Liebe zu mir und in seiner Treue zu leben, kann ich den Groll und die Bitterkeit loslassen und auch die Verletzungen der Vergangenheit – den Schmerz der Verwundungen, die andere mir zugefügt haben. Die Enttäuschungen und Ressentiments fallen von mir ab, wenn ich fähig werde, die Gabe der Liebe Gottes zu verinnerlichen und meine Augen auf Christus zu richten und nicht auf mich selbst. Warum?

Weil ich dann die Wahrheit erfahre, die die Schriftstellerin Marie Stendhal so gut zum Ausdruck brachte: „Fast alle Missgeschicke unseres Lebens kommen von den falschen Vorstellungen, die wir uns von den Dingen machen, die uns passieren."[2] In unserer ichbezogenen Welt können wir uns schnell selbst einreden, dass jeder nur darauf aus ist, uns zu verletzen. Und wenn wir uns selbst als im Mittelpunkt stehend sehen, können wir leicht gekränkt sein, wenn überhaupt keine Kränkung beabsichtigt war.

Wie ich bereits erwähnte, so stammt der folgende Ausspruch von Mark Aurel[3]: „Die wichtigste Sache, die ein Mann wählen kann, ist das, was er denkt." Ich sehe es so: Wir werden zur Inkarnation dessen, was wir denken. Das ist eine ziemlich starke Behauptung, aber ich habe es bewusst provokativ formuliert. Was meine ich mit *Inkarnation*? So vieles im Leben ist wie eine sich selbst erfüllende Prophetie. Das trifft auf viele Bereiche zu, aber ich will mich auf einen beschränken. Nur zu oft verfallen wir in das Denkschema: „Einer tut mir immer Unrecht." Wir hören auf Grund unserer negativen Denkmuster Beleidigungen aus den Worten anderer Menschen, selbst wenn gar keine darin vorkamen. Dabei berufen wir uns auf Gewohnheiten, die wir unser Leben lang aufgebaut, und Lügen, die wir schon viel zu lange geglaubt haben.

Wie ändert man die Gewohnheiten eines ganzen Lebens? Ich mag den Satz von Mark Twain: „Du kannst mit einer falschen Gewohnheit nicht brechen, indem du sie aus dem Fenster wirfst. Du musst sie langsam die Treppe hinuntertragen." Langsam und bestimmt. Etwas aus dem Fenster zu werfen ist einfach. Es ist einen Moment lang anstrengend, aber dann ist es ein für alle Mal erledigt. Gehen erfordert da schon etwas mehr Geduld und Einsatz. Es bedarf des ersten Schrittes, des nächsten Schrittes und so weiter, bis man an der Tür angelangt ist.

Ich kann das Buch „Lügen, die wir glauben" von Dr. Chris Thurman[4] nur wärmstens empfehlen. Er schlägt eine sehr praktische Methode vor, wie wir die Lügen entlarven können, die wir über uns selbst und andere glauben.

Stellen Sie sich eine typische Szene vor: Letzte Woche wollte ich mir die Haare schneiden lassen. Bei meinem letzten Frisörtermin konnte mein Frisör mich schon nicht mehr drannehmen, weil man ihm zu viele Termine aufgeladen hatte. Deshalb war ich dieses Mal sehr darauf bedacht gewesen, dass man mich richtig in den Terminplaner eintrug. Doch auch diesmal kam etwas dazwischen. Eine Angestellte rief mich zu Hause an und teilte mir mit: „Es tut mir Leid, aber Mark kann Ihre Haare heute nicht machen. Er muss dringend weg, um für eine Videoaufnahme Haare zu stylen."

Lassen Sie mich den Empfang dieser Nachricht das Ereignis A nennen. Dieses wird schnell von B – dem, was sich in meinem Kopf abspielt – abgelöst. Ich sage beispielsweise zu mir selbst: *Ich kann nicht glauben, dass sie das schon wieder mit mir machen! Was denken sich diese Leute? Wohl noch nie etwas von Servicebewusstsein gehört! Das verdirbt mir die ganze Woche! Warum passiert immer nur mir so etwas?* Auf mein

Selbstgespräch folgt dann C – eine emotionale Reaktion wie Frustration, Ärger, Wut.

Wie können wir diesen wenig hilfreichen Kreislauf durchbrechen? Wir leben in einer Welt, in der es überall ‚menschelt‘, und solche Dinge passieren nun einmal, aber wir dürfen uns nicht von jeder unbeabsichtigten (oder auch beabsichtigten) Kränkung aus der Bahn werfen lassen. Wir können stattdessen Reaktionsmuster D und E wählen. D sagt: *Versuch ein wahrheitsgemäßes Selbstgespräch.* Im Falle meines Frisörs hieße das, ich könnte zu mir selbst sagen: *Das kommt mir ungelegen, aber es ist kein Weltuntergang. Ich muss meine Haare nicht diese Woche schneiden lassen. Ich kann mich über meine Frisur freuen, so wie sie ist! Oder vielleicht muss ich mir einen neuen Frisör suchen, wenn Mark anscheinend zu beschäftigt ist.* Ich muss das Ganze nicht als persönlichen Affront werten. In diesem Fall wäre meine angemessene emotionale Reaktion (E) Enttäuschung, aber nicht Wut oder Selbstmitleid.

Schreiben Sie einmal ein paar Szenen auf, die typisch für Sie sein könnten: vielleicht ein Konflikt mit Ihrem Mann oder einer Kollegin. Wenn Sie einmal auf eine Situation mit Ärger oder Wut reagiert haben, warten Sie, bis sich die Wogen geglättet haben, und schreiben Sie dann auf, was passiert ist, was Ihnen durch den Kopf gegangen ist und wie Sie sich gefühlt haben. Schreiben Sie danach auf, wie Sie hätten besser oder angemessener reagieren können.

Wir haben uns zu entscheiden, ob wir in unserem Leben immer wieder dieselbe alte Platte abspielen lassen wollen, oder ob wir unsere negative Reaktion durch die Wahrheit ersetzen wollen. Das geschieht nicht von heute auf morgen. Man kann eine eingefleischte Gewohnheit nicht einfach aus dem Fenster werfen, man muss sie Mark Twain zufolge langsam die Treppe hinuntertragen. Wir werden dazu ermahnt, uns durch Erneuerung unseres Sinnes zu ändern: „Paßt euch nicht den Maßstäben dieser Welt an. Laßt euch vielmehr von Gott umwandeln, damit euer ganzes Denken erneuert wird. Dann könnt ihr euch ein sicheres Urteil bilden, welches Verhalten dem Willen Gottes entspricht, und ihr wißt in jedem einzelnen Fall, was gut und gottgefällig und vollkommen ist" (Römer 12,2).

Wenn wir es üben, unsere negativen Denkmuster die Treppe hinunterzutragen, können wir damit viel Ärger vermeiden, der Schuld hervorruft und schließlich Vergebung erfordert. Letztlich gestehen wir anderen unbesehen mehr Gnade zu und haben weniger „Kränkungen" zu vergeben, wenn wir unsere Augen von unserem bemitleidenswerten Ego abwenden.

Aber manchmal sind wir eher davon überzeugt, dass das Problem gar nicht unseres ist. Jemand tut uns Unrecht, und wir fühlen uns niedergeschlagen, enttäuscht und betrogen. Wie aber können wir vergeben, wenn jemand uns zutiefst verletzt hat?

Zuerst müssen wir uns darüber klar werden, dass Vergebung nicht über Nacht geschieht. Wenn die Wunden tief sind, müssen wir uns die Zeit zugestehen, traurig zu sein. Die Sünde eines anderen bricht Gott das Herz, und Gott weiß, dass es auch Ihr Herz bricht. Lassen Sie ihn Ihre anfängliche Bestürzung über die Verletzung heilen.

In einem Artikel der Zeitschrift *Today's Christian Woman* („Die christliche Frau von heute") mit dem Titel *When Forgiveness Seems Impossible* („Wenn Vergebung unmöglich scheint") beleuchtet Patricia Gundry das „Anfangsstadium der Vergebung", wenn „wir dazu neigen, jemanden – uns selbst, die ‚angreifende Partei' oder sogar Gott – zu beschuldigen. Wir müssen uns wegen dieser Schuldzuweisung nicht schlecht fühlen, weil dadurch nur unsere verkehrten Überzeugungen zum Vorschein kommen, dass gute Menschen, die das Richtige zur richtigen Zeit tun, nicht verletzt werden können; dass nur schlechte Menschen es fertig bringen, anderen Schaden zuzufügen, und dass vor allen Dingen Gott nicht hätte zulassen dürfen, dass uns so etwas passiert, weil wir es überhaupt nicht verdient haben.

Was wir jedoch nicht verstehen, ist, dass es vielleicht gerade uns passiert ist, weil wir es *nicht* verdient haben. Hätten wir es verdient, hätten wir es vielleicht kommen sehen und uns in Sicherheit gebracht. Will man das eigene Glaubensgebäude mit der Wirklichkeit in Einklang bringen, kann das bedeuten, dass eben nicht nur die schlecht behandelt werden, die es verdient haben. Wir erwarten kein Unrecht, weil wir gutgläubige, anständige, liebevolle und naive Menschen sind.

Wir wollen nicht wahrhaben, dass die, denen wir vertraut haben, es fertig gebracht haben, uns das Messer heimtückisch in den Rücken zu stoßen. Sind wir schlechte Menschenkenner? Vielleicht sind wir aber auch über uns selbst wütend und enttäuscht, weil wir gewisse Vorahnungen hatten und diese törichterweise von der Hand gewiesen haben. Wenn wir uns selbst aber zugestehen, diese neue Information ohne

146

Eile und Schuld zu verarbeiten, werden uns neue Einsichten kommen und uns dabei helfen, dass unsere Wunden heilen.

Wenn wir verstehen lernen, dass das Böse, Grausame, die Gedankenlosigkeit und Unaufrichtigkeit bei diesen Leuten *nur* ein Teil ihres eigenen Wertesystems ausmachen und nicht ganz *sie* selbst sind, haben wir eine neue Stufe auf unserem Weg zu einer gesunden und echten Vergebung erreicht."

In seinem Buch *The Art of Forgiving* („Die Kunst der Vergebung")[6] legt Lewis Smedes drei Phasen des Vergebens dar. Er knüpft dabei an den letzten Punkt von Patricia Gundry an: *Wir können vergeben, wenn wir die menschliche Seite der kränkenden Partei neu entdecken.*

Wenn wir von jemandem tief verletzt wurden, neigen wir dazu, denjenigen so zu sehen, als *sei* er die Kränkung in Person. Er definiert sich dann für uns über die Tat, die er gegen uns verübt hat. Von unserem Schmerz geblendet, sehen wir nicht mehr die Person als solche.

Wenn ich durch jemanden verletzt werde, versuche ich immer, an andere Aspekte im Leben dieser Person zu denken. Wer ist sie, abgesehen von ihrer beleidigenden Haltung mir gegenüber – ihrer Lüge oder extremen Selbstbezogenheit? Ich halte mir dann diese Person als Kind bestimmter Eltern oder als liebevolles Elternteil vor Augen. Vielleicht ist es ein verletzter Mensch, der nicht weiß, wie er um Hilfe bitten soll.

Einmal rief mich eine Freundin mitten in der Nacht an und bat mich um Hilfe – sie hatte eine Überdosis Tabletten geschluckt. Ich eilte zu ihr und fuhr sie zur Notfallstation. Dort saß ich drei Stunden lang, wartete, betete, schlürfte Kaffee aus dem Automaten, bis ein Arzt herauskam und mit mir sprechen wollte. „Warum haben Sie Ihre Freundin heute Nacht hierher gebracht?", fragte er mich.

Ich wunderte mich über diese seltsame Frage und antwortete: „Weil sie eine Überdosis Tabletten eingenommen hat. Sie konnte sich kaum auf den Beinen halten, als ich zu ihr kam."

„Sie hat überhaupt nichts eingenommen", stellte er sachlich klar. „Sie können sie jetzt nach Hause bringen."

Ich konnte es nicht fassen. Ich war wütend und fühlte mich an der Nase herumgeführt. Wir fuhren also um 5 Uhr früh wieder nach Hause. Es regnete in Strömen. Schweigend saßen wir nebeneinander. Dann fragte ich sie: „Warum? Warum hast du vorgegeben, Tabletten geschluckt zu haben? Warum lügst du in so einer Sache? Ich habe mich wegen dir zu Tode geängstigt."

„Ich dachte, ich bin dir nicht mehr wichtig", erwiderte sie.

Ich brauchte einige Zeit, um meine Wut darüber unter Kontrolle zu bekommen. Ich dachte: *Warum hast du mir nicht einfach gesagt, dass du das Gefühl hast, nicht mehr wichtig für mich zu sein?* Aber als ich etwas Abstand bekam, wurde mir einiges klarer. Meiner Freundin fällt es schwer, sich deutlich auszudrücken. So ist sie nun einmal. Als ich sie mit anderen Augen betrachtete und ihre Schwächen neu sah, konnte ich ihr vergeben.

Wir alle reagieren auf unterschiedliche Art und Weise und brauchen Freiraum und Gnade von anderen. Wenn in mir Groll gegen jemanden hochsteigen will, versuche ich, meine Sicht von dieser Person zu erweitern und offen zu sein für Gott, der mein Herz zur Ruhe bringt.

Vergebung ist eine schwere Lektion, die ich täglich lernen muss. Und ich werde immer weiter dazu herausgefordert, mehr Tiefgang zu bekommen und Gott an mir arbeiten zu lassen.

Smedes umschreibt die zweite Phase der Vergebung damit, dass wir *unser Recht abgeben, Genugtuung zu erlangen.* Etwas ist in der Struktur unserer Seele angelegt, was uns nach Gerechtigkeit schreien lässt. Auf das Recht zu verzichten, „ausgleichende Gerechtigkeit" zu bekommen, ist schwere Arbeit. Es kann gelingen, wenn wir uns ganz Gott anvertrauen und auf jemandes Beleidigung angemessen *reagieren,* ohne die Sache gleich „zurückzuzahlen". Um zu vergeben, müssen wir den Wunsch abgeben, uns als Gott aufspielen zu wollen.

Ein Mitarbeiter hat mich einmal sehr verletzt. Ich fühlte mich belogen und betrogen und wunderte mich über die Hartnäckigkeit, mit der diese Person mich verletzte. Ich war täglich hin und her gerissen zwischen zwei Extremen: Einerseits spürte ich Gottes Aufruf, dem Kerl zu vergeben, andererseits wollte ich ihn leiden sehen. Ja, ich wollte, dass er litt, und ich wollte auch, dass er wusste, dass es wegen der Sache war, die er mir angetan hatte. Ich wusste, dass ich mein Recht aufgeben musste, ihm das heimzuzahlen – aber ich kämpfte dagegen an. „Das ist nicht fair!", meckerte ich immer wieder wie ein bockiges Kind, selbst als Gott mich wiederholt geduldig an seine Gnade zu mir erinnerte.

Smedes kennzeichnet die dritte Phase der Vergebung damit, dass wir beginnen, *unsere Gefühle zu überdenken*. Durch Gottes Gnade konnte ich schließlich anfangen, um Gottes Segen für meinen Mitarbeiter zu beten. Ich erinnere mich an den Tag, an dem mir zu Ohren kam, dass ihm etwas Schlimmes zugestoßen war. Ich fühlte keine Genugtuung, sondern einen starken Schmerz um ihn. An diesem Punkt sah ich ihn als jemanden, der genauso war wie ich, jemand, der dringend der Barmherzigkeit bedurfte. Mein kindischer Wunsch, dass ihm etwas Schlimmes widerfahren sollte, war ersetzt worden durch ein neues Verständnis für ihn. Wir wissen nicht, was hinter den Kulissen des anderen alles abläuft, und wir urteilen oft so leichtfertig auf Grund der wenigen Informationen, über die wir verfügen. Gott sei Dank, dass der, der um alles weiß, uns nur Liebe zeigt!

Dieser frühere Mitarbeiter und ich sind heute nicht die besten Freunde. Aber ich kann sagen, dass ich ihm gegenüber keine Feindseligkeit mehr hege. Diese Gefühle, die mir meine Energie und Freude geraubt hatten, sind verschwunden.

Jemandem zu vergeben heißt nicht notwendigerweise, dass man dieser Person danach blind vertraut. Ich denke da an eine Frau, die kürzlich ihren Mann verließ, weil er sie über mehr als fünf Jahre hinweg immer wieder geschlagen hatte. Er hatte ihr zweimal die Nase gebrochen. Sie musste ihr Kinn nach einem rechten Haken von ihm mit Schrauben zusammenflicken lassen. Schließlich hielt sie es nicht mehr aus und lief davon. Ihr Pastor meinte dann aber allen Ernstes, wenn sie ihm wirklich vergeben hätte, müsse sie zu ihm zurückkehren. Es gab kein Anzeichen dafür, dass der Mann sich geändert hatte. Er hatte keine Therapie wegen seiner Wutausbrüche begonnen oder sonstwie an sich gearbeitet. Und da wurden der armen Frau zusätzlich zu ihren körperlichen Schmerzen und ihren zerschlagenen Träumen noch Schuldgefühle eingeredet! Ja, Vergebung ist notwendig und hilfreich – um ihrer eigenen Seele willen! Aber dieser Frau zu sagen, es sei Gottes Willen, dass sie in diese gefährliche Situation zurückging, war eine Verdrehung der Wahrheit.

Zuweilen sind wir so damit beschäftigt, den christlichen *status quo* aufrechtzuerhalten, dass wir andere mit dieser Last erdrücken. Ich höre da schon die Stimme im Hintergrund, die die Schrift zitiert: „Ich aber sage euch: Verzichtet auf Gegenwehr, wenn euch jemand Böses tut! Mehr noch: Wenn dich jemand auf die rechte Backe schlägt, dann halte auch die linke hin" (Matthäus 5,39). Es ist gefährlich, ein Bibelzitat aus dem Zusammenhang herauszureißen und es so in den luftleeren Raum zu stellen. Wir müssen den Herzschlag Gottes hören lernen! Zum ehelichen Zusammenleben hat er Folgendes zu sagen:

„Ihr Männer müßt euch entsprechend verhalten. Seid rücksichtsvoll zu euren Frauen! Bedenkt, daß sie der schwächere Teil sind. Achtet und ehrt sie; denn sie haben mit euch am ewigen Leben teil, das Gott schenkt. Handelt so, daß nichts euren Gebeten im Weg steht. Euch allen schließlich sage ich: Haltet in derselben Gesinnung zusammen und habt Mitgefühl füreinander! Liebt euch gegenseitig als Brüder und Schwestern! Sei gütig und zuvorkommend zueinander! Vergeltet nicht Böses mit Bösem, und gebt Beleidigungen nicht zurück! Im Gegenteil, segnet eure Beleidiger, denn Gott hat euch dazu berufen, seinen Segen zu empfangen" (1. Petrus 3,7–9).

Wenn ich den Abschnitt über die Ehe so lese, wird mein Verständnis von Gottes Absichten klarer. Wir sollen keine Rachegefühle hegen, und wenn uns jemand „schlägt", sollen wir das Böse nicht heimzahlen und nicht versuchen, diese Person im Gegenzug auch zu verletzen. Wir überlassen Gott die Vergeltung. Die Frau, die missbraucht wurde, sollte das auch tun – aber das bedeutet nicht, dass sie sich ihrem Mann wieder aussetzen muss. Sie braucht die „schützenden Flügel" von Gott und seinen Kindern hier auf der Erde. Man darf ihr nicht noch zusätzlich zu ihren Verletzungen schwere Schuldgefühle einreden und sie in eine gefährliche Situation zurücktreiben!

Für diejenigen unter uns, die von einem anderen Menschen gekränkt worden sind, bedeutet das, dass wir unsere Vorstellungen von dem loslassen, was „fair und gerecht" wäre, und die Sache Gott überlassen. „Sprich du in meiner Sache; deine Augen sehen, was recht ist" (Psalm 17,2; Luther).

Durch Gottes Gnade können wir unsere Brillen sauber bekommen und unsere Umgebung mit anderen Augen sehen. Wenn wir einen Blick für die menschlichen Schwächen und Schmerzen derjenigen bekommen, die uns verletzt haben, und darauf verzichten, unbedingt unser „Recht" bekommen zu wollen, schlägt unser Herz in Gottes Takt.

Das ist nicht einfach, und es geht nicht von heute auf morgen. Ich kann der Meinung sein, ich hätte jemandem vergeben, aber schon eine

Kleinigkeit kann eine schmerzliche Erinnerung auslösen und schon bricht eine Flutwelle alter Emotionen über mich herein. Dann beschließe ich, einfach nicht mehr auf diesen Gefühlen herumzureiten. Ich trete meine verletzten Empfindungen nicht mehr breit. Wenn ich merke, dass sie da sind, übergebe ich sie Gott, bevor negative Gedanken sich in mir breit machen und mich belasten können. Ich bitte Gott um Hilfe und lasse all das bewusst los.

Jetzt sagen Sie: „Das hilft vielleicht Ihnen – aber mir nicht. Ich kann nicht vergeben!"? Sitzen Sie mit geballten Fäusten da und warten darauf, dass jemand zurück ins Zimmer gelaufen kommt und sich entschuldigt wie Fräulein Havisham in dem besagten Roman „Große Erwartungen"[7]? Fehlende Vergebungsbereitschaft ist eine Falle, die nur *Sie* allein in Mitleidenschaft zieht. Wenn Sie jemandem etwas nachtragen, sind Sie der Belastete! Deshalb lassen Sie das Vergangene los, öffnen Sie die Jalousien und treten Sie hinaus in die Sonne, so lange sie noch scheint!

Wenn Sie selbst die „Schotten" nicht öffnen können, geben Sie Gott die Gelegenheit dazu. Nehmen Sie sich vor, dass Sie diese Verletzung loslassen und es Gott überlassen wollen, Recht zu üben. In seinem Buch *What's So Amazing about Grace?* (deutscher Titel: „Gnade ist mehr als ein Wort", Brockhaus 1999)[8] schreibt Philip Yancey: „Betrachtet man es ganz genau, so ist die Vergebung ein Akt des Glaubens. Dadurch, dass ich dem anderen vergebe, vertraue ich darauf, dass Gott ein besserer Friedensrichter ist als ich. Dadurch, dass ich vergebe, verzichte ich auf mein Recht, Gleiches mit Gleichem zu vergelten, und überlasse das Thema Gerechtigkeit Gott. Er wird es richten. Ich lasse die Waagschalen zum Ausbalancieren von Gnade und Recht in Gottes Händen."

Der Prophet Habakuk war innerlich hin und her gerissen von der Ungerechtigkeit, die um ihn herum geschah: „Schon so lange, Herr, rufe ich zu dir um Hilfe [. . .] Ich schreie: ‚Gewalt regiert!' und du greifst nicht ein! Warum läßt du mich solches Unrecht erleben? Warum siehst du untätig zu, wie Menschen geschunden werden?" (Habakuk 1,2–3).

Ihm erschien es so, als ob Gott tatenlos zusehen würde. Aber es sah nur so aus – in Wirklichkeit war es ganz anders. „Und der Herr antwortete mir und sagte: [. . .] Was ich da ankündige, wird erst zur vorbestimmten Zeit eintreffen. Die Botschaft spricht vom Ende und täuscht nicht. Wenn das Angekündigte sich verzögert, dann warte darauf; es wird bestimmt eintreffen und nicht ausbleiben" (Habakuk 2,2–3).

Was war die Wahrheit? Erstens, niemand kommt mit irgendetwas Falschem einfach so davon. Zweitens, Gott tut immer etwas. Gott ist ständig am Werk. Während er in anderen arbeitet, gestatten Sie ihm, in Ihnen zu arbeiten und Ihnen wieder Freude zu geben, indem Sie Ihre Bitterkeit aufgeben. Stephen Mitchell kommentiert die Vergebung, die Josef seinen Brüdern anbot, folgendermaßen: „(Vergebung) ist das erwachsene Gegenstück zu dem unbewussten Kindheitsglück, mit dem alle Menschen beginnen. Sie ist ein Sabbat des Herzens."

Ich kann Frieden stiften

2. Korinther 5,17–21 ist ein wunderschöner Abschnitt, in dem es um unsere Versöhnung mit Gott durch Jesus Christus geht. In gewissem Sinne ist es eine Zusammenfassung dieses Buches, die uns über uns selbst hinausweist und auf den Auftrag schauen lässt, die Gute Nachricht an andere weiterzugeben:

„Wenn also ein Mensch zu Christus gehört, ist er schon eine neue Schöpfung. Was er früher war, ist vorbei; etwas ganz Neues hat begonnen. Das alles aber kommt von Gott. Obwohl ich sein Feind war, hat er sich durch Christus mit mir ausgesöhnt und mir den Auftrag gegeben, seine Versöhnungsbotschaft zu verbreiten. So lautet diese Botschaft: In Christus hat Gott selbst gehandelt und hat die Menschen mit sich versöhnt. Er hat ihnen ihre Verfehlungen vergeben und rechnet sie nicht an. Diese Versöhnungsbotschaft läßt er unter uns verkünden. Uns Aposteln hat Christus den Auftrag und die Vollmacht gegeben, diese Botschaft überall bekannt zu machen. Ja, Gott selbst ist es, der durch uns Menschen ruft. So bitten wir im Auftrag von Christus: ‚Bleibt nicht Gottes Feinde! Nehmt die Versöhnung an, die Gott euch anbietet!' Gott hat Christus, der ohne Sünde war, an unserer Stelle als Sünder verurteilt, damit wir durch ihn vor Gott als gerecht bestehen können."

Was auch unser spezieller Dienst als Christen sein mag, wir sind zu einem „Amt der Versöhnung" als „Botschafter Christi" berufen, ähnlich wie Diplomaten. Wir stellen nicht uns selbst dar oder unser eigenes Programm – wir predigen die Person Jesus Christus. Und wenn wir ihn verkünden, müssen wir das in Demut tun. Der Heilige Augustinus prägte den Ausspruch: „Sollte man mich fragen, was die erste Sache in der Religion ist, so müsste ich antworten, dass die erste, zweite und dritte Sache darin die Demut ist."

Ja, einige Leute haben Aufgaben, die sich mehr in der Öffentlichkeit abspielen als andere, aber ich selbst stand oft genug im Rampenlicht und mir ist dabei klar geworden, dass Sheila Walsh nie die Gute Nachricht gewesen ist und auch nie sein wird: Jesus allein ist es! Was für eine Erleichterung!

Ich glaube, Jeremia hat das auch verstanden. Er sprach im Auftrag des Herrn, und doch sagte er auch zu Gott: „Wenn du zu mir sprachst, habe ich jedes Wort verschlungen. Deine Worte haben mein Herz mit Glück und Freude erfüllt, denn ich bin doch dein Eigentum, Herr; du Gott der ganzen Welt" (Jeremia 15,16).

Er wusste, zu wem er gehörte und wen er vertrat und in diesem Wissen kam sein Herz zur Ruhe.

In seinem Buch *New Seeds of Contemplation* („Neue Keime der Besinnung") schrieb Thomas Merton: „Die Demut birgt in sich selbst die Antwort auf all die großen Probleme des Seelenlebens." Das ist eine starke Aussage! Er spricht von „der unruhigen Welt derer, die für sich selbst leben."

1992 druckte die Zeitschrift *Discipleship Journal* („Jüngerschaft") eine bewegende Geschichte („Ein Auftritt oder ein Akt der Liebe?") von John Powell ab. Dieser war ausgesprochen nervös, als er eine Rede halten sollte. Als es Zeit war, betete er und bat Gott darum, seine Nervosität wegzunehmen. Gott antwortete scheinbar nicht. Powell betete inständiger. Und *dann* begann er zu hören. In seinem Geist vernahm er Gottes Antwort: „Du bereitest dich darauf vor, einen Vortrag zu halten [. . .], und dein [Publikum] wird schon wissen, wie gut du bist [. . .]. Ich möchte keinen Auftritt, keine großartige Vorstellung; ich möchte einen Akt der Liebe."

Erst danach verschwand Powells Ängstlichkeit. Als er die anderen als verletzte Menschen wahrnahm, die Gottes Liebe brauchten, begann er bewusst seinen Dienst der Versöhnung und ließ Gottes Liebe durch sich hindurchscheinen.

Ich glaube, ich werde nie den Tag vergessen, an dem eine Freundin mich anrief. Aus ihrem Tonfall konnte ich schließen, dass etwas mit ihr nicht stimmen musste. Es dauerte nicht lange, bis sie mir ihr Leid klagte: „Ich glaube, ich habe AIDS."

Ich hörte zu, versuchte, mir aus allem einen Reim zu machen. Ich kannte sie noch als kleines Mädchen in der Kirche und dann später als junge Frau, deren größte Sorge es war, eine neue Arbeitsstelle zu finden. Ich versuchte, die neue Information wie ein Puzzleteil in dieses Bild von ihr einzufügen. Es wollte nicht passen. Ich hatte so viele Fragen, aber ich wusste, diese mussten erst mal warten. „Kannst du ein paar Tage zu mir kommen?", fragte ich sie.

„Ich kann gegen fünf bei dir sein."

Als ich zum Flughafen fuhr, um sie abzuholen, kreisten meine Gedanken unentwegt um sie: *Was ist mit ihr geschehen? Ist sie wirklich krank? Warum denkt sie, sie hätte sich infiziert? Hat sie von jemandem einen Anruf erhalten, mit dem sie intim gewesen war? Wie lange hat sie noch zu leben? Wenn ich an ihrer Stelle wäre, was würde ich von einer Freundin erwarten? Was soll ich bloß sagen und tun?*

Für den Anfang umarmten wir uns lange und herzlich. Wir fuhren dann noch eine Weile in der Gegend herum. Dabei sprachen wir über alle möglichen Erlebnisse und vermieden es tunlichst, das eigentliche Thema anzusprechen, so als ob es dadurch verschwinden würde. Wir tranken in einem schicken neuen Café einen Cappuccino und fuhren schließlich zu mir nach Hause. Wir sprachen nicht viel miteinander und es war auch schon Schlafenszeit. Ich machte ihr einen Kakao und zeigte ihr das Gästezimmer. „Ich hab' dich lieb", sagte ich zu ihr, als ich das Zimmer verließ.

„Deshalb bin ich ja hier", erwiderte sie nur.

Ich bekam in dieser Nacht kaum ein Auge zu. Ich fühlte so sehr mit ihr und ich betete, dass sie spüren würde, dass ich sie kein bisschen verurteilte. Selbst am Boden zerstört zu sein kann einem die Augen öffnen. Es liegt so eine Freiheit und Freude darin, wenn man Menschen nicht beurteilen oder erziehen muss, sondern sie einfach lieben kann. Ich hatte nicht den leisesten Schimmer davon, was die nächsten Tage oder Monate für meine Freundin bringen würden, aber ich wusste, dass wir das zusammen durchstehen würden.

Am nächsten Morgen machte ich eine Klinik ausfindig, in der sie einen Bluttest machen lassen konnte. Wir fuhren zusammen hin; die

Klinik lag in einem übeln Viertel und hatte einen eindeutigen Ruf. Ich fragte mich, wie viele gebeugte Gestalten jeden Tag die Last der Welt diesen düsteren Flur entlangschleppten.

Wir saßen im Wartezimmer, bis die Nummer meiner Freundin aufgerufen wurde. Alle Anwesenden blickten unter sich und niemand sprach auch nur ein Wort. Das Neonlicht schien grell und missbilligend auf uns herab. „Nummer 42!" Wir waren an der Reihe.

„Kann meine Freundin mit hereinkommen?", fragte meine Freundin.

„Ja, das geht."

Wir saßen vor einem kleinen Schreibtisch aus Holz, der so aussah, als hätte man ihm aus einem alten Klassenzimmer ausrangiert. Der Fremde auf der anderen Seite stellte sehr intime Fragen, die meine Freundin tapfer beantwortete, ohne ihm in die Augen zu blicken.

Es kam mir alles so surreal vor. Unsere Freundschaft hatte uns sonst immer in geschäftige Cafés geführt, wo wir Kaffee tranken und zusammen lachten. Nun saßen wir hier in einem verrufenen Stadtviertel in einem schäbigen Raum, in dem meine Freundin beim Verhör durch einen Fremden ihre intimsten Erfahrungen preisgeben musste.

Ein paar Tage später musste sie wieder nach Hause zurückkehren. Da sie ihre Testergebnisse noch nicht erhalten hatte, unterschrieb sie für mich eine Vollmacht, damit ich die Unterlagen abholen konnte. Es war eine komische Verantwortung. Was, wenn mich jemand erkannte und sich etwas Falsches zusammenreimte? Aber ich war ihre Freundin.

In dem Buch *The Equipping Pastor* („Der zurüstende Pastor") von Paul Stevens und Phil Collins wird ein interessanter Gedankengang zum Alten Testament vorgestellt: Der *Shaliach* war ein Bote, der von einem bedeutenden König zu einem untergebenen Vasallenkönig geschickt wurde. Der *Shaliach* hatte keine Macht und auch selten einen eigenen Namen. Er kam an und überbrachte die Kunde des Königs. Wenn er mit Achtung empfangen wurde, bedeutete dies, dass auch der große König mit Ehrerbietung empfangen würde. Wenn er aus der Stadt getrieben wurde, wertete man dies als Angriff gegen den König – nicht gegen den *Shaliach* selbst. Stevens und Collins schreiben: „So geschieht es denen, die als Christi Botschafter ihren Dienst versehen. Sie können in Ehren aufgenommen oder davongejagt werden. Es spielt wirklich keine Rolle. Sie dienen Gott und ihr Dienst hängt nicht von der Akzeptanz derjenigen ab, zu denen sie gesandt sind."

Für mich heißt das, dass wir als Botschafter Christi frei sind, andere zu lieben, und dass wir das Ergebnis unserer Bemühungen getrost Gott überlassen können. Ich denke an eine unverheiratete Freundin von mir. Es belastete sie sehr, dass sie nach dem Gottesdienst immer allein dastand. Sie kehrte jede Woche enttäuscht und allein zu ihrer Wohnung zurück. Ihre Isolation und daraus folgende Bitterkeit verdarb ihr ihre Lebensfreude.

Dann sah sie ein Interview, das ich mit Madeleine L'Engle durchführte. Die Autorin sagte dabei, dass sie sonntags morgens vor dem Gottesdienst oft eine große Kasserolle in den Ofen schieben würde. Dann würde sie sich in der Kirche umsehen, wer alleine da war. Vielleicht traf sie auch ein paar Freunde, die sie schon eine Zeit lang nicht mehr gesehen hätte. Sie lud sie alle zum Mittagessen in ihr Haus ein. Diese spontanen Augenblicke hätten schon eine Menge Freude bereitet und jede Menge Lachen in ihr Haus gebracht, berichtete Madeleine L'Engle.

Als meine Freundin von dieser Gewohnheit hörte, beschloss sie, das auch einmal auszuprobieren. Ein einziges Mal! Natürlich hatte sie Angst davor. „Im Fernsehen klingt immer alles besser", meinte sie. *Was, wenn niemand kommt? Was, wenn sie lieber die Wäsche aufhängen oder sich die Haare waschen, als mit mir zu Mittag zu essen?* „Ich hatte auch Angst, dass die Konversation an meinem kleinen Tisch schnell in sich zusammenfallen würde wie ein Soufflé, das man zu früh aus dem Ofen nimmt. Aber ich ging trotzdem das Wagnis ein."

Aus einmal wurden zweimal, und nun ist die sonntägliche Einladung bei ihr zur Gewohnheit geworden – und ihr Tisch zum Mittelpunkt der Freude und Labsal für viele Leute, die nicht wirklich vorhatten, am Sonntagnachmittag ihre Wäsche aufzuhängen.

Was, wenn es nicht funktioniert hätte? Wenn Sie ein Botschafter Christi, ein *Shaliach*, sind, ist die Reaktion auf Ihre Bemühungen nichts, was Sie persönlich nehmen sollten. Sie sind frei, die Liebe Christi mit anderen zu teilen – einfach um seinetwillen, um der Freude willen, die vor Ihnen liegt.

Ich kenne Sie nicht, aber ich habe in meinem Leben zu viel Zeit damit verbracht, meine Wirkung auf andere Leute zu hinterfragen. Aber wenn wir uns in unserer Haut wohl fühlen, wenn wir in Frieden damit leben, wer wir sind, gehen wir mit offenen Augen und Ohren durch das Leben. Es fiel mir immer sehr schwer, Kritik zu ertragen. Ich sah es als Zurückweisung meiner ganzen Person und nicht als Ablehnung von etwas, was ich tat. Als ich diese Sache endlich angegangen und in der Erkenntnis gewachsen bin, dass Gott mich akzeptiert, wie ich bin, wurde ich innerlich frei und musste die Zäune, die ich vor lauter Angst um mich herum errichtet hatte, nicht aufrecht erhalten.

Und das ist auch gut so! Diese Art von Leben ist zu anstrengend. Als Botschafter an Christi statt sind wir vor Gott und vor anderen für unsere Taten verantwortlich. Wir sollen Friedensstifter sein. Wir sind jedoch nicht für die Taten und Reaktionen anderer und für deren emotionales Wohlbefinden zuständig.

Manchmal bedeutet das, dass Leute unseren Freundeskreis verlassen werden. Manchmal ist ein Abschied unvermeidlich, weil man sich einfach in entgegengesetzte Richtungen bewegt.

Vor ein paar Jahren lernte ich diesbezüglich eine bittere Lektion. Eine Freundin von mir kämpfte mit einer Leidenschaft, die sie von Gott wegzog. Ich war entschlossen, sie nicht im Stich zu lassen und hielt das auch lange Zeit durch. Problematisch wurde es für mich erst, als sie mich in die Sache mit hineinziehen wollte. Wir setzten uns zusammen und ich sagte ihr, dass ich sie gern mochte, aber dass ich diesen Weg nicht einschlagen würde. Zuerst dachte ich, ich könnte an unserer Freundschaft festhalten und meinen Weg gerade weitergehen. Aber es kam anders. Ich war frustriert über meine Unfähigkeit, sie mit mir zu ziehen. Wie arrogant zu meinen, ich wäre stark genug, jemanden anderen dazu bewegen zu können, seine Wege zu ändern. Selbst Jesus ließ die Leute ihre eigenen Entscheidungen treffen.

Mehrmals saß ich mit meiner Freundin zusammen, um ihr ins Gewissen zu reden. Ich sagte ihr, dass ich sie gern hatte, dass ich aber wüsste, wo mein Weg hinging, und dass es keinen anderen Weg nach Hause gäbe. Sie rief mich danach nie wieder an. Wenn Gott in seiner Gnade eines Tages das Herz meiner Freundin berührt, ändert sich das vielleicht. Ich hoffe es jedenfalls und bete darum. Ich werde für sie da sein.

Ich habe lange gebraucht, um das zu verarbeiten. Habe ich meine Freundin verlassen? Hat sie mich im Stich gelassen? Ich wäre keine wirkliche Freundin, wenn ich tatenlos zusehen würde, wie jemand anders auf einen Abgrund zugeht. Aber ich konnte die Anziehungskraft der Sünde im Leben meiner Freundin nicht bekämpfen. Ich hoffe und bete aber weiterhin für sie.

Ich habe mehrmals schon auf einen wichtigen Abschnitt in Hebräer 12 (Luther) hingewiesen, der mit der Aufforderung „lasst uns" beginnt, sich dann auf die Freude und Schande bezieht und schließlich bei der Herrlichkeit endet: „Lasst uns ablegen alles, was uns beschwert. [. . .] Lasst uns aufsehen zu Jesus, dem Anfänger und Vollender des Glaubens, der, obwohl er hätte Freude haben können, das Kreuz erduldete und die Schande gering achtete und sich gesetzt hat zur Rechten des Thrones Gottes" (Verse 1 und 2). „Weil große Freude auf ihn wartete" – so heißt es in einer anderen Übersetzung[9] – und aus Liebe erduldete er die Anfeindung. Der Verfasser des Hebräerbriefes wendet sich direkt an den Leser: „Denkt daran, welche Anfeindung er von den sündigen Menschen erdulden mußte! Das wird euch helfen, mutig zu bleiben und nicht aufzugeben" (Vers 3).

Schauen Sie auf Jesus, leben Sie als sein Botschafter der Versöhnung und erfahren Sie die Wahrheit aus dem Buch der Sprüche: „Wer böse Pläne schmiedet, betrügt sich selbst; wer anderen hilfreichen Rat erteilt, macht sich selber Freude" (Sprüche 12,20).

In Kapitel 2 schrieb ich über die Hindernisse zur Freude wie Enttäuschungen über andere Christen. Mein Rat an Sie? Wenn Sie keine Gemeinde finden können, die die Liebe und Wahrheit Christi beispielhaft vorlebt, dann suchen Sie sich eine, die dem Ziel am nächsten kommt und seien Sie ein Vorbild für die Menschen dort. Wenn Sie nicht die richtige Freundin finden können, dann seien Sie diese Freundin für jemand anderen. Gestehen Sie sich Ihre Enttäuschungen ein, denn wir sind ein Haufen unvollkommener Leute, die andere zwangsläufig enttäuschen. Vergeben Sie und investieren Sie sich selbst in diese Beziehungen. Seien Sie der Mensch, den Sie in anderen zu finden wünschen. Welche Bereicherung werden Sie dann für andere sein!

Es ist unmöglich, andere zu segnen, ohne selbst gesegnet zu werden. Der Prediger John Webster sagte einmal: „Es ist eine der schönsten

Belohnungen im Leben, dass niemand ernsthaft versuchen kann, einem anderen zu helfen, ohne sich selbst dabei zu helfen."

Ich hatte das Vorrecht, mit Christen in Ländern zusammenzutreffen, in denen es noch immer viel kostet, sich öffentlich zu Gott zu stellen. Ich kann mir nicht vorstellen, mit diesen Menschen über Selbstfindung zu sprechen. Sie haben sich selbst und tiefe Lebensfreude in ihrer Liebe zu Gott und ihrem Einsatz füreinander gefunden. Hier im Westen leben wir im Wohlstand und sind doch so arm. Wir haben nicht das Gefühl, dass wir gebraucht werden. Und doch: Sie werden gebraucht! Sie müssen nur den Sprung wagen. Ich mag Charles R. Swindolls[10] Definition von Dienst. Es sind zwei einfache Worte: *„Kreuz auf!"*

Freude dringt nach außen

Es ist etwas dran an der Freude – sie ist eine Art Brot, das Gott vermehren kann wie bei der Speisung der Fünftausend. Wie Jerry Bridges in seinem Buch „Lebensstil: Gottseligkeit" sagt: „Der Zweck der Freude ist es nicht, unser Gefühlsleben zu verbessern (obwohl auch das geschehen wird), sondern Gott zu verherrlichen, indem die Welt erlebt, wie unser liebevoller und treuer Vater für uns sorgt und uns alles Nötige schenkt."[11]

Und echte Freude kann auf eine Art und Weise ein Zeugnis sein, die wir noch nicht einmal erahnen. In dem bereits genannten Buch *The Equipping Pastor* („Der zurüstende Pastor") berichtet Phil Collins von einem Krankenhausbesuch bei einer jungen Frau namens Helen, die sehr schwer an Krebs erkrankt war. Als er ihr anbot, ihr aus der Bibel vorzulesen und für sie zu beten, entgegnete sie: „Nein, danke. Ich habe meine eigene religiöse Überzeugung."

Als Collins jedoch gerade das Krankenzimmer verlassen wollte, nahm ihn Helens ältere Zimmernachbarin zur Seite und sagte zu ihm: „Ich möchte für Sie beten."

Da er ja als Pastor im Dienst war, erwiderte Collins: „Oh, nein, nein. Ich sollte eigentlich für Sie beten."

„Nein, Sie werden heute nicht für mich beten, sondern ich für Sie!"

Drei Wochen später kam er nochmals vorbei, um Helen zu besuchen, die jetzt im Sterben lag. Dieses Mal wollte sie gern, dass er für sie betete, und sie musste dem Pastor unbedingt von ihrem neu gefundenen Glauben erzählen. Diesen hatte sie ihrer Zimmernachbarin zu verdanken, die inzwischen verstorben war. Die alte Frau, so sagte Helen, war so freundlich und liebevoll gewesen. Aber Helen war zutiefst davon beeindruckt, dass diese, sooft sie auch vor Schmerzen schrie, Jesus lobte und ihm dankte.

Hatte diese „Botschafterin Christi" nur die Zähne zusammengebissen und ihre Schmerzen verleugnet? Nein. Sie hat ihre Qualen vor Gott gebracht, der sie unter seine schützenden Flügel nahm.

Helen erzählte weiter: „Ich habe zum Glauben gefunden. Wenn diese Frau, die unter schweren Schmerzen starb, immer noch Gott preisen konnte, dann musste an ihrem Glauben etwas dran sein. Deshalb fragte ich sie danach, und sie erzählte mir alles über Jesus. Ich werde bald auch bei Gott im Himmel sein!"

In seinem Buch *The Parables of the Kingdom* („Die Gleichnisse des Königreichs") gibt Robert Farrar Capon seine Sichtweise des Gleichnisses von Jesus wieder, in dem es heißt: „Die neue Welt Gottes ist mit einem Schatz zu vergleichen, der in einem Acker vergraben war: Ein Mensch fand ihn und deckte ihn schnell wieder zu. In *seiner Freude*[12] verkaufte er alles, was er hatte, und kaufte dafür den Acker mit dem Schatz" (Matthäus 13,44).

Das Königreich Gottes steht natürlich nicht zum Verkauf. Darum geht es hier nicht. Es geht hier vielmehr darum, dass es sich um einen unfassbar wertvollen Schatz handelt. Capon spricht davon, dass der Kauf des Feldes „für nichts weniger als die ekstatische Freude an einem äußerst kostbaren Geheimnis steht, das zum halben Preis nicht zu haben gewesen wäre."

Capon legt nahe, dass die Gemeinde das Feld „besitzt", in dem der Schatz verborgen ist, und wir Christen wie Grundstücksmakler sind, die sich freuen können und sollen, wenn jemand den Acker entdeckt.

„Wenn eine Frau sich einen 30.000 Mark teuren Nerz kauft oder ein Mann einen nagelneuen Rolls Royce, dann sind sie darüber nicht unglücklich, sie freuen sich an ihrem Kauf. Ebenso der Verkäufer, der den Handel abgeschlossen hat. Es ist *Freude* im Himmel über einen Sünder, der Buße tut. [. . .] Deshalb sollte es der Gemeinde zumindest ein Lächeln entlocken, wenn jemand den ‚Schatz im Acker' kauft, [. . .] denn dieser ‚Kunde' hat den Nerz der Gerechtigkeit angezogen, sich in den Rolls Royce der Erlösung gesetzt und freut sich jetzt über die unglaubliche und wunderbare Schönheit all dessen."

Gott machte mir in einem Sommer in Boston ein großartiges Geschenk. Ich sang anlässlich einer evangelistischen Kampagne, gehörte zum Lobpreis-Team und war eine der Rednerinnen während dieser zweiwöchigen Veranstaltung. Ich hatte schon öfters von jemandem die wunderbaren Worte gehört: „Danke, Sie haben mir geholfen." Aber dieses Dankeschön war anders! Ich stand hinten in der Halle, die Abendveranstaltung ging gerade zu Ende, als ein Pärchen so um die dreißig auf mich zukam. Ich sagte „Hallo!" und streckte ihnen die Hand zum Gruß entgegen. Sie sahen sich beide an, und dann breitete die Frau die Arme aus, fiel mir um den Hals und rief: „Danke, danke, danke!"

Ich war etwas perplex. Es war ein guter Abend gewesen, aber ihre Reaktion schien mir doch tiefer zu gehen.

„Sag du es ihr!", bat die Frau ihren Mann.

Ich sah den Mann gespannt an, als er begann: „Vor zwei Jahren war ich in einer ziemlich schlimmen Situation. Wir hatten finanzielle Probleme und ich hatte meine Arbeit verloren. Es war das reinste Chaos. Ich habe keinen Ausweg mehr gesehen und so beschloss ich, mir das Leben zu nehmen. Ich mietete mich in ein billiges Motel ein; eine Waffe hatte ich dabei. Dann schaltete ich den Fernseher ein, und da waren Sie zu sehen. Ich fand christliches Fernsehen eigentlich total öde, aber Sie sprachen davon, dass Gott mich liebt, ganz egal, wie weit entfernt ich mich von ihm fühlte. Und irgendwie hat mich das angesprochen. Ich hatte ja nichts zu verlieren und so vertraute ich an diesem Abend mein Leben Jesus an."

Mit Tränen in den Augen hörte ich ihm zu. Was für ein Vorrecht! Können Sie sich die Freude im Himmel an diesem Abend vorstellen? Ich kann Ihnen sagen, da war eine Party im Gange!

Diese Begebenheit war eines der schönsten Erlebnisse, die ich je hatte. Gott weiß schon, warum er uns den Missionsauftrag gegeben hat. Es gibt nichts Erfüllenderes, als einem anderen Menschen ein paar Schritte auf seinem Weg hin zu Gott zur Seite zu stehen.

Du liebst mich, Herr. Lehre mich zu lieben.
Du füllst mich, Herr. Lehre mich zu geben.
Du bist meine Freude, meine Mitte, mein Ziel.
Du bist mein Leben, frischer Windhauch des Himmels.
Bring aus mir Antriebskraft hervor,
Brot für die Hungrigen, Leben für die Sterbenden.
Amen.

Schritte zur Freude

1. Bitten Sie den Heiligen Geist, Ihnen jeden Menschen ins Bewusstsein zu bringen, gegen den Sie (bewusst oder unbewusst) Groll hegen. Schreiben Sie die Namen auf. Versuchen Sie diese Leute einmal aus einem anderen Blickwinkel zu sehen. Stellen Sie jeden in den Kontext seines oder ihres übrigen Lebens. Bitten Sie Gott, ihnen seine Sicht dieses Menschen zu geben, den er so sehr liebt wie Sie. Halten Sie sich den Menschen vor Augen, dem Sie am wenigsten vergeben können. Beten Sie einen Monat lang täglich für diese Person, und dann zeichnen Sie ein neues Bild vor Ihrem inneren Auge. Sind die zwei Bilder verschieden? Inwiefern?

2. Schreiben Sie einer Person, der Sie nicht vergeben können, einen Brief. Schütten Sie Ihr Herz aus und bringen Sie Ihren Ärger zu Papier. Diesen Brief schicken Sie aber nie ab. Er ist nur für Sie und Gott bestimmt und soll von keinem anderen gelesen werden. Gott weiß schon, wie Sie sich fühlen und was Ihr Innerstes zerfrisst und zerstört. Schreiben Sie, bis es nichts mehr zu sagen gibt. Dann bringen Sie diesen Brief vor Gott und beten Sie: „Herr, ich bringe dir meine Wut, meinen Ärger und meine fehlende Vergebungsbereitschaft. Ich bitte dich, mir zu vergeben, dass ich daran festhalte. Ich öffne dir mein Herz und möchte die Gnade empfangen, dies alles loszulassen. In Jesu Namen vergebe ich . . . (Name der Person). Danke, Herr, dass du mir vergibst. Ich vertraue dir. Hilf mir, dir noch mehr zu vertrauen. Amen."

3. Finden Sie einen neuen Weg, Ihrer Liebe dort Ausdruck zu verleihen, wo man überhaupt nicht damit rechnet. Vielleicht hatten Sie eine Meinungsverschiedenheit mit einem Familienmitglied oder einer Freundin, und es ist ein hässlicher Misston in Ihrer Beziehung. Tun Sie etwas Schönes für diese Person. Backen Sie ihr einen Kuchen oder kaufen Sie ihr ein Buch oder eine CD, die sie erfreuen wird. Sie werden sehen . . .

4. Öffnen Sie sich einer neuen Gruppe, einer sozialen Einrichtung beispielsweise. Das könnte vielleicht ein Hospiz, ein Kinderkrankenhaus oder ein Gefängnis sein. Wir leben oft so ein behütetes Leben als Christen und horten Gottes Gnade und Güte für uns selbst. Tragen Sie Gottes Liebe nach draußen, dorthin, wo wenig Freude und wenig Mitgefühl herrscht. Als ich an jenem Morgen mit meiner Freundin in dieser schmuddeligen Klinik saß, fühlte ich eine seltsame Verbundenheit mit den vielen Fremden, die sich in dem Raum befanden und vielleicht auf ihr „ Todesurteil" warteten. Jesus ist bei den Zerbrochenen. Es könnte sein, dass er gern etwas Gesellschaft hätte.

5. Manchmal ist es schwer, unsere Eltern zu lieben, wo wir sie am liebsten dafür beschuldigen wollen, dass sie zu unseren negativen, schändlichen Gefühlen beigetragen haben. Wenn das ein Problem für Sie ist, rate ich Ihnen, jetzt einen neuen Anlauf zu nehmen: Verabreden Sie sich noch heute mit Ihrer Mutter. Lassen Sie mich erklären, warum. Wenn Sie eine neue Beziehung eingehen, geben Sie sich ganz hinein. Sie stellen Fragen, weil Sie gerne mehr über diese Person wissen wollen. Sie hören zu, und wenn das gegenseitige Vertrauen wächst, teilen Sie Ihre eigenen Hoffnungen und Träume mit. Denken Sie einmal über Ihre Mutter nach. Bevor Sie zur Welt kamen, hatte sie ihre eigene Geschichte. Aber oft wissen wir wenig über diese junge Frau, ihre Hoffnungen und Träume. Versuchen Sie, mehr über diese Frau in Erfahrung zu bringen und Ihre Mutter auf eine Art kennen zu lernen, die ganz neu für Sie ist. Sagen Sie danke. Schicken Sie ihr Blumen. Schreiben Sie ihr ein paar Zeilen. Laden Sie sie zum Abendessen ein. Kaufen Sie ihr etwas, was sie sich als Kind gewünscht und nie bekommen hat. Rücken Sie etwas näher oder wechseln Sie den Standpunkt. Betrachten Sie sie von einer anderen Seite und ersetzen Sie das alte, eindimensionale Bild von ihr, das Sie bedrückt, durch ein neues, vielschichtigeres.

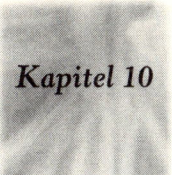

Kapitel 10

Dankbarkeit zieht nach oben

Ja, der Herr hat Großes für uns getan; und wir waren glücklich.

Psalm 126,3

Wo also ein Grund zur Dankbarkeit vorhanden ist, kann man auch immer einen Grund zur Bitterkeit finden.

Henri Nouwen: *Du bist der geliebte Mensch*[1]

Lassen Sie mich auf die Geschichte mit meiner Freundin zurückkommen, die dachte, sie habe AIDS. Wie gesagt hatte sie mich bevollmächtigt, ihre Testergebnisse abzuholen. So fuhr ich also eines Morgens zu der dubiosen Klinik und fand mich wieder in dem Wartezimmer sitzend, bis jemand „unsere" Nummer aufrief. Es lag eine spürbare Spannung in der Luft, da alle im Raum auf ihren „Urteilsspruch" warteten.

Plötzlich kam ein junger Mann durch diese Tür hinausgestürmt. Freude und Erleichterung standen ihm auf dem Gesicht geschrieben. Er musste nichts sagen. Wir wussten alle, dass er eine zweite Chance bekommen hatte. Er rannte beinahe aus der Klinik, so als ob er die Erinnerung an diesen Tag möglichst schnell aus seinem Leben löschen wollte.

Ich lächelte und sprach im Stillen ein Gebet, dass er seine zweite Chance nicht vertun würde.

Bald wurde meine Nummer aufgerufen. Ich ging quasi auf Zehenspitzen in das Büro, als hinge mein Leben am seidenen Faden. „Der Test ist negativ ausgefallen", klärte mich der Mann hinter dem

165

Schreibtisch sachlich auf. „Das Ganze wurde mehrmals durchgeführt. Es liegt also kein Fehler vor."

Nun war ich an der Reihe, wie beflügelt hinauszulaufen und mich auf die Suche nach einem Telefon zu machen. Als ich durch das Wartezimmer hastete, kam der erleichterte junge Mann von vorher gerade noch einmal zur Tür hereingestürzt, ging auf die Rezeptionistin zu, umarmte sie und sagte: „Vielen Dank!"

Die Erinnerung an diese Begebenheit lässt meinen Blick 2.000 Jahre zurückschweifen. Jesus heilte damals zehn leprakranke Männer. „Einer aus der Gruppe kam zurück, als er es merkte. Laut pries er Gott, warf sich vor Jesus nieder, das Gesicht zur Erde, und dankte ihm" (Lukas 17,15–16).

„Vielen Dank!" Nur zwei Worte, die so viel bedeuten können.

„Vielen Dank!" heißt, dass wir die Grenzen unseres eigenen Lebens erkennen.

„Vielen Dank!" heißt, dass wir aufmerksam und mit offenen Augen durchs Leben gehen.

„Vielen Dank!" heißt, dass unser Leben vom Tun eines anderen Menschen innerlich angerührt worden ist und dass wir dies nicht für selbstverständlich halten.

Bewusst dankbar sein

Neulich fuhr ich abends mit einem Kofferraum voller Lebensmittel nach Hause und hörte einer Talkshow im örtlichen Radiosender zu. Ein gewisser Doktor Yusef erzählte die Geschichte eines jungen Mannes, der entschlossen war, den heiligen Mann des Dorfes, bei dem sich jeder Rat holen konnte, bloßzustellen. Der junge Mann hatte einen Vogel in seinen Händen eingefangen und stellte dem alten Mann vor vielen Leuten die Frage: „Ist der Vogel in meiner Hand tot oder lebendig?"

Es war offensichtlich, dass dies eine Fangfrage war. Wenn der alte Mann antwortete, der Vogel sei tot, würde der Junge ihn freilassen und davonfliegen lassen. Wenn der alte Mann sagte, der Vogel wäre lebendig, würde der Junge ihm schnell das Genick brechen und ein lebloses Tier vorzeigen. Der alte Mann blickte ihn einen Moment lang ernst an und sagte dann: „Das kommt auf dich an."

Es kommt auf Sie an. So ist es auch mit der Dankbarkeit.

Die einzige Person auf dieser Welt, über die Sie (mehr oder weniger!) die Kontrolle haben, sind Sie selbst. Sie können nicht über Ihren Mann, Ihre Kinder, Ihren Pastor, Ihre Freunde bestimmen, aber Sie können darüber bestimmen, wie Sie agieren und auf Situationen „reagieren". Ich arbeite ständig daran, diese Wahrheit tief in meinem Herzen und meinem Verhalten zu festigen und zu verankern. Mein Ziel besteht darin, meinen Klammergriff von den Kleinigkeiten zu lösen und lieber Gottes Hand zu nehmen. Dabei ist Dankbarkeit ein Schlüssel, wie in folgendem Beispiel zu sehen ist:

Ich werde leicht ärgerlich, wenn ich den Eindruck habe, dass Barry mir nicht richtig zuhört. Beispielsweise waren wir gerade in einem Hotel und bereiteten uns für den ersten Teil einer „Women of Faith"-Veranstaltung vor. Es war Nachmittag und wir hatten noch nicht zu Mittag gegessen. Barry schlug vor, dass ich duschen und mich fertig machen sollte, während er schnell etwas zu essen besorgte. Ich wollte ein Hähnchen- oder Thunfisch-Sandwich *ohne* Mayonnaise.

„Alles klar?", fragte ich sicherheitshalber noch einmal nach. „Keine Mayonnaise!"

„Alles klar", antwortete er, als er zur Tür hinausging.

Als er zurückkam, nahm ich das Sandwich, und da hatte ich die Bescherung: Mayonnaise – jede Menge Mayonnaise sogar. Barry mampfte unschuldig seinen Burger, als ich das Sandwich vor ihm aufklappte und fragte: „Nach was sieht das hier aus?"

„Für mich sieht's wie ein Hähnchen-Sandwich aus", sagte er lässig.

„Nein, ich meine dieses klebrige gelbliche Zeug darauf", entgegnete ich und stocherte mit einer Gabel in der Mayonnaise herum.

„Sieht für mich wie Mayonnaise aus", flachste er.

„Ich habe dir doch gesagt, dass ich keine Mayonnaise will", gab ich zurück.

„Oh, hast du das?", fragte er. „Tut mir Leid!"

Ich war so müde und sauer, dass ich eine ungebremste Schimpftirade vom Stapel ließ: „Ich finde das wirklich das Allerletzte von dir! Du hörst mir nie zu. Immer kümmerst du dich nur um die Dinge, die dir wichtig sind."

Mindestens eine Stunde herrschte danach eisiges Schweigen zwischen uns, bis ich ihn um Verzeihung bat.

Später am Abend kamen Leute nach meinem Vortrag zu mir an den Büchertisch. Eine Frau in etwa meinem Alter umarmte mich und sagte: „Es ist schön zu sehen, wie sehr Sie und Barry sich lieben. Halten Sie einander immer in Ehren!" Dann ging sie davon – mit Tränen in den Augen.

Ich hörte, wie die nächste Frau in der Schlange leise sagte: „Sie hat letzten Monat ihren Mann verloren."

„Wie bitte?", fragte ich höflich nach.

„Ihr Mann starb erst letzten Monat an einem Herzschlag", fuhr sie fort. „Sie waren gerade zwei Jahre verheiratet."

Als Barry und ich an diesem Abend zum Hotel zurückfuhren, sah ich ihn im fahlen Licht der Straßenlaternen mit anderen Augen an. Ich fragte mich, wie ich mich wohl fühlen würde, wenn ihm unerwartet etwas zustieß und das Letzte, was er von mir zu hören bekommen hatte, eine Schimpfkanonade war – ganz egal, ob mein Ärger berechtigt war oder nicht.

Es stimmt: Barry hört mir nicht, immer ganz genau zu. Aber wenn ich ihn dankbar betrachte, sehe ich einen liebenswerten, zärtlichen und großartigen Mann, der mich sehr liebt und ernsthaft darum bemüht ist, ein besserer Zuhörer zu werden. Er vergibt auch gern und lässt immer wieder Barmherzigkeit walten, wenn ich wieder mal wegen einem Glas Miracel Whip die Beherrschung verliere.

Ob wir Freude verspüren oder nicht, hat unendlich viel damit zu tun, wie wir jeden Moment jedes Tages leben und erleben. Wenn Sie wüssten, dass heute der letzte Tag wäre, den Sie noch mit Ihren Lieben erleben, wie würden Sie ihn gestalten?

Wenn Barry seinen guten Anzug in einem zerknitterten Haufen auf dem Boden liegen lässt, erinnere ich mich daran, dass die Frau am Büchertisch wahrscheinlich alles darum geben würde, wenn ihr Mann überhaupt noch da wäre, um etwas herumliegen zu lassen. Freude hat etwas mit einer bewussten Entscheidung zu tun, die wir jeden Tag treffen, die unwichtigen Dinge loszulassen und sich dankbar an den großen und wichtigen Dingen zu erfreuen.

Dankbarkeit kann Unzufriedenheit umwandeln, uns nach oben ziehen und uns aus unserer Selbstbezogenheit herausholen – auf den Weg zur Freude. Das ist so sicher, wie die Schwerkraft uns physikalisch gesehen nach unten zieht.

Dankbarkeit schützt

Ruth, die Frau von Billy Graham, ist für mich ein Vorbild im Glauben. Eines Abends saßen wir zusammen vor ihrem offenen Kamin. Es war ein wunderbarer Abend. Wir sprachen lange über Bücher, die wir mochten, und Schriftsteller, die wir bewunderten. Nachher lag ich noch eine Zeit lang wach und ließ unser Gespräch Revue passieren.

„Ich habe diesen Teil des Verses beinahe übersehen", hatte sie gesagt. „Aber er ist der Schlüssel!"

Ich griff hinüber zu meiner Bibel auf dem Nachttisch und schlug Philipper 4,6–7 nach: „Macht euch keine Sorgen, sondern wendet euch in jeder Lage an Gott und bringt eure Bitten vor ihn. Tut es mit Dank für das, was er euch geschenkt hat. Dann wird der Frieden Gottes, der alles menschliche Begreifen weit übersteigt, euer Denken und Wollen im Guten bewahren, geborgen in der Gemeinschaft mit Jesus Christus."

Was hatte sie „fast übersehen"? Den Teil mit dem Danken: Da heißt es doch „tut es mit Dank"!

Ruth hatte mir von den Schwierigkeiten mit ihrem Sohn Franklin – dem schwarzen Schaf der Familie – berichtet. Sie erzählte mir von den vielen Abenden, an denen sie neben ihrem Bett auf die Knie ging und im Gebet für ihren Sohn einstand. Ihr Mutterherz blutete. Sie flehte Gott an, ihren Sohn „in Gewahrsam zu nehmen" und zu ihm zu reden. Die ständigen Sorgen um ihn lasteten schwer auf ihrer Seele. Dann, eines Abends, las sie noch einmal die Worte im Philipperbrief. Dieses Mal konnte sie den Text mit neuen Augen sehen: „mit Dank"! Das hatte bei ihren Gebeten gefehlt. Wann immer sie von diesem Abend an für Franklin betete, tat sie es mit einem dankbaren Herzen – sie dankte Gott für Franklins Leben, für Gottes Treue zu ihr und dafür, dass er in allem einen Plan verfolgte.

Das veränderte alles. Die Last hob sich von ihr und sie bekam neue Zuversicht. Ihre Perspektive änderte sich von dem, was vordergründig ablief, hin zu dem, der hinter den Kulissen wirkt. So bekam der Frieden Gottes Raum, in ihrem Herzen zu wirken.

In seinem Buch *The Trauma of Transparency*[2] („Angst vor der Transparenz") schreibt J. Grant Howard: „Die Möglichkeit, [Gott] alles sagen zu können, bewegt uns dazu, alle negativen Dinge in unserem Leben auf ihn abzuladen. Er will das, aber er möchte, dass wir auch die positiven Dinge wahrnehmen. Danksagung, Anbetung und Lobpreis sind an sich positiv. Sie bringen uns dazu, uns auf Gott zu konzentrieren – darauf, wer er ist, was er getan hat, was er gerade tut und was er noch tun kann und wird. Das hilft uns, der unausweichlichen Tendenz zu widerstehen, uns nur um uns selber zu drehen."

Heute, als Mittvierziger, ist Franklin Graham der Präsident einer christlichen Hilfsorganisation namens „Samaritan's Purse" („Der Geldbeutel des Samariters"), die den Ärmsten der Armen finanzielle Hilfe und Hoffnung bringt. Ab und zu arbeite ich mit ihm zusammen. Ich sehe jemanden, den Gott zu einem bemerkenswerten Mann gemacht hat und der Gottes Liebe und Barmherzigkeit einer zerschundenen und skeptischen Welt weitergibt.

Dankbarkeit ist der Schlüssel.

Nur ein paar Verse weiter nach dem Abschnitt, der für Ruth so wichtig wurde, schreibt Paulus: „Ich kann Not leiden, ich kann im Wohlstand leben; mit jeder Lage bin ich vertraut. Ich kenne Sattsein und Hungern, ich kenne Mangel und Überfluß" (Philipper 4,12). Das ursprüngliche griechische Wort hier im Text für „vertraut" sein bedeutet auch „befriedigt" oder „zufrieden" sein. Paulus wollte damit sagen: „Ich weiß jetzt, dass es genug ist, dass das alles ist, was ich brauche." (Es ist das gleiche Wort, das in 2. Korinther 12,9 von Luther mit „genügen" übersetzt wurde: „Lass dir an meiner [Gottes] Gnade genügen.")

Zufrieden sein – Paulus hatte es *gelernt*. Es kam anscheinend nicht „von selbst". Wie Mayo Mathers es in einem Artikel in der Zeitschrift *Today's Christian Woman* („Die christliche Frau von heute") ausdrückt: „Göttliche Zufriedenheit kann gelernt werden. Es kommt nur darauf an, auf was ich mich innerlich konzentriere: auf das, was Gott *nicht* getan hat, oder auf das, *was* er getan hat."

Gott dankbar sein

An manchen Tagen mag unser Dank so klingen wie eine abgedroschene Phrase – ein Dankeschön, das wir weniger aus einem echten Gefühl heraus sagen, sondern mehr, weil man das eben so macht. Aber ich glaube, dass es das Echteste ist, was wir überhaupt sagen können. Und zwar einfach, weil es Gott ist, dem wir danken. Wir werden nicht dazu aufgefordert, die Ersparnisse unseres ganzen Lebens auf ein Pferd mit nur drei Beinen zu setzen, das zwar die Ziellinie sehen kann, aber körperlich nicht dazu in der Lage ist, diese auch zu erreichen. Wir sprechen hier über Gott! Der große und gute ICH BIN.

Eine meiner unverheirateten Freundinnen, Katie, hat gelernt, Gott für das zu danken, was er in ihrem Leben bereits getan *hat* – und mit einem Augenzwinkern erzählt sie: „Ich liebe Gott, weil er nicht mit den Jungs zu vergleichen ist, mit denen ich mich verabrede! Er läuft mir nach. Er hält die Verbindung zu mir aufrecht und ist immer für mich da. Er kümmert sich um mich. Er hält Wort. Er erwidert alle meine Anrufe! Ich muss mich nicht abzappeln, um seine Aufmerksamkeit zu erregen."

Sie erzählt weiter: „Bei Gott habe ich endlich die Freude gefunden, zu jemandem zu gehören. Ich fühle mich gehalten. Manchmal schmerzt es immer noch, weil ich gerne Kinder hätte und gern von jemandem in Cowboy-Stiefeln und Jeans geküsst werden würde, aber ich bin eigentlich meistens mit meinem Leben zufrieden."

Ich erzählte Katie von einem Interview mit einer Frau namens Helene Ashker, in dem es um das Thema Zufriedenheit ging. Helene Ashker berichtete von einem Seminar, bei dem die Teilnehmer dazu aufgefordert wurden, Gott für eine Sache in ihrem Leben zu danken, die sie hassten. Für Helene war das ihr Ledigsein: „Gott für mein Single-Dasein zu danken war zuerst eine total absurde Idee für mich." Aber sie fing an, dafür zu danken: „Es war ungefähr ein Jahr später, als es mir dämmerte, dass der Schmerz darüber, immer noch solo zu sein, verschwunden war."

Auch meine Freundin Claire, eine Frau in den Fünfzigern, die seit einigen Jahren verwitwet ist, bestätigt dies: „Nach Monaten der Trauer und der Tränen und der Wut auf Gott bekam ich einen neuen Draht zu ihm. Als junge Frau hatte ich eine echte, lebendige Beziehung zu Jesus, aber als ich Sam kennen lernte, konzentrierte ich meine ganze Liebe auf ihn. Ich lehnte mich an Sams Schulter an. Ich fragte ihn um Rat, wenn ich nicht mehr weiterwusste. Das war natürlich nicht verkehrt, aber er hat auch in vieler Hinsicht den Platz bei mir eingenommen, der Jesus zustand. Als er starb, verlor ich allen Halt. Jetzt, wo ich mein Gleichgewicht wiedergefunden habe, schätze ich das Leben ganz neu und bin dankbar für jeden Augenblick. Ich habe ein dankbares Herz und glaube, das macht für mich Zufriedenheit aus. Ich würde gerne wieder heiraten, aber wenn es nicht dazu kommt, werde ich trotzdem nicht unglücklich sein."

Natürlich hätte sie sich diesen Zustand nicht ausgesucht. „Nein, ich wäre der glücklichste Mensch der Welt, wenn mein Mann noch leben würde!", sagt sie und Tränen steigen ihr in die Augen. „Aber in der größten Verzweiflung meines Lebens, als ich am Boden lag, wuchs über mir ein Baum und schützte mich und ermöglichte es mir zu überleben."

Reine Freude?

In einem früheren Kapitel schrieb ich, wie ich Jakobus 1,5 als Gebetsanleitung entdeckte: „Wenn aber jemand von euch nicht weiß, was er in einem bestimmten Fall tun muß, soll er Gott um Weisheit bitten, und Gott wird sie ihm geben."

Seitdem bete ich so ziemlich jeden Tag um Weisheit: „Zeig mir, was ich tun soll, und ich werde es von ganzem Herzen tun [. . .]. Wenn du eine Tür verschließt – auch wenn es eine Tür ist, von der ich mir wünsche, dass sie sich öffnet –, will ich dir dankbar gehorchen."

Ich lebe mit diesem Gebet. Vor kurzem hatte ich ein meiner Meinung nach sehr wichtiges Geschäftsessen. Ich wollte, dass der Mann, mit dem ich mich traf, als mein Vertreter unser Geschäftsbüro leiten sollte. Wir brauchten dringend eine solche Kraft.

Als ich zu der Verabredung fuhr, betete ich mein Gebet um Weisheit. Beim Essen offenbarte der Mann mir dann, dass er denke, es sei der falsche Zeitpunkt für ihn, mit meinem Mann und mir eine geschäftliche Verbindung einzugehen.

Auf der Rückfahrt hatte ich das deutliche Gefühl, dass mein himmlischer Vater zu mir sagte: „Das ist nicht das Beste für dich." Und ich sagte: „Vielen Dank!" Er wird schon seine Gründe haben, warum er diese Tür verschlossen hat. Selbst wenn es für mich keinen Sinn ergibt, lerne ich bei solchen Gelegenheiten, Gott zu vertrauen.

Aber manchmal muss ich zugeben, dass Gottes Plan schwer einzusehen ist und es sehr schwer fällt, dafür dankbar zu sein. Jakobus muss das erkannt haben, da der Bitte um Weisheit eine Beschreibung der Schwierigkeiten im Zusammenhang mit der „reinen Freude" vorangeht:

„Meine Brüder und Schwestern, nehmt es als Grund zur Freude, wenn ihr in vielfältiger Weise auf die Probe gestellt werdet. Denn ihr wißt: wenn euer Glaube erprobt wird, führt euch das zur Standhaftigkeit; die Standhaftigkeit aber soll zum Tun des Rechten und Guten führen, damit ihr in jeder Hinsicht untadelig seid und euch zur Vollkommenheit nichts mehr fehlt" (Jakobus 1,2–4).

Um was geht es denn nun? Bewährungsproben? Geduld? Reine Freude?

Es ist eine „lautere Freude", die sich auf das „gute Werk" freut, von dem Paulus auch spricht: „Ich bin ganz sicher: Gott wird das gute Werk, das er bei euch angefangen hat, auch vollenden bis zu dem Tag, an dem Jesus Christus kommt" (Philipper 1,6).

Mein Freund Steve Lorenz hat mich auf den Wert und die Wichtigkeit eines *Prozesses* hingewiesen, den das Lexikon definiert als „eine Reihe von Taten, Veränderungen oder Funktionen, die ein Resultat herbeiführen". Gott ist überall im Leben am Werk – es liegt an uns, ob wir sehen, dass seine Hand im Spiel ist, und ob wir auf ihn hören und von ihm lernen. Gott redet die ganze Zeit mit uns. Wir haben oft das Gefühl, dass Gott uns liebt, wenn alles glatt läuft; und wenn das Leben schwierig erscheint, dann können wir sofort nichts mehr von seiner Liebe spüren. Aber er ist nicht so, im Gegenteil: Er ist immer da und möchte Ihnen immer seine Nähe, seine Zuneigung und seine Gaben geben. Reichen Sie Gott die Hand! Stoßen Sie die Türen auf und lassen Sie die Sonne herein. Gott ist am Werk! Gott ist am Werk! Gott ist am Werk!

Es ist „reine Freude" zu wissen, dass unsere Vergangenheit bei dem Gott ruht, der die Liebe ist. Unsere Gegenwart ist umgeben von dem Gott, der treu ist. Unsere Zukunft liegt in den Händen des Gottes, der die Hoffnung ist. Römer 15,13 deutet an, dass es so etwas wie eine „aufwärts drehende Spirale" der Hoffnung gibt, die zur Freude führt, die wiederum zur Hoffnung führt. „Ich bitte Gott, auf den sich unsere Hoffnung gründet, daß er euch in eurem Glauben mit aller Freude und allem Frieden erfüllt, damit eure Hoffnung durch die Kraft des Heiligen Geistes immer stärker und unerschütterlicher wird."

Ich telefoniere oft mit meiner Freundin Alice, die mit einem Hirntumor zu kämpfen hat. Ich höre ihr zu, wenn sie über Schmerzen und Ausfallerscheinungen klagt und nicht versteht, warum sie das alles erdulden muss. Ich versuche sie dann immer zu trösten und sage ihr, dass alles gut wird. Das klingt nach flachem, frommem Spruch, aber ich weiß einfach, dass es stimmt. Gott hat sie nicht im Stich gelassen. Er hat die Sache voll unter Kontrolle. Ich weiß nicht, *wie* Gott die Dinge regeln wird. Ich weiß nur, dass er sie letztendlich zum Besten fügt. Er wird es schon richten.

Manchmal streckt er einen Finger vom Himmel herab, und im Nu ist die hoffnungsloseste Situation mit Licht und Leben erfüllt. Manchmal scheint es so, als ob Gott das Buch zumacht und es nichts mehr zu sagen gibt. Ich kann nicht immer alles mit meinem Verstand begreifen, aber dennoch weiß ich ohne den geringsten Zweifel, dass Gott immer noch auf dem Thron sitzt und dass alles gut werden wird!

Es ist die reine Freude, wenn man lernt, jeden Tag, jede Stunde bewusst zu leben und zu genießen, ohne Wenn und Aber. Der Buchautor Christopher de Vinck hatte einen 32-jährigen Bruder, der noch nicht einmal in der Lage war, auch nur das Bett zu verlassen. De Vinck erzählt, wie seine Eltern ihn jahrelang geduldig fütterten – Löffel für Löffel. De Vinck fragte einmal seinen Vater, wie sie sich ihre positive Einstellung und Tatkraft bewahren konnten, und sein Vater erklärte ihm, dass er sich selbst immer wieder die eine Frage stellte: „Kann ich Oliver heute füttern?" *Ja, ich kann ihn heute füttern. Und morgen? Ich werde mich dem Morgen stellen, wenn es so weit ist. Und auch morgen wird Gott treu sein und mir genug Kraft und Stärke schenken.*

Dafür kann man dankbar sein. Das ist ein Grund zum Feiern.

Die Freude entdecken

Vielleicht betrachten Sie gerade Ihr eigenes Leben, und obwohl Sie mir verstandesmäßig in allen Punkten zustimmen mögen, sagt Ihnen Ihr Herz: „Ich bringe es einfach nicht fertig!" Lassen Sie die folgenden Worte auf sich wirken: „Du brauchst nicht mehr als meine [Gottes] Gnade. Je schwächer du bist, desto stärker erweist sich an dir meine Kraft" (2. Korinther 12,9).

Sie haben ganz Recht: Sie können es nicht schaffen, und ich kann es auch nicht schaffen. Und was das Gute ist: Wir müssen es auch gar nicht aus eigener Kraft schaffen.

Wissen Sie noch, wie eng verwandt die griechischen Worte für Gnade (*charis*) und Freude (*chara*) sind? Gottes Gnade zeigt sich darin, dass sie unser kaputtes Leben kittet. Das ist das Evangelium. Das ist die Gute Nachricht.

Wollen Sie wirklich die Freude entdecken? Dann strecken Sie sich danach aus. Stürzen Sie sich in Gottes Arme. Bitten Sie ihn, Ihnen seine Liebe zu zeigen. Geben Sie ihm Raum, damit er dort einziehen kann.

Nach einer Konferenz verbrachte ich viel Zeit damit, mit einer Frau zu sprechen. Sie *konnte nicht* glauben, dass Gott sie liebte. Wir redeten und redeten. Ich öffnete meine Bibel und zeigte ihr Vers um Vers über Gottes Liebe. Es nützte alles nichts. Ich stellte plötzlich fest, dass sie nicht glauben *wollte*, dass Gott sie liebte.

Aber er tut es! Das Geschenk gehört Ihnen. Bitten Sie Gott hier und jetzt, dass Sie seine Liebe mehr und mehr spüren können.

Als der berühmte Schriftsteller George MacDonald einmal gefragt wurde: „Aber wie kann Gott den Durchbruch in meinem Herzen bewirken?", sagte er lapidar: „Lassen Sie ihn nur machen, und vielleicht wissen Sie es dann."

Lassen Sie sich von Gott lieben, und noch bevor Sie die Wärme spüren, fangen Sie an, ihm zu danken.

Welche Freude!
Unsere Freude!
Wirf deine Hände in die Luft und tanze.
Lache wie ein Kind und weine wie ein Heiliger.
Dann fall auf deine Knie und bete an.
Das Leben ist gut!
Gott ist gut!
Freue dich, Welt!

Schritte zur Freude

1.

In ihrem Buch *A Time for Risking* („Zeit für das Wagnis") schlägt Miriam Adeney vor, ein persönliches Gebet aufzuschreiben, das sich in die wiederkehrenden Worte eines Psalmengebetes wie „Seine Gnade währet für und für" einfügt. Ich beschloss, mich auf den Satz „Gott ist treu" zu konzentrieren und ihn immer wieder im Tagesablauf zu beten.

Christian schlief bis sieben in der Früh:
> *Gott ist treu . . .*
Ian bekam einen neuen Job:
> *Gott ist treu . . .*
Die Rohre unter dem Haus sind geplatzt, und wir werden einen
> *neuen Boden in der Küche brauchen:*
> *Gott ist treu . . .*
Tante Mary hat ihre Operation überstanden:
> *Gott ist treu . . .*

Warum nicht einmal ein Tagebuch kaufen und am Ende eines jeden Tages ein Gebet wie dieses aufschreiben? Wäre das nicht eine großartige Aufzählung der Gnadenbeweise und der Treue Gottes?!

2.

Versuchen Sie es mit folgender „geistlicher Bestandsaufnahme", wie sie John Ackerman in *Spiritual Awakening* („Geistliches Erwachen") vorschlägt. Er zitiert darin einen Freund, der Mitarbeiter bei den Anonymen Alkoholikern ist und jeden Abend Folgendes macht: „Zum einen denke ich über den Tag nach und danke Gott für die guten Dinge. Dann denke ich darüber nach, ob es irgendwelche schlechten Dinge gab. Wenn die Schuld daran bei mir liegt, versuche ich das, wenn dies in meiner Macht steht, gleich als Erstes am Morgen auszubügeln. Wenn ich sauer darüber bin, wie mich jemand behandelt hat, dann bringe ich das sofort mit demjenigen ins Reine. Danach bete ich für meine Familie und die Kollegen und lege mich hin und schlafe." Ich finde diese Angewohnheit, jeden Tag seine „geistliche Schmutzwäsche" zu erledigen, einfach gut. Das ist weit besser, als wenn sie sich bis zum Sonntag in einer Ecke anhäuft. Wie befreiend, jeden neuen Tag mit „reiner Weste" beginnen zu können!

3. Führen Sie ein Tagebuch der Dankbarkeit. In ihrem Buch *Einfachheit und Fülle*[3] rät Sarah Breathnach dazu, neben unserem Bett ein Tagebuch bereitliegen zu haben, und jeden Abend, bevor das Licht ausgeht, fünf Dinge darin aufzuschreiben, für die wir an dem Tag dankbar sind. Ich finde diese Idee sehr gut. An schweren Tagen könnten wir dieses „Dankbuch" zur Hand nehmen und uns damit etwas Gutes tun. Wir könnten Seite um Seite nachschlagen und neu Gottes Freundlichkeit sehen. Und wenn wir glauben, wir könnten für nichts dankbar sein, wird die Übung, uns Gottes Güte vor Augen zu führen, einen positiven Einschnitt in jedem deprimierenden Tag markieren.
Wir können Gott für unseren Mann und unsere Kinder, für unsere Freunde und unsere Gesundheit danken. Wir können ihm danken für den Hund, der uns nach einem undankbaren Arbeitstag überglücklich zu Hause willkommen heißt. Wir können ihm danken für zwei sehende Augen und Ohren, die der Musik lauschen können. Es gibt so viel Grund zur Dankbarkeit." Es liegt an uns! Schreiben Sie es auf, rufen Sie sich Gottes Güte ins Gedächtnis und wenden Sie sich der Lebensfreude zu.

4. Freude in einem Umschlag? Als kleines Mädchen wurde ich in die Welt der Dankesgrüße eingeführt. Der Tag nach Weihnachten drehte sich um Essensreste, den Einkauf von Batterien und Briefe an Onkel und Tanten zum Dank für eine komisch-bunte Zusammenstellung an Geschenken, angefangen von handgestrickten Mützen bis hin zum Avon-Parfüm. Ich habe diese Gewohnheit beibehalten und noch erweitert. Ich mag Briefeschreiben nicht besonders, denn ich werde dabei ganz kribbelig und nervös. Aber ich mag das, was es bewirkt. Ich habe ein paar Freunde, die ich nie getroffen habe, die ich aber gut durch den Briefkontakt kenne. Einige von ihnen sind Zuschauer, die mich immer in der Sendung *The 700 Club* gesehen haben, oder Menschen, die von etwas berührt waren, was

177

ich in einem Buch geschrieben habe. Ich führe eine Liste und schreibe ihnen regelmäßig. Die Welt ist voll von einsamen Menschen, die lange Zeit kein „Dankeschön" gehört haben. Bitten Sie Gott, Ihnen jemanden ins Gedächtnis zu rufen, den Sie mit ein paar lieben Zeilen bedenken können.

5. Die Gewohnheit der Dankbarkeit: Sehen Sie sich nach Gelegenheiten um, den „Alltags-Menschen" in Ihrem Leben Danke zu sagen. Schenken Sie ihnen Beachtung, wenn sie etwas Nettes oder Aufmerksames tun. Es ist so leicht, unsere Familie, Freunde und Mitarbeiter für selbstverständlich zu halten. Wir *erwarten*, dass sie uns gut behandeln, wenn sie uns lieben. Das mag wohl meist so sein, aber was für ein wunderbares Geschenk, wenn diejenigen, die uns in- und auswendig kennen, uns trotzdem noch mögen und uns auch einmal für scheinbar Selbstverständliches danken!

6. Denken Sie über diese Worte aus der Bibel nach:

Geht durch die Tempeltore mit einem Danklied, betretet den Festplatz mit Lobgesang! Preist ihn, dankt ihm für seine Taten! Denn der Herr ist gut zu uns, seine Liebe hört niemals auf, von einer Generation zur anderen bleibt er treu. Psalm 100,4–5

Freut euch immerzu, mit der Freude, die vom Herrn kommt! Und noch einmal sage ich: Freut euch! Philipper 4,4

Der Frieden, den Christus schenkt, soll euer ganzes Denken und Tun bestimmen. In diesem Frieden hat Gott euch alle miteinander gerufen, denn ihr seid ja durch Christus ein Leib. Dankt Gott dafür. Kolosser 3,15

Gebt dem Wort Raum, in dem Christus bei euch gegenwärtig ist. Laßt es seinen ganzen Reichtum unter euch entfalten. Unterweist und ermahnt einander mit aller Weisheit. Singt Gott aus vollem Herzen Psalmen, Hymnen, Loblieder, wie seine Gnade sie schenkt und sein Geist sie euch eingibt. Kolosser 3,16

Teil 4:
Die Freude stärken

Wie gut ist [. . .] das Leben [. . .],
wie gut zu gebrauchen, ihr Leute,
das ganze Herz und die Seele
und die Sinne für immer in Freude!
Robert Browning

Ermahne die, die im Sinne dieser Welt reich sind,
nicht überheblich zu werden. Sie sollen ihr Vertrauen
nicht auf etwas so Unsicheres wie den Reichtum setzen,
der wieder zerrinnen kann; vielmehr sollen sie auf Gott
vertrauen, der uns reichlich gibt, wenn wir es brauchen.
1. Timotheus 6,17

*D*ie Bibel spricht von der Freude Gottes *über* sein Volk (Zefanja 3,17, Luther). Paulus und seine Begleiter sprechen von der Freude *an* anderen Christen (1. Thessalonicher 3,9 Luther). Ich finde das sehr schön, und so spreche ich in den Kapitelüberschriften in diesem Teil des Buches auch an manchen Stellen über die Freude an bestimmten Dingen.

Wenn wir Gott unsere innere Freude wiederherstellen lassen, können wir das noch verstärken, indem wir uns an Dingen erfreuen und sie genießen, um Gottes Schöpfung zu feiern. In 1. Timotheus 6,17 schreibt Paulus von „Gott, der uns reichlich gibt, wenn wir es brauchen." Und je älter ich werde, desto mehr erkenne ich, dass das Leben eine Menge zu erzählen hat, wenn man bereit ist zuzuhören. Das Muttersein hat mein Gehör in dieser Hinsicht sehr geschärft.

Gott ist immer um uns und spricht Bände, wenn unsere Herzen bereit sind, auf seine leise Stimme zu hören.

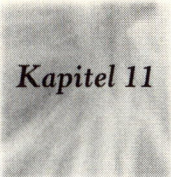

Kapitel 11

Die Freude am Musikmachen

*Es grünt und blüht, soweit das Auge reicht. Im ganzen Land hört man die
Vögel singen; nun ist die Zeit der Lieder wieder da.*   Hoheslied 2,12

*Wahre Religion singt hier auf Erden und wird noch mehr danach singen.
Misstraue deiner Religion, wenn sie nicht fröhlich ist, wenn sie nicht jede
Handlung und jede Tat in Musik verwandelt und nicht bei dem Versuch
frohlockt, die Melodie des neuen Lebens einzufangen.*   Phillips Brooks

Ich gab mein letztes Konzert zwei Tage vor Christians Geburt. Ich
hatte einer Kirchengemeinde zugesagt, dass ich ein Weihnachts-
konzert abhalten würde. Ich war hochschwanger und fühlte mich wie
ein lebendiges Anschauungsobjekt, als ich von Marias Reise nach
Bethlehem sang. Mir blieb nur zu hoffen, dass meine Gastgeber mehr
als einen Esel bereithielten, um mich schnell in ein Krankenhaus zu
bringen, falls es ernst würde.

An dem Abend hatte ich kaum Luft zum Singen, aber es lief trotzdem ganz gut, bis ich zu dem Lied „Stille Nacht, heilige Nacht" kam,
bei dem Christian in meinem Bauch anfing zu zappeln und zu treten.
Haben Sie schon einmal versucht, mit einem Eichhörnchen unter
Ihrem Pullover zu singen?

Wusste er, dass die Musik ein Teil seiner Welt war, schon bevor er geboren wurde? Er ist nun elf Monate alt und ich beobachte ihn oft, wie er
versucht, sich zu artikulieren. Er kann noch nicht sehr viele Worte sprechen. Aber er brabbelt fröhlich „Dada" und „Baba", und wenn er einen
guten Tag hat, kommt auch mal zwischendurch ein „Mama" heraus.

Doch er hat schon viel mehr zu sagen und deshalb singt er eben. Na gut, eigentlich kann nur ich als Mutter sein Krähen als Gesang interpretieren. Vermutlich würde er damit keinen Plattenvertrag bekommen, aber es hilft ihm, deutlich zu machen, wenn er sich seines Lebens freut.

Für mich ist es ebenfalls unschätzbar wichtig, mir alles von der Seele zu singen, was ich nicht nur mit Worten ausdrücken kann. Seit meiner Kindheit ist die Musik mein Trost; sie hat mich aufgemuntert, wenn ich traurig war und meinen Körper, meine Seele und meinen Geist immer wieder aus dem kleinen Kreis meines eigenen Ichs befreit.

Wenn wir Musik hören oder selbst machen, bekommen wir oftmals eine neue Sichtweise oder Stimmung vermittelt, die über uns selbst hinausweist. Wir merken, dass wir noch am Leben sind, dass es noch anderes gibt als unser Problem.

Ich erinnere mich noch gut daran, wie ich den langen weißen Flur der psychiatrischen Klinik entlangging, als ich ungefähr zwei Wochen dort war. Plötzlich hielt ich an, erstaunt über mich selbst. Ich sang ja! Erst als ich mich selber singen hörte, wurde mir bewusst, dass ich schon lange nicht mehr gesungen hatte. Da wusste ich, dass ich Heilung erfahren würde.

In der Zeitschrift *Charisma* (2/86) erschien unter dem Titel „*Music's Mysterious Power*" (Die geheimnisvolle Macht der Musik) ein Artikel, in dem der Sänger John Michael Talbot davon spricht, dass es eine gewaltige Sache ist, Musik zu machen, weil sie „sowohl Herz als auch Verstand betrifft". Talbot spricht primär von christlicher Musik; was er sagt, trifft jedoch auch auf die zeitgenössische Musik zu.

Sagt Ihnen das Wort Karaoke etwas? Das ist ein Freizeitspaß aus Japan. Bekannte Popsongs werden ohne Gesang eingespielt, während die Liedtexte Wort für Wort auf einem Fernsehschirm eingeblendet werden, damit der Hobbysänger mit einem Mikrofon in der Hand und vor versammeltem Publikum in Party-Stimmung mitsingen kann. Für einen Moment sind Sie Elton John oder Michael Jackson. Auf einer Kreuzfahrt haben Barry und ich das vor kurzem einmal ausprobiert. Vielleicht lag es daran, dass wir uns in Gesellschaft von uns relativ fremden Leuten befanden, die wir wahrscheinlich nie wieder sehen würden, vielleicht war es nur eine Urlaubslaune – aber die Leute wirkten ungewöhnlich offen und befreit. Einer nach dem anderen nahm das Mikro und schmetterte sein Lied. Schließlich konnte Barry nicht mehr ruhig sitzen bleiben. Er sang eine herzzerreißende Version des Country-Klassikers „Rhinestone Cowboy"[1]. Einige der Darbietungen schmerzten einen schlicht und ergreifend in den Ohren, wenn man sie sich so anhörte, aber es war interessant zu beobachten, was mit uns vor sich ging. Wir klatschten für diejenigen, deren grausamer „Gesang" einem die Haare zu Berge stehen ließ, genauso laut wie für diejenigen, die so manchem Popsänger noch etwas hätten vormachen können.

Eine Frau blieb mir besonders im Gedächtnis haften. Es war eine Ärztin, die an den Rollstuhl gefesselt war. Sie nahm das Mikrofon und für ein paar Minuten schien es, als hätte ihre Seele Flügel bekommen und trüge sie dorthin, wohin ihre Beine sie nie hintragen würden. Ich sah die Freude auf ihrem Gesicht und in ihren Augen und die Leichtigkeit, die sie überkam. Die Musik wies über sie hinaus.

In einem Artikel in der Zeitschrift *Christianity Today* (Christsein Heute, 9/97) mit dem Titel „*Chords That Bind*" (Verbindende Akkorde) schreibt der Buchautor Philip Yancey über seine College-Zeit, als sein Leben sehr bewegt und hektisch war. Jeden Abend fand er eine Stunde Frieden, wenn er am Klavier saß und klassische Musik spielte. „Meine eigenen Finger drängten der Welt eine taktile Ordnung auf [. . .]. Hier nahm ich eine verborgene Schönheit wahr, so leicht wie eine Wolke und so beschwingt wie der Flügelschlag eines Schmetterlings. Ich erfuhr dabei vielleicht zum ersten Mal bewusst die einfache Gnade, die in der Musik liegt."

In ihrem Buch *Imagination: Embracing a Theology of Wonder* („Vorstellungskraft: Über eine Theologie des Staunens") schreibt Cheryl Forbes von einer Frau namens Susan, die sich bewusst daran machte, ihre eigene Kreativität und die ihrer Familie zu erweitern. Unter anderem nahm sie Klavierunterricht wie schon als Kind. Eine halbe Stunde lang spielte sie jeden Tag Mozart oder Chopin oder einfach Tonleitern.

„Wenn Susan darüber nachdachte, was der Komponist wohl gehört hatte, als er eine bestimmte Sonate oder Mazurka schrieb, wenn sie die Rhythmen und Harmonien aus ihrer Vorstellungskraft über die Finger auf das Klavier übertrug, wenn sie ihre eigenen Interpretationen ungeachtet der vorgegebenen Noten wagte, dann befand sie sich zugleich in einem Zustand der Hochstimmung und der Entspannung."

Sie sah auch gute Auswirkungen, die ihre Übungen auf ihre Kinder hatten. Diese sahen, wie sie „fleißig übte, Fehler machte, ohne einen

Wutanfall zu bekommen, stetig und geduldig arbeitete, um ein Stück genau richtig zu spielen. Sie begannen, ihre Einstellung zum [Musik-] Unterricht zu ändern. Und sie sah, wie die Kinder an schwierige Schularbeiten mit weniger Aufhebens und Widerstand herangingen."

Wenn Sie sich schon immer gewünscht haben, Klavierunterricht zu nehmen, dann ist es jetzt noch nicht zu spät. Wir haben uns gerade ein Klavier gekauft, und eines meiner Ziele für das neue Jahr ist es, Klavierunterricht zu nehmen. Es geht nicht darum, perfekt zu werden, sondern das Spielen und die einzelnen Lernschritte zu genießen.

Wir haben alle unsere eigenen Möglichkeiten, Musik zu machen. Halten Sie doch für einen Moment inne und denken Sie einmal darüber nach, was Sie so zwischendurch Musikalisches machen! Pfeifen Sie öfter oder summen Sie vor sich hin? Klopfen Sie mit den Fingern den Takt zu einer Melodie, die Ihnen in den Sinn kommt? Diese Eigenarten gehören zu uns. Vielleicht ist es bei Ihnen ja wie bei Kapitän Ahab in *Moby Dick*. „Ahab rieb bedächtig das Goldstück an seinem Rockschoß blank und summte dazu leise vor sich hin, ein seltsam gedämpftes, verworrenes Geräusch, als summten in seinem Innern hörbar die Räder, die sein Leben in Gang hielten."[2]

Ein traditionelles Lied der Quäker stellt die Frage nach dem Grund eines freudigen Lebens:

Mein Leben fließt weiter in einem nie enden wollenden Lied,
    über die irdischen Beschwernisse hinaus; [. . .]
Es findet ein Echo in meiner Seele; wie kann ich da nicht singen?

In seinem Buch *Stretching the Soul* („Die Seele erweitern") erzählt Ron Wilson von seinen Jahren als Witwer und davon, wie ein Tanzkurs ihm half, seinen Kummer zu heilen: „Es ist so, als mache der Körper Musik mit der Musik."

John Michael Talbot sagte einmal, um „echte Musik" zu machen, „muss von irgendwo tief drinnen im Herzen des Musikers ein Funke kommen, der die letzte Zutat zu der Musik ausmacht."

Talbot gebraucht weiter eine Metapher, um die geistliche Wirkung zu beschreiben, die Musik haben kann. „Musik ist wie ein Kuss von Mann und Frau. Ein Kuss symbolisiert die Liebe in der Ehe, aber er entfacht diese Liebe auch und macht sie stärker." Genauso kann Gott die Musik nutzen, um uns seine Zärtlichkeit zu erweisen.

Wir können auf viele verschiedene Arten Musik machen; meine Sache ist das Singen. Augustinus sagte einmal: „Wer singt, betet doppelt."

Die Heiligen in der Bibel schienen das gewusst zu haben. Als Gott Mose und die Kinder Israel sicher durch das Rote Meer brachte, sangen sie: „Mit meinem Lied will ich den Herrn besingen, denn er ist mächtig, er hat es gezeigt: Ins Meer geworfen hat er Roß und Mann! Mit meinem Lobgesang will ich ihn preisen, den Herrn, der mir in Not zu Hilfe kam! Mein Gott ist er, ich rühme seine Macht; ich preise ihn, den schon mein Vater ehrte." (2. Mose 15,1–2). Das ist Israels allererstes Gedicht, und es ist ein Lied für den Herrn. Kathleen Norris bemerkt in ihrem Buch *The Cloister Walk* („Der Klostergang"), dass im Alten Testament „der Befehl, den Israel am häufigsten empfängt, der ist zu singen."

Die letzten Worte von König David galten nicht seiner Stärke als Kämpfer oder seiner Macht, sondern der Gabe der Musik. In seinen letzten Worten sprach David von sich als dem „Mann, der hoch erhoben ist, der Gesalbte des Gottes Jakobs, der Liebling der Lieder Israels" (2. Samuel 23,1, Luther).

Als Paulus und Silas so geschlagen wurden, dass jeder Teil ihres Körpers schmerzte, sangen sie im Gefängnis. „Um Mitternacht beteten Paulus und Silas und priesen Gott in Lobgesängen. Die anderen Gefangenen hörten zu" (Apostelgeschichte 16,25).

Musik ist eine universelle Sprache, eine Sprache, die wir alle wahrnehmen und verstehen können. Man kann in einem Lied in drei Minuten etwas sagen, was in normalen Worten gesprochen eine Stunde dauern würde. Wir fühlen uns sicher in der Musik und wir lassen unsere Schutzmauern fallen. Wir identifizieren uns mit den Gefühlen, die in einem Lied zum Ausdruck kommen, und der Melodie, die in einer Komposition zum Tragen kommt.

Das Wunderschöne am Singen ist, dass man nicht besonders gut darin sein muss, um Trost und Freude und Stärke zu empfangen. Zum Spaß, auf Waldspaziergängen, unter der Dusche – Singen befreit und beeinflusst positiv unsere Stimmung, auch wenn die Töne nicht immer ganz richtig klingen.

Auf unserer letzten Kreuzfahrt legte unser Schiff eines Abends auf den Bermudas an. Die Angehörigen unserer „christlichen Abordnung" genossen in der dortigen Kirche einen Abendmahlsgottesdienst bei Kerzenschein. Einige von uns – die „Profis" –, die diese Gruppe begleiteten, standen vorne in der Kirche und leiteten den Gesang. Da bemerkte ich einen etwas fremdartigen Klang, der mitten aus den Reihen der Kirche kam. Ich merkte, dass er von Mary kam, einer Missionarin, die an einer zerebralen Lähmung erkrankt ist und die auch unter schwerer Arthritis leidet. Ihre Bewegungsfähigkeit und ihre Sprache sind davon betroffen. Sie muss sich beim Sprechen sehr anstrengen, um sich verständlich zu machen. Aber an diesem Abend stand sie im Kerzenschein und schüttete ihr Herz im Lied Gott aus. Ich hörte auf zu singen und lauschte ihr. Ich sah ihr zu. Ihr Gesicht strahlte. Tränen rannen ihr über die Wangen, als sie von ihrer Liebe zu Jesus sang. Ich konnte Gott förmlich sagen hören: *Was für ein wunderschöner Klang!* Er erfreute sich an ihrem Lied!

Eines der vielen Dinge, die ich an meiner querschnittsgelähmten Freundin Joni Eareckson Tada mag, ist ihr hingebungsvolles Singen. Sie singt gern und bei jeder Gelegenheit, und immer, wenn ich mit ihr zusammen bin, fühle ich mich gleich viel besser. Was ist so Besonderes am Singen, dass es unsere Stimmung so hebt?

Es liegt etwas Geistliches, etwas nicht Erklärbares im Gesang. In ihrem bereits zitierten Buch *The Cloister Walk* („Der Klostergang") gibt Kathleen Norris die Geschichte eines jungen gläubigen Mädchens wieder, das während eines Bauernmassakers in El Salvador 1981 vergewaltigt und ermordet wurde. Jahre später wurden die Mörder befragt und mit dem konfrontiert, was sie gehört und gesehen hatten. Das Mädchen hatte nicht aufgehört, ihre Glaubenslieder zu singen, so berichteten die Männer. Einen ganzen Nachmittag lang vergingen sie sich brutal an ihr, und sie sang weiter. Sie schossen ihr in die Brust, und sie sang weiter. Sie schossen noch einmal auf sie. Natürlich war sie tot, aber es kam ihnen vor, als würde sie immer noch singen. Der Eindruck war so stark, dass die Soldaten von dem Phänomen richtig beängstigt waren. Schließlich hörte der Gesang auf.

Jedenfalls dachten die Soldaten das. Aber ich glaube nicht, dass er wirklich aufhörte. Weil die Lieder des Glaubens, der Hoffnung und der Liebe so sehr ein Teil von uns sind, werden wir nie aufhören zu singen. Die Musik ist ein Geschenk des Himmels.

Ich möchte Sie dazu ermutigen, Musik zu machen. Singen Sie sich Ihren Schmerz von der Seele. Singen Sie Ihre Bitten laut heraus. Bringen Sie Ihren Dank mit einem Lied zum Ausdruck.

„Sie haben mich noch nicht singen hören", mögen Sie jetzt einwenden.

Kann sein, dass Sie nicht gut singen können. Das macht nichts! Es wird Ihrer Seele und Gottes Herzen trotzdem gut tun. Gott freut sich über den Lobgesang seines Volkes. Er freut sich nicht an denen, die eine gute Stimme haben, sondern an denen, die ein offenes, dankbares Herz haben. Singen lässt uns den Kopf heben. Das ist ein Versprechen für die Tage, die noch kommen werden.

„Ja, die Seinen, die der Herr befreit hat, kehren heim; voll Jubel kommen sie zum Zionsberg. Aus ihren Augen strahlt grenzenloses Glück. Freude und Wonne bleiben bei ihnen, Sorgen und Seufzen sind für immer vorbei" (Jesaja 51,11).

Singen ist ein Vorgeschmack auf den Himmel.

Schritte zur Freude

1. Gemeinsames Musizieren vermittelt uns ein Gefühl von Gemeinschaft und Identität. Musik kann Christen zusammenschweißen, auch wenn sie sonst nicht viel gemeinsam haben. Laden Sie Freunde zu sich nach Hause zu einem Singe-Abend ein. Fragen Sie in Ihrer Gemeinde nach, ob Sie Gesangbücher ausleihen können, oder versammeln Sie sich einfach um ein Klavier. Laden Sie andere dazu ein, ihre Instrumente wie z. B. ihre Gitarre mitzubringen. Lassen Sie sie ein Lieblingslied oder ein anderes Lied auswählen und berichten, warum es eine besondere Bedeutung für sie hat.

2. Das musikalische Ehepaar Bill und Gloria Gaither hat eine schöne Tradition, den Heiligen Abend zu verbringen. Sie nennen es „Suppe und Singen". Gloria kocht große Töpfe voller Suppe, und dann laden sie viele Freunde zu sich zum Suppenessen und Liedersingen am Klavier ein. Vielleicht können auch Sie diese Idee aufgreifen und Ihre eigene kulinarische Gaumenfreude dazu kreieren.

3. Warum schreiben Sie eigentlich nicht einmal ein Lied? Es muss ja nicht gleich ein Jahrhundertwerk sein. Sie können eine Melodie, die Sie mögen, zu Grunde legen und Ihren eigenen Text dazu schreiben. Singen Sie das Lied oft. Ich glaube, Gott wird es mögen.

4. Wenn Sie einen schlechten Tag haben, versuchen Sie zu singen. Denken Sie an irgendein Lied, das Ihrer Stimmung etwas Positives entgegensetzt. Es wird Ihnen zuerst nicht danach zu Mute sein, aber Sie werden überrascht sein, wie die Musik bald Ihre Stimmung hebt und Ihnen Freude ins Herz zurückbringt. Legen Sie ein Gesangbuch zu Ihrer Bibel. Als Teil Ihrer täglichen Stillen Zeit könnten Sie jeden Tag ein Loblied daraus singen.

5. „Alle, die zum Herrn gehören, sollen jubeln, weil er sie zu Ehren gebracht hat! Sie sollen vor Freude singen, auch in der Nacht." (Psalm 149,5). Vergessen Sie das Schäfchen-Zählen! Singen Sie sich heute Abend in den Schlaf – vielleicht mit einer Lieblingshymne oder einem Loblied oder vielleicht mit einem Einschlaflied für Kinder.

6. Wenn Sie schon einmal ein Musikinstrument gespielt haben, holen Sie es aus der Ecke, und versuchen Sie, einen „freudigen Lärm" zu machen, wie es die Psalmen uns raten. Wenn Sie kein Instrument besitzen, leihen Sie sich für eine Weile eins aus, um zu sehen, ob Sie wieder Gefallen daran finden. Wenn auch nur ein Funke Freude beim Spielen aufkommt, melden Sie sich zum Musikunterricht an.

7. Wünschen Sie sich zum Geburtstag oder zu Weihnachten ein Tamburin, eine Triangel oder ein anderes einfaches Instrument.

8. Probieren Sie an einem Tag aus, Ihr Tischgebet zu singen. Erfinden Sie eine Melodie dazu. Oder singen Sie (als Sprechgesang) einen Morgensegen für Ihren Tag. (Das kann im Auto sein oder wenn Sie Ihr Make-up auftragen).

Kapitel 12

Die Freude, Musik zu hören

Immer, wenn der von Gott geschickte böse Geist über Saul kam, griff David zur Harfe und begann darauf zu spielen. Dann wurde es Saul leichter ums Herz, er fühlte sich wieder wohler, und der böse Geist verließ ihn.

1. Samuel 16,23

Musik [. . .] ist keine Erfindung von uns; sie ist eine Gabe Gottes.

Martin Luther

*E*inige meiner Lieblingskonzerte finden momentan in einem weißen Schaukelstuhl in Christians Kinderzimmer statt. Ich lege eine CD auf, genieße die Musik und singe laut mit. Christian zieht sich dann hoch und tanzt im Takt oder er lehnt sich zurück und hört einfach zu. Manchmal schüttelt er sich vor Lachen, was mich dann etwas aus dem Takt bringt. Aber er lacht vor Freude. Martin Luther sagte einmal: „Der Teufel bleibt nicht dort, wo Musik ist."

Ich erinnere mich noch gut daran, wie ich zum ersten Mal Händels *Messias* hörte. Meine Mutter nahm meine Schwester Frances und mich mit zu einer Aufführung dieses genialen Werkes von unserem örtlichen Gesangverein. Die Musik ist wunderschön, aber ein Augenblick war für mich besonders herausragend. Die Sopran-Solistin kam auf die Bühne, und als sie „Ich weiß, dass mein Erlöser lebt" sang, weinte ich vor Ergriffenheit. Nicht allein die Musik war bewegend, auch die Botschaft war zündend. Ich hätte aufstehen und Beifall klatschen wollen, aber das war bei dieser Gelegenheit nicht so passend.

Von alters her wurde die Musik aufgrund ihrer heilenden Wirkung sehr geschätzt. Wann immer König Saul fast den Verstand verlor, beruhigte Davids Harfenspiel sein Gemüt. Das Buch *Cancer Nursing* („Krebsheilung") stellt fest, dass eine Musiktherapie bei Leuten, die an den Folgen einer Chemotherapie leiden, die Übelkeit verringern und innere Ruhe schenken kann. Musik heilt.

Musiktherapeuten, die mit Alzheimer-Patienten arbeiten, sind auf ungewöhnliche Ergebnisse gestoßen: Sie haben einige Patienten wieder erreicht, die schon völlig „weggetreten" zu sein schienen. Forscher an der Universität von Alabama führten an zehn Männern und Frauen, die an Altersdemenz und Alzheimer erkrankt waren, eine Studie durch. Patienten, die lange völlig teilnahmslos gewesen waren, sangen plötzlich mit, als sie den Therapeuten „Welch ein Freund ist unser Jesus" und „Amazing Grace" („O Gnade Gottes, wunderbar") singen hörten. Die bekannten, beruhigenden Worte und Melodien ließen sie für einen kurzen Moment aus ihrem Schneckenhaus heraus und wieder zurück zu den „Lebenden" kommen. Ein Stück Himmel auf Erden!

Klassische Musik hat eine besonders gute Wirkung selbst auf eine ungewöhnliche Zuhörerschaft. Ein Beispiel dafür ist eine ungleiche Paarung: Popmusik und gregorianische Gesänge. 1994 wurde von den Benediktinermönchen des Klosters Santo Domingo in Silos eine CD (*Gregorianische Gesänge aus Spanien*)[1] herausgebracht. Von dieser CD wurden innerhalb von siebzehn Wochen allein in den USA zwei Millionen verkauft. War das ein Zeichen für eine geistliche Erneuerung? Anscheinend nicht, denn der Erfolg hielt nicht lange an. Aber für eine kurze Zeit bot die Aufnahme vielen Menschen einen Einblick in eine andere Welt.

Nicht die gesamte klassische Musik, aber ein großer Teil davon wurde zur Ehre Gottes geschrieben. Der gregorianische Choral ist sozusagen ein vertonter biblischer Text. Er ist ein gesungenes Gebet. Und für ein paar Wochen schwappten die Stimmen der Mönche über Tresen und Buchläden hinweg und erhoben ahnungslose Seelen im Lobpreis zu Gott. Wirkt nicht Gott auf geheimnisvolle Weise? Zu oft halten wir die göttliche Musik in den vier Wänden unserer Kirchen gefangen. Doch Jesus mischte sich immer wieder unter die Menschen. Und das taten auch die Mönche von Santo Domingo in Silos. Sie schütteten ihr Herz vor Gott aus, und da war niemand, der gesagt hätte: „Das verletzt meine gesetzlich verbrieften Rechte." Die gregorianischen Choräle sind lateinische liturgische Gesänge. Es fällt schwer, verletzt zu sein, wenn man die Texte nicht versteht.

Ich habe einmal Ben Carson interviewt, den Leiter der pädiatrischen Neurochirurgie an der Johns Hopkins-Universität. Er sagte mir, er höre klassische Musik, wenn er eine heikle Gehirnoperation durchführe. Die Musik ist beruhigend – und schafft eine unsichtbare Verbindung zum Himmel.

Vielleicht haben Sie sich nie für die Welt der klassischen Musik interessiert. Ich kann mich glücklich schätzen, dass ich in einer Familie aufgewachsen bin, in der Musik aller Art geschätzt und gehört wurde. Ich lernte schon in einem frühen Alter Grieg, Mozart und Tschaikowsky kennen und hörte gerne zu, wenn meine Mutter uns die Geschichten aus dem Werk „*In der Halle des Bergkönigs*"[2] oder aus dem „*Schwanensee*"[2] erzählte. Uns wurde beigebracht, genau zu lauschen und die verschiedenen Instrumente herauszuhören.

Vielleicht glauben Sie ja, klassische Musik sei nicht „Ihr Ding". Lassen Sie es noch einmal auf einen Versuch ankommen. Der amerikanische Komponist und Dirigent Patrick Kavanaugh[3] hat ein Buch geschrieben, in dem er verschiedene klassische Musikstücke vorstellt und erläutert, wie man zuhören sollte und auf was man dabei achten kann. Das Buch heißt *Music of the Great Composers* („Musik der großen Komponisten") und ist bei Zondervan[4] erschienen. Kavanaugh ist auch der Autor des Buches *Raising Musical Kids* („Musikalische Kinder erziehen").

Die Musik hat einen großen Einfluss auf unsere Gefühlswelt. Sie hilft uns, uns über unsere Gefühle klar zu werden und an ihnen zu arbeiten. Die Musik war ein würdevolles Geschenk bei der Trauerfeier von Lady Diana. Die Nation hielt den Atem an; die Welt hatte ein Idol verloren und zwei kleine Jungen ihre Mutter. Respektvoll wurden die Kameras während des Trauergottesdienstes von der Familie fern gehalten, aber von jemandem, der der Feierlichkeit beiwohnte, hörte ich, dass Elton Johns Abschiedsgruß „*Good-bye, England's Rose*" (Leb wohl, Rose von England) in seinem Lied *Candle in the Wind* („Kerze im Wind") den Kindern die Tränen ins Gesicht trieb.

Das ist Musik. Diese beiden Jungem waren während des ganzen Martyriums so tapfer und grüßten die Menschenmenge so würdevoll, als sie sich dem Trauerzug anschlossen. Sie hielten die ganze Zeit durch, aber als Elton John sein Abschiedslied für Diana sang, flossen die Tränen.

Vielleicht kann man es so sagen: Worte erreichen den Verstand, und Musik erreicht die Seele. Sie bringt den Schmerz ans Licht und sie kann unsere wahre Gesinnung hervorkehren. Es gibt ein altes schottisches Sprichwort, das lautet: „Zwölf Highlander und ein Dudelsack machen eine Rebellion. Aber nimm uns den Dudelsack weg, und wir schlagen uns in die Büsche."

Musik kann uns zu Gott ziehen. In dem bereits erwähnten Buch *A Time for Risking* erzählt Miriam Adeney von einem Gespräch mit ihrem Vater, einem Pastorensohn. Eines Tages fragte sie ihn: „Papa, haben dich eigentlich die Predigten deines Vaters zum Glauben geführt?" Er dachte einen Moment lang nach und sagte dann: „Nein, ich glaube, es war eher der Gesang meiner Mutter."

Ich habe meine Mutter oft über den großen Einfluss des Gesangs meines Vaters reden hören. Er hatte eine tolle Stimme. Wenn er Lieder über Gottes Liebe sang, wirkte Gott durch ihn und zog Zuhörer zu sich.

Eines der größten Geschenke aus meiner Zeit beim Fernsehen erhielt ich fast fünf Jahre, nachdem ich aufgehört hatte. Während ich noch Moderatorin bei der Sendung *The 700 Club* war, schrieb ich ein Lied mit dem Titel „Jennifer", eine moderne Version des Gleichnisses vom verlorenen Sohn, mit Jennifer als der vagabundierenden Tochter. Einmal habe ich das Lied in der Fernsehshow gesungen. Ich habe mir nach dem Lied ein paar Minuten Zeit genommen, um zu den Zuschauern zu sprechen, die sich weit entfernt von Gott fühlten und den Weg nach Hause zurück nicht mehr fanden. Die Talkshow wurde wie üblich live ausgestrahlt, aber auch für eine mögliche Wiederholung zu einem späteren Zeitpunkt archiviert.

Ich verließ den Sender 1992. Im Herbst 1997 bekam ich einen Anruf von einer der Produzentinnen, die mich auf die kurz bevorstehende Wiederholungssendung aufmerksam machte. „Es wird Sie umhauen, wenn Sie die Sendung sehen", sagte sie mir. Ich schaltete ein, ohne zu ahnen, was mich da erwartete.

Vorgestellt wurde eine Frau namens Jennifer. Sie war eine Edelnutte gewesen, hatte unter Drogen gestanden und war gerade dabei, ihr Leben wegzuwerfen. Sie war mit dem Traum nach Hollywood gekommen, eine Star-Friseurin zu werden. Jennifer war bei einem Mann eingezogen, der genau die richtigen Verbindungen hatte. Schon bald ging sie in einem bekannten „Etablissement" ein und aus. Sie ließ sich mit

Sylvester Stallone, Kirk Douglas und anderen Größen des Showbusiness fotografieren.

Doch innerlich ging bei ihr alles schief. Ihr Freund schlug sie wiederholt, bis jemand ihr Schreien hörte und die Polizei rief. „Wenn wir das nächste Mal kommen, werden Sie tot sein", prophezeite ihr ein Polizist eines Abends, als es wieder besonders gewaltsam zugegangen war und sie sich weigerte, Anzeige gegen ihren Peiniger zu erstatten. Zu allem Übel erfuhr Jennifer dann auch noch, dass sie Krebs hatte. „Ich wusste einfach, dass ich mit dreißig tot sein würde", meinte sie.

Jennifer war völlig auf den Hund gekommen. Schließlich verließ sie ihren Freund und lebte allein. Eines Abends, als sie gerade Crack rauchte und den Fernseher nur eingeschaltet hatte, weil sie Licht brauchte, kam die Sendung *The 700 Club*. Jennifer schickte spontan einen Hilferuf zu Gott: „Wenn es dich wirklich gibt, Gott, dann rede jetzt mit mir!"

In diesem Augenblick fing ich an zu singen: „Jennifer, komm zurück nach Hause. Ich warte auf dich!" Jennifer fielen fast die Augen aus dem Kopf. Tränen rannen ihr über das Gesicht. Das war zu schön, um wahr zu sein. Gerade als sie sich selbst sagte, dass es zu spät für sie war, dass es keinen Ausweg gab und dass Gott sie nicht lieben konnte, war ich mit dem Lied fertig und sagte zum Publikum: „Wer immer du bist, es ist noch nicht zu spät für dich. Gott weiß, woher du kommst und was du getan hast, aber er liebt dich. Er wartet sehnsüchtig darauf, dass du heimkommst."

Musik hat eine unglaubliche emotionale Kraft. Wenn Gott sie gebraucht, kann sie Leben verändern. Jennifer hörte die Worte im Fernsehen, rief die eingeblendete Nummer an und bekam Hilfe. Sie ist heute eine überzeugte Christin, und ihr Leben hat sich radikal verändert. Sie spricht auf den Straßen Hollywoods mit jungen Frauen, die auch abgerutscht sind, über ihre rettende Begegnung mit Gott.

Evelyn Bence erzählt in ihrem Buch *Spiritual Moments with the Great Hymns* („Geistliche Momente mit den großen Chorälen") die Geschichte von Peggy, die zu Christus gefunden hat, als sie in einem Film ein Lied hörte, in dem ungefähr folgende Worte vorkamen: „Liebevoll und sanft ruft Jesus [. . .]: Komm heim!"

Peggy berichtet: „Wochen danach sang ich noch dieses Lied und versuchte mich an den Text zu erinnern. Ich summte es, während ich den Abwasch erledigte. Ich sang vor mich hin, während ich die Wäsche zusammenlegte. Eines Tages begann mein Mann mitzusingen. Etwas perplex fragte ich ihn, woher er den Text kenne. Er sagte mir, das sei ein altes Kirchenlied, das in allen Baptistengemeinden gesungen würde [. . .]. Ich war überrascht: In meinem eigenen Haus war jemand, der mir den Text beibringen konnte! ,Wie konntest du dieses Lied kennen und es mir nicht beibringen?', fragte ich."

Peggy war begierig darauf, die Musik zu hören. Vielleicht kennen Sie ein Lied, das ein anderer hören müsste. Vielleicht kennen Sie ein Lied, das Sie sich wieder einmal anhören sollten. Warum laden Sie nicht einmal ein paar Freunde zu sich zum gemeinsamen Musikhören ein? Suchen Sie ein paar Songs aus, die Ihnen etwas Besonderes bedeuten, und genießen Sie diese zusammen. Ich wünsche Ihnen viel Segen und Anregung dabei!

Musik liegt in der Luft. Wenn Sie auf dem Land leben oder in der Nähe eines Parks, bleiben Sie öfters mal eine Weile im Freien stehen und spitzen die Ohren. Nehmen Sie sich eine Decke und legen Sie sich ins Gras. Schließen Sie dabei Ihre Augen. Vielleicht hören Sie Vögel singen. Vielleicht hören Sie Grillen zirpen. Vielleicht hören Sie Eichen knarren. Vielleicht hören Sie eine andere Stimme aus Gottes großem Chor.

Als Jesus das Gleichnis vom Sämann lehrte, schloss er mit den Worten: „Wer Ohren hat, soll gut zuhören!" (Markus 4,9). Der Bezug ist klar. Einige Leute hören mehr als andere. Manche sind auf die Stimme Gottes „geeicht", andere nicht.

Für mich stellt diese Botschaft eine Mahnung dar, innezuhalten und der Musik, dem Wort Gottes, anderen Menschen und den täglichen Kleinigkeiten neu zuzuhören. Achten Sie im Gespräch mit anderen Menschen mal darauf, wer Ihnen wirklich zuhört. Wer die Traurigkeit in Ihrem Tonfall hört oder Ihre Freude vernimmt. Werden Sie selbst ein Zuhörer der Musik, des Lebens, Gottes! Das Leben ist voller Lärm, aber in jedem Pulsschlag liegt auch Musik. Gott wartet darauf, Freude und Frieden in das Chaos unserer Tage zu bringen.

Zwacken Sie einige Momente für sich ab, um mit Freude und Frieden erfüllt zu werden, mit einem neuen Sinn für Staunen und Dankbarkeit über das Geschenk der Musik.

Schritte zur Freude

1. Besuchen Sie einen Musikladen, in dem Sie sich eine Auswahl an CDs vor dem Kauf anhören können. Probieren Sie mal etwas ganz Neues aus. Hören Sie sich einen ungewohnten Musikstil an. Wählen Sie einen Interpreten oder Komponisten aus, den Sie noch nicht kennen, und lassen Sie sich von der Musik davontragen.

2. Nehmen Sie sich jeden Tag Zeit zum Musikhören, auch wenn es nur zehn Minuten sind. Legen Sie ein Album mit geistlicher Musik auf und lassen Sie die Worte Ihre Seele beglücken. Hören Sie einfach zu, so als ob Sie die Musik und die Liedtexte zum ersten Mal hören würden, und lassen Sie die Musik Ihr Innerstes anrühren.

3. Legen Sie kurz vor dem Essen eine entspannende Hintergrundmusik auf. Sagen Sie Ihrer Familie im Voraus nichts davon. Tun Sie das eine Woche lang, und beobachten Sie, ob es jemand bemerkt und ob sich die Stimmung am Tisch ändert.

4. Führen Sie einige Kinder (Nachbarskinder oder Freunde Ihrer eigenen Kids) zu einem Konzert aus, und gehen Sie danach mit ihnen Pizza essen, um mit ihnen über das Gehörte zu sprechen. Geben Sie ihnen Papier und Stifte, und lassen Sie sie ihre Eindrücke von der Musik aufmalen.

5. Wenn Sie ein Klavier haben, aber nicht oft spielen, organisieren Sie eine Party und laden Sie jemanden ein, der gut spielen kann. Der großartige Klang wird bei Ihnen durchfegen und selbst Ihre Gardinen entstauben.

6. Klären Sie ab, ob Sie bei sich in der Nähe ein Altenheim oder Kinderkrankenhaus besuchen können, und nehmen Sie Musik mit. Das können ein paar Sänger oder Musiker sein oder einfach ein CD-Player. Verbreiten Sie Freude. Lassen Sie die Musik ihre heilende Wirkung entfalten.

7. Der Theologe Rudolf Bultmann sagte einmal in seiner Schrift *This World and Beyond* („Diese Welt und das, was darüber hinaus geht"): „Es wäre ein trauriger Tag für uns, wenn je die Kirchenglocken in unseren Dörfern nicht mehr ertönen würden." Wenn Sie das nächste Mal eine Kirchenglocke hören – diese Woche noch oder in zwei Jahren in den Ferien –, halten Sie inne, und hören Sie auf das Läuten. Es soll Sie einladen, Gott in Ihrem Herzen zu loben und zu preisen.

8. Gehen Sie spazieren und hören Sie. Halten Sie die Ohren offen für die Musik der Natur – Vogelzwitschern, das Rascheln des Windes . . . Wenn das, was Sie da hören, ein Hupkonzert auf der Straße oder ein vorbeiratternder Zug ist, hören Sie mit Ohren zu, die den Lärm des Verkehrs in rhythmische Musik verwandeln.

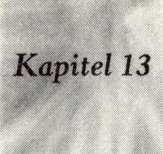

Kapitel 13

Sinnesfreuden

Denn alles, was Gott geschaffen hat, ist gut. Wir brauchen nichts davon abzulehnen, sondern dürfen alles essen, nachdem wir Gott dafür gedankt haben. Es wird durch das Wort Gottes und durch das Gebet rein.

1. Timotheus 4,4–5

In ihrem humorvollen Buch *Creating a SenseSational Home* (etwa: „Ein sinnliches Heim schaffen") schreibt Terry Willits: „In seiner Güte und Kreativität hat [Gott] uns Augen gegeben zu sehen, Ohren zu hören, eine Nase zum Riechen, einen Mund zum Schmecken und Reden und eine Haut zum Spüren. Jeder unserer Sinne ist ein Segen, der unser Leben in einzigartiger Weise bereichert und ungeheure Freude oder Schmerz verursachen kann. Obwohl jeder der Sinne für sich genommen wunderbar ist, treffen wir selten nur einen allein an. Stattdessen hat Gott alle Sinne unzertrennlich zusammengefügt, damit sich alle Dimensionen des Lebens entfalten können, während wir die Welt um uns her wahrnehmen."

Sie schreibt weiter: „Die Rolle der Sinne ist im Gedächtnis so eindrücklich, dass viele Andenken im Leben oft nur Erinnerungen unserer stimulierten Sinne sind."

Jedes Mal, wenn ich den Duft einer Lilie rieche, werde ich an meine Hochzeit erinnert. Alle möglichen Sinneseindrücke werden dann wieder wach: der Klang der majestätischen Orgel in der St. Matthew's Church in Charleston, der Anblick der beiden niedlichen Blumenmädchen, die weiße Kleidchen anhatten und zusammen eine Girlande aus Lilien trugen, der auffällige Hut meiner Mutter, die sehnsüchtige

Melodie der Dudelsäcke und das Funkeln der Kerzen in der Empfangshalle.

Es passiert so leicht, dass wir durchs Leben gehen und uns eigentlich der Freuden gar nicht bewusst sind, die auf uns warten. Wenn wir uns doch nur selbst zugestehen könnten, den Augenblick bewusst wahrzunehmen – und all die kleinen Gnadenbeweise, die Gott uns wie Rosenblätter vor die Füße streut.

George Fox, einer der Begründer der Quäker, stellte fest, dass eine lebendige Beziehung zu Gott seine Sinne schärfte. Tagebucheinträge aus der Zeit seiner Hinwendung zu Gott lassen darauf schließen, dass er alles um sich herum ganz neu wahrzunehmen begann: „Und die gesamte Schöpfung gab mir einen anderen Geschmack als zuvor, jenseits dessen, was Worte auszudrücken vermögen." Als er die Freude am Herrn entdeckte, fand er, dass diese Welt ihm besser „schmeckte"!

Vielleicht gibt es zwischen unseren Sinnen und unserer Wahrnehmung von Gott so etwas wie eine sich aufwärts drehende Spirale: Gott kann unsere Sinne verstärken, und unsere Sinne können unsere Wahrnehmung von Gott verstärken. Terry Willits geht davon aus, dass Gott uns unsere Sinne in erster Linie dazu gegeben hat, „dass wir seine Gegenwart ehrfurchtsvoll wahrnehmen und dankbar sind für seine Güte."

Wir wollen hier kurz die drei Freuden des Gesichtssinns, des Tastsinns und Geschmackssinns betrachten.

Freude an der sichtbaren Schönheit

Ihr habt mit eigenen Augen alle diese großen Taten gesehen, die der Herr vollbracht hat.
                                                                5. Mose 11,7

In seinem Buch *Behold the Glory* („Sieh die Herrlichkeit") sagt Chad Walsh, dass er normalerweise über den Campus des Colleges ging, an dem er unterrichtete, ohne die gewöhnlichen Dinge in seiner Umgebung besonders wahrzunehmen. Aber dann bemerkt er: „Ich habe mich plötzlich dabei ertappt, wie ich die Dinge mit neuen Augen sah, so als ob ich von einem anderen Stern käme. Selbst die Bäume nehmen die Form bekannter Gesichter an [. . .]. Und die Pfade: Für einen kurzen Moment sehe ich die Pfade als das, was sie wirklich sind: die Venen und Arterien des sozialen und intellektuellen Beziehungsgeflechtes zwischen den einzelnen Menschen."

An einem Herbsttag fuhr ich eine vertraute Allee entlang, als ich beinahe vom Weg abkam, weil die Farbenpracht der Bäume so intensiv war. Diese Straße befuhr ich regelmäßig, aber dieses Mal sah sie so aus, als hätte Gott über Nacht eine Gruppe der besten Künstler der Welt vorbeigeschickt und ich wäre in den Eröffnungstag dieses Spektakels geraten. Die Allee bot einen Anblick, an den man sich immer erinnern wird. Jeder Baum hatte sein Farbenkleid verändert und wies nun leuchtend goldene, rotkehlchen-rote, sonnen-gelbe und kürbisorange Schattierungen auf. Als ich langsam an dieser festlich geschmückten Baumreihe entlang fuhr, tanzten Blätter durch die Luft und klatschten gegen meine Windschutzscheibe. Es schien, als hätte ich einen verwunschenen Garten entdeckt. Ich geriet stark in Versuchung auszusteigen und Gottes Einfallsreichtum zu applaudieren.

Cheryl Forbes ermutigt uns in ihrem bereits zitierten Buch über eine Theologie des Staunens dazu, uns die Farben um uns herum genauer zu betrachten. Gott habe klare Linien geschaffen, so schreibt sie, und dann „fügte Gott das Licht und die Farben hinzu, die eine andere Art des Lichtes sind. Es gibt nur ein paar Grundfarben, von denen die schier endlose Palette an Farbtönen und Schattierungen abstammt. Aber vergessen Sie nicht das Licht, denn es wirft den Schatten und zaubert die Abweichungen und Nuancen in einer Farbe, es schafft die räumliche Tiefe bei Gegenständen, die sonst flach und uninteressant erscheinen mögen. Ohne das Licht wären Farben und Formen bedeutungslos."

Eine Freundin erzählte mir von einem Gespräch mit einer Frau, die von Geburt an blind war. Als die blinde Frau auf das Thema Farben zu sprechen kam, fragte meine Freundin sie, ob sie sich unter Farben etwas vorstellen könne. Die blinde Frau begann, das Farbensystem zu beschreiben mit Rot als Komplementärfarbe zu Grün und Gelb als Gegenfarbe zu Blau. Sie schien das Ganze zwar zu wissen, aber sie konnte die Bedeutung dahinter nicht begreifen. Sie kannte die Theorie, aber hatte keine Möglichkeit, die praktische Wirkung zu sehen.

Beachten Sie die Farben in Ihrer Welt! Diane Ackerman berichtet in ihrem Buch *A Natural History of the Senses* („Eine Geschichte der Sinne") vom Besuch eines naturkundlichen Museums: „Ich stand einmal vor einem riesigen Schwefelkristall, der so intensiv gelb war, dass es mich überwältigte und ich anfing zu weinen. Ich war kein bisschen unglücklich – ganz im Gegenteil. Ich fühlte eine überschäumende Freude und tiefe Erregung. Die Intensität der Farbe wirkte sich auf mein Nervensystem aus. Zu der Zeit war dieser Gefühlsausbruch für mich total überraschend, und ich dachte: Ist es nicht etwas Außergewöhnliches, auf einem Planeten zu leben, auf dem es Farbtöne wie diesen gibt?"

Diane berichtet, Wissenschaftler wüssten bereits seit Jahren, dass gewisse Farben eine bestimmte Gefühlsreaktion auslösen. Rosa beruhige Kinder. Rot habe eine erregende Wirkung. Grün wirke entspannend.

Sehen Sie sich in Ihrem eigenen Heim mit einem neuen Blick für die Wirkung von Farben um. Was ist Ihre Lieblingsfarbe? Wie können Sie einen schönen Farbtupfer hinzufügen?

Der Dichter John Keats sagte einmal: „Eine schöne Sache ist eine Freude für immer." Miriam Rockness bemerkt in *Home: God's Design* („Unser Zuhause nach Gottes Plan"): „Wenn man auch nur flüchtig von einer ‚schönen Sache' berührt wird, kann einen das über alltägliche Gewohnheiten und kleine Wehwehchen hinaus verweisen. Diese Gemütsbewegung kann auch noch lange nach dem tatsächlichen Moment anhalten. Es steht in unserer Macht, unsere Umgebung zu beeinflussen; aber es steht auch in der Macht unserer Umgebung, uns zu beeinflussen."

Jawohl! Unsere Umgebung beeinflusst uns, aber jeder kann eine klitzekleine Kleinigkeit dazu beitragen, seinen Arbeitsplatz oder die Küche oder das Schlafzimmer mit etwas Schönem zu bereichern. Ordnen Sie die Papiere, mit denen Ihr Schreibtisch übersät ist. Überziehen Sie ein Kissen neu. Stellen Sie die Möbel um. Schmücken Sie den Tisch mit einem Blumenstrauß. Decken Sie zum Abendessen den Tisch besonders festlich und zünden Sie Kerzen an.

Oder denken Sie an Ihren eigenen Körper. Vielleicht ist es Zeit für eine neue Frisur oder eine andere Veränderung? Machen Sie sich einfach mal ohne besonderen Anlass toll zurecht und genießen Sie das Gefühl, gut auszusehen. Oder Sie legen einen „Pflege-und-Genießer-Vormittag" ein, komplett mit Schaumbad, Feuchtigkeitsmaske, Haarkur und Solariumsbesuch. Wenn Sie sich schon lange nichts Neues mehr zum Anziehen gekauft haben, gönnen Sie sich doch mal ein richtig schönes Teil! Es macht Spaß, hin und wieder einen neuen Look auszuprobieren. Halten Sie die Augen auf! Erhellen Sie Ihre Welt!

Gaumenfreuden

Er hat [. . .] den Hungernden reiche Nahrung verschafft.

Psalm 107,9

Der Apostel Paulus schreibt: „Denn alles, was Gott geschaffen hat, ist gut. Wir brauchen nichts davon abzulehnen, sondern dürfen alles essen, nachdem wir Gott dafür gedankt haben. Es wird durch das Wort Gottes und durch das Gebet rein" (1. Timotheus 4,4–5). Paulus spricht hier tatsächlich und nicht im übertragenen Sinne vom Essen!

Äußerst detailliert beschreibt Terry Willits einen Besuch auf dem Bauernmarkt vor Ort und fasst dann ihre Erfahrung so zusammen: „Es ist ein Schlaraffenland für die Geschmacksknospen!"

Ganze Bücher wurden schon über den Balanceakt geschrieben, den viele von uns vollführen, wenn es ums Essen geht. Natürlich müssen wir essen, um zu überleben. Und Gott hat uns mit der Fähigkeit ausgestattet, die große Vielfalt an süßen und sauren, milden und scharfen Dingen zu genießen. Willits bemerkt weiter: „Jeder Mensch hat ungefähr zehntausend kleine Geschmackspapillen, um die verschiedenen Geschmacksrichtungen des Essens wahrzunehmen."

Manche Menschen finden so viel Gefallen am Essen, dass sie sich der „Sünde der Völlerei", also einer übermäßigen Genusssucht ergeben – sehr zur Freude aller Diätproduktfirmen. In dem Büchlein *Wishful Thinking*[1] („Der Wunsch als Vater des Gedankens") von Frederick Buechner, einem humoristischen frommen Wörterbuch, wird die Fresssucht folgendermaßen definiert: Ein *Vielfraß* ist „jemand, der den Kühlschrank plündert, um seine geistliche Unterernährung zu therapieren." Und in *Disordered Loves* („Gestörte Vorlieben") schreibt William S. Stafford: „Genusssucht ist, wenn man isst und trinkt und dabei Gott außen vor lässt." Er hält es für bedenklich, wenn Essen und Trinken zum „Hauptvergnügen im Leben und zur alleinigen Quelle der Behaglichkeit werden."

Als es Jesus in der Wüste hungerte, schlug der Teufel ihm vor, aus den Steinen Brot zu machen. Jesus antwortete mit einem Argument aus der Bibel: „Der Mensch lebt nicht nur von Brot" (Lukas 4,4). Die Nahrung kann letztlich nicht den inneren Hunger stillen – und doch sind auch die Evangelienberichte über Jesus voller Geschichten über das Essen und sogar über das Fasten. Jesus war offenbar ein sinnesfreudiger Mensch. Gleich bei seinem ersten öffentlichen „Auftritt" verwandelte er Wasser in Wein – 10 Punkte auf der Genießerskala! Er gab uns den Befehl, Brot und Wein, die symbolisch seinen Körper und sein Blut darstellen, zu essen und zu trinken und mit diesem sinnlichen Akt die Erinnerung an ihn zu feiern. Und wir leben in der Hoffnung, uns ihm beim himmlischen Hochzeitsmahl anschließen zu können.

Wir werden dazu ermutigt, die Ernte zu genießen und sie dankbar zu empfangen (1. Timotheus 4,4).

Essen ist nicht nur eine lästige Pflichtübung, um uns am Leben zu erhalten. Ihnen ist die Fähigkeit gegeben, zu schmecken und zu genießen – deshalb nehmen Sie sich die Zeit, das Aroma Ihrer Nahrung Biss für Biss zu schmecken. Kauen Sie langsam und lassen Sie das Essen bewusst auf Ihre Geschmacksnerven wirken. Lassen Sie es nicht zur Gewohnheit werden, schnell im Vorbeigehen oder im Stehen etwas zu essen. Setzen Sie sich zum Essen an den Tisch (nicht vor den Fernseher!). Probieren Sie zu Hause oder im Restaurant ein neues Gericht, eine neue Zutat oder eine neue Kombination alter Zutaten aus – einfach um zu sehen, ob Sie es mögen. Gehen Sie in ein Viertel Ihrer Stadt, in dem andere Nationalitäten vertreten sind, und kaufen Sie dort Nahrungsmittel ein, deren Namen Sie noch nicht einmal aussprechen können. Stellen Sie Fragen und experimentieren Sie herum. Ich liebe die indische Küche, und thailändisches Essen schmeckt mir auch sehr gut. Wir in der westlichen Welt haben unendlich viele kulinarische Möglichkeiten. Nutzen Sie sie!

Aber genießen Sie auch die alten Gerichte. Bitten Sie Ihre Mutter, Großmutter oder Tanten, Ihnen (am liebsten handschriftlich) Rezepte von den beliebtesten Familiengerichten aufzuschreiben, an die sie sich noch aus ihrer Kindheit erinnern können. Geben Sie Ihren Kindern Ihre eigenen Lieblingsrezepte weiter. Sprechen Sie über Geschmacksrichtungen, Nahrungsmittelbezeichnungen und Kräuternamen. Nehmen Sie die Kinder mit in die Küche, um die Freude an der Vielfalt unserer Nahrungsmittel mit ihnen zu teilen. Pflanzen Sie auf der Fensterbank eigene Kräuter an, um den Mahlzeiten den besonderen Pfiff zu geben.

Freude am Duft

Duftendes Öl und Weihrauch geben eine festliche Stimmung.

Sprüche 27,9

Der Geschmackssinn ist so eng mit dem Geruchssinn verbunden, dass es manchmal schwer fällt, das eine vom anderen zu unterscheiden. In ihrem Buch *Dakota* schreibt Kathleen Norris davon, wie sie eine Schulklasse darum bat, einmal einige Minuten ganz still zu sein und ihren Gedanken freien Lauf zu lassen. Die Lehrerin erzählte später, ihre Gedanken wären zu ihrer Mutter gewandert und dazu, wie zu dieser Jahreszeit der gewohnte Geruch im Haus allmählich dem Duft von Zimt, Pfefferminze und Gewürznelken für die Weihnachtsbäckerei weichen würde. „Am meisten liebte ich die Süßigkeiten . . . Nusspraliné, Karamellen, Weihnachtsplätzchen – einfach göttlich!"

In ihrer Erinnerung ließen sich Düfte und Geschmack kaum unterscheiden. Versuchen Sie, sich an einige der angenehmen Düfte Ihrer Kindheit zu erinnern. Was können Sie tun, um diese Düfte jetzt wiederzuholen? Einen Fliederbusch in Ihrem Vorgarten anpflanzen? Thymian oder Minze in Ihrem Garten ziehen? Einen Abend mit Backen verbringen? Etwas parfümiertes Öl oder ein Duft-Potpourri kaufen? Eine wohlriechende Seife vielleicht? Einen echten Weihnachtsbaum verwenden?

Ihre Gäste – und Ihre Kinder – sollten sich noch lange an den eindrücklichen Wohlgeruch in Ihrem Haus erinnern. In ihrem Buch *Creating a SenseSational Home* merkt Terry Willits an: „In zwanzig Jahren werden sich andere vielleicht nicht mehr an den Stoff erinnern, mit dem Ihr Sofa bezogen war. Aller Wahrscheinlichkeit nach werden sie sich auch nicht mehr an das Essen erinnern, das Sie gekocht haben. Aber wenn Sie Ihr Heim mit vielen Wohlgerüchen füllen, dann – das kann ich Ihnen versichern – werden sie diese Erinnerungen mit sich tragen, auch wenn der Geruch lange schon verflogen ist."

Wenn ich an die Gute Nachricht denke, stelle ich fest, dass sie eingebettet ist in balsamische Düfte – angefangen bei Weihrauch und Myrrhe, dem Geschenk der Weisen aus dem Morgenland zur Geburt Jesu, bis hin zu den wohlriechenden Ölen und Salben, die die Frauen ans Grab brachten und dann nicht anwenden konnten, weil Jesus auferstanden war.[2]

In ihrem Buch *Celebrate Joy!* ("Feiere die Freude!") erzählt Velma Daniels, wie sie von zwei kleinen Kindern in ein Gute-Nacht-Spiel verwickelt wurde, das sie „Gott ist . . ." nannten. Dabei sollte jeder der Reihe nach einen Satz mit einer positiven Umschreibung von Gott beenden. Die sechsjährige Missy wagte schließlich den Satz: „Gott riecht immer gut."

„Das ist doof", meinte ihr älterer Bruder.

Aber Missy bestand darauf: „Manchmal riecht er nach Orangenblüten und manchmal nach Äpfeln. Heute Abend riecht er nach Erdbeeren."

Velma Daniels fragte sich natürlich, ob Missy nicht einfach nur den Duft des Erdbeerschaumbades roch, das sie vor dem Schlafengehen genommen hatte. Aber vielleicht kann uns Missy auch noch zu einer neuen Erkenntnis und Wertschätzung eines geistlichen Bildes führen. In 2. Korinther 2,14 (Luther) schreibt Paulus über das göttliche Aroma: Gott „offenbart den Wohlgeruch seiner Erkenntnis durch uns an allen Orten!" Und dann schreibt Paulus überraschenderweise noch, dass wir Gläubigen „für Gott ein Wohlgeruch" sind (Vers 15).

Es gibt in den Evangelien eine sehr schöne Geschichte von einer Frau, die kostbares Salböl auf Jesu Füße goss und sie dann mit ihren Haaren trocknete. War Jesus verärgert über solch eine Verschwendung? Nein. Judas Ischariot kritisierte die Frau, aber Jesus verteidigte sie: „Lass sie in Ruhe!" (Johannes 12,7). In allen vier Evangelien kommt diese Geschichte von der Frau vor, die Jesus mit Öl salbt. Der Matthäusbericht endet damit, dass Jesus ihr Achtung zollt: „Überall in der Welt, wo in Zukunft die Gute Nachricht verkündet wird, wird auch berichtet werden, was sie getan hat. Ihr Andenken wird immer lebendig bleiben" (Matthäus 26,13).

Gott möchte uns dazu benutzen, seinen Wohlgeruch zu verbreiten. Können Sie sich über diese Metapher freuen? Ist Ihr „geistlicher Atem" taufrisch? Können Sie den Wohlgeruch Gottes wahrnehmen?

Velma Daniels erzählt noch von einer anderen Unterhaltung mit einem Kind. Bei einem Sonntagsschul-Picknick schenkte ein Mädchen ihr einen selbst gepflückten Strauß Blumen. Velma Daniels bedankte sich vielmals bei dem Mädchen und legte ihm dann nahe, sich die schmutzigen Hände waschen zu gehen. „Ich möchte meine Hände nicht waschen", entgegnete das Mädchen, „ich habe die Blumen für Sie damit gepflückt, und meine Hände werden den ganzen Tag noch schön riechen."

Velma Daniels fasst die Lektion, die sie an diesem Tag gelernt hat, so zusammen: „Der wahre Lohn für eine freundliche Geste liegt nicht in dem Dankeschön, das Sie bekommen, sondern in dem Wohlgeruch, den sie auf Ihren Händen hinterlässt."

Hören Sie auf, sich verbissen durchs Leben zu kämpfen! Genießen Sie die reiche Vielfalt der Düfte in Ihrem Leben – die tatsächlich „riechbaren" und die, die Gott durch den Beweis menschlicher Freundlichkeit schenkt.

Halten Sie inne und genießen Sie den Anblick, den Geschmack und Geruch von Gottes guten Gaben.

Schritte zur Freude

1. Folgende Anregung habe ich für Sie: Verpassen Sie jemandem, den Sie lieben, einen „Freudenschock". Was meine ich damit? Ruth Vaughn erzählt in ihrem Buch *Letters Dropt from God* („Briefe, die Gott eingeworfen hat") von ihren Eltern, die in einem Pflegeheim weit weg von ihrem Wohnort leben. Sie wusste, dass ihr Vater für sein Leben gern selbst gebackene Obstkuchen aß. Und so suchte und fand sie eine Frau, die in der Nähe des Heimes wohnte und sich bereit erklärte, von Zeit zu Zeit etwas Leckeres zu backen und ihren Eltern vorbeizubringen. Die Autorin schreibt: „Diese Einrichtung war bis zum Tod meiner Eltern eine geliebte Konstante. Sie wussten nie im Voraus, wann der ‚Freudenschock', wie ihre Mutter solche Dinge zu bezeichnen pflegte, eintreten würde."
Überraschen Sie jemanden mit einer besonderen Sinnenfreude, einem besonderen kulinarischen Genuss, einem erfreulichen Duft oder einem schönen Anblick.

2. Betrachten Sie einmal die Welt um sich her für eine halbe Stunde so, als wären Sie ein Besucher von einem anderen Stern. Sehen Sie die natürliche Welt, die künstliche Welt und die Schönheit in Ihrem eigenen Heim so, als nähmen Sie sie zum ersten Mal wahr. Sprechen Sie mit einem Familienangehörigen oder Freund über das, was Sie sehen. Wenn möglich, benutzen Sie dazu eine Metapher. Der Autor O. Henry beschrieb einmal eine Nacht als „schwärzer als ein Rabe in einer Kohlenmine." Das nenne ich ein eindrückliches Bild!

3. Die Farbenlehre bietet interessante Ansätze. Bestimmte Begriffe werden automatisch mit einer Farbe in Verbindung gebracht. Rot steht für die Liebe, Grün für die Hoffnung. Versuchen Sie doch mal festzustellen, ob auch andere Worte für Sie einer Farbe zugeordnet werden können. „Trauer" wäre natürlich schwarz. „Freude" vielleicht gelb. Welche Farbe hat wohl „Anteilnahme"? Oder „Heilung"? Mit ein bisschen Übung können Sie sich auch an größere Aufgaben wagen. Versuchen Sie, eine Farbe in einem Musikstück zu sehen. Oder probieren Sie, einen Bibelvers oder -abschnitt zu lesen und sich dabei zu fragen, mit welchen Farben Sie diesen Abschnitt assoziieren. Probieren Sie es aus! Welche Farben lässt dieses Kapitel Sie „sehen"?

4. Seien Sie eine Woche lang sehr konsequent und kreativ, was Ihr Tisch- und Abendgebet angeht. Suchen Sie nach neuen Ausdrucksformen und sinnlichen „Unterstützern" für das Beten. Kleine „Rituale" wie das Anzünden einer Kerze vertiefen den Sinneseindruck. Sie können die Dankgebete anderer Leute zu Hilfe nehmen und dabei auf ein Buch zurückgreifen, in dem Gebete aufgeschrieben sind.

5. Kochen Sie für Ihre Familie oder Gäste und bereiten Sie ein festliches Menü zu, das in Ihnen angenehme Erinnerungen an einen schönen Geschmack oder Geruch weckt. Sprechen Sie über das Essen, an was es Sie erinnert, warum es für Sie wichtig ist, was für spezielle Zutaten dazu erforderlich sind, wie Sie die Zubereitung sinnlich erlebt haben . . . Man kann auch einmal versuchen, mit Stäbchen zu essen oder sogar mit den Fingern. Oder laden Sie drei enge Freundinnen zum Abendessen ein. Bitten Sie eine, ein appetitanregendes Getränk, eine andere eine Suppe oder einen Salat und wieder eine andere die Hauptspeise mitzubringen; sorgen Sie für den Nachtisch. Bitten Sie jede, ein Gericht mitzubringen, mit dem sie eine besondere Erinnerung verbindet, und teilen Sie einander während des gemeinsamen Essens Ihre Erinnerungen mit!

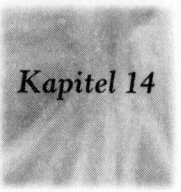

Kapitel 14

Stille Freude

Der HERR ist mein ein und alles; darum setze ich meine Hoffnung auf ihn. Der Herr ist gut zu denen, die nach ihm fragen, zu allen, die seine Nähe suchen. Klagelieder 3,24–25

Das mächtigste Werk Gottes ist die Frucht der Stille. F. B. Meyer

Komm schon, spring! Ich bin doch da!", rief Bobbie mir zu. Ich stand am Rand des Schwimmbeckens und hörte ein Klopfen in meinen Ohren. Ich schaute aufs Wasser. Ich schaute in Bobbys Augen. Er wollte, dass ich ihm vertraute, dass ich mich fallen ließ und eintauchte in das gechlorte Wasser, das meine Augen schon von weitem brennen ließ. Ich wollte es tun, aber ich hatte zu viel Angst.

Diese Erfahrung, die ich als sechzehnjähriges Mädchen gemacht hatte, dessen Schulfreund gerade versuchte, ihr den Kopfsprung beizubringen, war für mich eine „Mini-Parabel" für meine zukünftige Beziehung zu Christus. „Komm schon, Sheila, spring! Ich bin doch da!"

„Aber wo ist ,da'?", frage ich. „Und wird es mir dort auch gefallen?" Kontrollverlust. Es macht uns Angst. Aber wenn wir wirklich bei Jesus zur Ruhe kommen wollen, müssen wir die Kontrolle abgeben und mit Gott gehen, egal, wie das aussehen mag.

Richard Harries schreibt in seinem Buch *Prayer and the Pursuit of Happiness* („Gebet und das Streben nach Glück"): „Die meisten von uns finden es schwierig, mit der Stille richtig umzugehen. Unsere Gedanken wandern überall hin, und wenn wir nicht aufpassen, schaffen wir in unserem Kopf lediglich ein Vakuum, das sich mit allen möglichen unerwünschten Ängsten und Besorgnissen füllt. Und dennoch beginnt das Leben vor allen Dingen in der Stille an Tiefe zu gewinnen."

Ich denke zurück an mein Leben und erinnere mich daran, wie unheimlich es mir immer war, allein in der Stille zu sein. Solange alles um mich herum laut und ich beschäftigt war, musste ich schmerzlichen Dingen nicht ins Auge blicken. Weil ich keine Antwort sehen konnte, machte ich immer weiter und hatte immer den Kopf voll. Das scheint dann wie Kontrolle. Das heißt so viel wie: „Gott, ich weiß in dieser Situation einfach nicht weiter, aber ich werde nicht anhalten und vor dir niederknien und zugeben, dass mein Leben aus den Fugen geraten ist. Das wäre zu beängstigend, deshalb werde ich einfach so weitermachen wie bisher."

Als ich schließlich doch die Kontrolle verlor und auf dem Rücken landete, entdeckte ich, dass es zwar schmerzlich war, aber auch eine große Erleichterung. Ich tauschte meine fieberhaften Wiederholungen: „Ich kann das. Ich kann das!" ein gegen ein erleichterndes „Ich kann das nicht. Ich kann das nicht!" – und stellte fest, dass Jesus es kann und auch tun wird, wenn wir nur mal einen Schritt zur Seite gehen. Nur von dieser Stelle aus können wir uns in die Stille zurückziehen.

Um die Freude zu finden, die mit dem Rückzug in die Stille und Gegenwart Gottes einhergeht, müssen wir auch bereit sein, innezuhalten und zu hören.

Ich sprach kürzlich mit einer Freundin über dieses Thema. Wir fuhren gerade zu einer anderen Freundin, und so nahm ich die Gelegenheit wahr, meine Besorgnis ihr gegenüber zum Ausdruck zu bringen: „Ist dir eigentlich bewusst, wie geschäftig dein Leben geworden ist?", fragte ich sie. „Du machst nie eine Pause und nimmst dir einen Tag frei oder gönnst dir auch nur ein paar Stunden Ruhe, um ein Buch zu lesen oder zu beobachten, wie die herbstlichen Blätter ihre Farbe verändern."

„Ich kann nicht zur Ruhe kommen", sagte sie. „Das ist mir zu stressig."

„Jetzt mach aber mal einen Punkt! Wie kann denn Ruhe stressig sein?", hakte ich nach.

Ich glaube, das Thema war ihr peinlich. „Ich ziehe es einfach vor, beschäftigt zu sein", entgegnete sie ausweichend.

Mit der Stille ist es wie mit einem Ladenhüter, der sich nicht gut verkaufen lässt und – verstaubt und veraltet – ganz hinten im Regal steht.

Miriam Rockness (Autorin des Buches *Keep These Things, Ponder Them in Your Heart* („Behalte diese Dinge, bewege sie in deinem Herzen") bringt die Erschöpfung vieler Frauen zur Sprache. Sie legt ihr Problem offen und bietet gleichzeitig auch eine Lösung an: „Ich bin erschöpft. [. . .] Der Brunnen ist ausgetrocknet! [. . .] Ich weiß, was schief gegangen ist. Ich habe gegeben und gegeben, ohne meine inneren Kräfte zu erneuern. Kann man immer nur ausatmen, ohne einzuatmen? Ich muss mich von jedem, allem lösen und meine Seele ernähren. Ich habe mir eingeredet, Zurückgezogenheit sei ein Luxus, den ich mir nicht leisten könne. Aber meine geistliche Armut macht die Zurückgezogenheit zur Lebensnotwendigkeit für meine Seele, so wie das Essen lebensnotwendig ist für den Körper. Stille. Eine Zeit, um mich von der Zerstreuung zurückzuziehen. Um meinen Tag zu ordnen. Meine Woche. Mein Leben. Um auf Tuchfühlung mit mir selbst zu gehen. Mit meinem Schöpfer."

Wie können wir in dieser von Lärm und Tumult erfüllten Welt Inseln der Ruhe und Stille für eine Zeit allein mit Gott finden – weit weg vom Lärm dieser Welt? In seinem berühmten Buch *Dienstanweisung für einen Unterteufel* beschreibt C. S. Lewis, wie die Teufel Musik und Stille zu verbannen und mit Lärm niederzuschreien versuchen. „Wir [die Teufel] werden am Ende das ganze Weltall zu einem einzigen Lärm machen."[1] Lärm kann uns zerstreuen, bedrängen, aufregen – und unsere Nerven zerfetzen.

Es ist an der Zeit, dass wir uns in die Stille zurückziehen und allein mit Gott sind. Was ist Stille? Stille ist die Abwesenheit von Lärm. Stille heißt, sich Zeit zu nehmen und die alltägliche Routine hinter sich zu lassen. Es heißt, sich mit Gott zu verabreden und dass dabei nichts stören darf. Es bedeutet, sich einen Nachmittag frei zu nehmen und mit einem Tagebuch, der Bibel und dem Lieblingsandachtsbuch in den Park zu gehen – oder auch nur unter einem Baum zu sitzen und die Gegenwart Gottes zu genießen. Es kann bedeuten, am Strand entlangzuspazieren und sich der Gemeinschaft mit Christus bewusst zu sein.

Einige meiner Freunde haben die Gelegenheit wahrgenommen, an so genannten Einkehrtagen in einem Kloster oder einer Kommunität teilzunehmen. Es gibt dort die Möglichkeit, etwa eine Stunde täglich mit einem geistlichen Mentor zu sprechen. Ansonsten gibt es nur Sie und Gott, kein Gespräch, kein Geplauder beim Frühstück. Es kann schwer sein, die Stille zu ertragen und zu wissen, wo und was man damit anfangen soll. Ich stelle mir das wie beim Bergsteigen vor. Man beginnt mit einem kleinen Hügel, und es mag ratsam erscheinen, zunächst einen Führer dabei zu haben, der ortskundig ist. Deshalb ist auch der erfahrene geistliche Mentor da und steht mit Rat und Tat zur Seite.

Mein Freund Brennan Manning leitet Stille Tage, die unter einer festen Leitung stehen. Eine Gruppe von fünf oder sechs Personen verbringt zusammen einige Tage in schweigend, stillem Gebet und Meditation und liest die Bibel oder Auszüge aus biblischen Büchern, die der Leiter vorgibt. Dieser trifft sich jeden Tag allein mit jedem einzelnen Teilnehmer, um über das zu reden, was der Heilige Geist ans Licht bringt, oder er gibt Hilfestellung, wenn jemand lernen möchte, wie er sich in der Stille üben kann.

Ich bat einen meiner Freunde nach seiner ersten Retraite mit Brennan um einen Bericht. „Freude und Schmerz", meinte er nur. „Freude und Schmerz."

„Ich brauche mehr Information als das!", bemerkte ich lachend.

„Okay, lass mich mal versuchen, es in Worte zu fassen." Er schwieg einige Momente und sagte dann: „Wie du weißt, bin ich schon seit langer Zeit Christ. Ich hatte dort den Eindruck, dass ich zum ersten Mal Gott richtig begegnet bin. Zuerst war ich verlegen. So Stunde um Stunde mit Gott allein gelassen, war es für mich peinlich zu sehen, wie wenig ich ihn kannte und an mich herangelassen hatte. Ich wusste nicht, was ich sagen sollte. Ich betete für jeden, an den ich nur denken konnte, und dann rannte ich nach draußen. Brennan ermutigte mich, einfach nur mit Gott zu ‚sein'." Er hielt inne und schaute mich an, um zu sehen, ob ich ihm hatte folgen können.

„Die ersten beiden Tage waren hart und zogen sich lange hin, aber danach begann ich mich zu entspannen und mich über die Gegenwart Gottes zu freuen. Der Schmerz lag darin, meiner eigenen Menschlichkeit und Fehlerhaftigkeit zu begegnen, aber die Freude lag darin, die Liebe und Gnade Gottes bewusst anzunehmen. Ich hatte bisher keine Ahnung", meinte er mit leuchtenden Augen, „keine Ahnung, dass ich so sehr geliebt werde!"

Ich hoffe, dass ich auch bald an einer solchen Retraite teilnehmen kann. Ich reise so viel und mit einem kleinen Jungen im Schlepptau ist ein ganzer Tag der Stille eine Seltenheit. Aber ich weiß, dass die Freude in der Stille auf uns wartet.

Vielleicht können Sie sich wie in meinem Fall nicht gleich zwei oder gar fünf Tage frei nehmen, aber wir können uns alle einen Nachmittag oder einen Abend abzwacken, um bewusst mit Gott zusammen zu sein und uns einfach daran erinnern zu lassen, dass er bei uns ist.

Versuchen Sie, einen Teil Ihrer Stillen Zeit draußen im Freien zu verbringen, wo Sie Gott in seiner Schöpfung begegnen. Lassen Sie Gott durch das Werk seiner Hände zu Ihnen sprechen. In Römer 1,20 heißt es: „Weil Gott die Welt geschaffen hat, können die Menschen sein unsichtbares Wesen, seine ewige Macht und göttliche Majestät mit ihrem Verstand an seinen Schöpfungswerken wahrnehmen."

Ich muss an die Botschaft denken, die Anne Morrow Lindbergh von einer Muschel vernahm, von der sie in ihrem Buch „Muscheln in meiner Hand" schreibt: „Du wirst mich daran erinnern, dass ich versuchen muss, einen Teil des Jahres allein zu sein, wenn auch nur für eine Woche, für ein paar Tage; und für einen Teil des Tages, wenn auch nur eine Stunde oder wenige Minuten, damit meine Mitte intakt bleibt, mein Wesenskern, das Inselhafte in mir. Du wirst mich daran erinnern, dass ich meinem Mann, meinen Kindern, meinen Freunden und der übrigen Umwelt wenig geben kann, wenn ich die Insel nicht irgendwie in mir erhalte."[2]

In seinem Essay-Band *The God of Stones and Spiders* („Der Gott der Steine und Spinnen") erzählt Charles W. Colson die Geschichte von Nien Cheng, einer Chinesin, die 1966 zur Zeit der Kulturrevolution in eine kleine feuchte Gefängniszelle geworfen wurde. (Das ist nicht die Art von Abgeschiedenheit, die ich Ihnen wünsche!)

Ihre Aufmerksamkeit richtete sich auf eine Spinne, die ein eng verwobenes Netz spann. „Ich hatte gerade ein architektonisches Meisterwerk von einem äußerst begabten Künstler beobachtet." Diese Spinne lenkte sie von sich selbst ab und richtete ihre Gedanken auf Gott, den Schöpfer. „Ich wusste, dass ich gerade etwas außerordentlich Schönes und Erfreuliches mit angesehen hatte. Ich dankte Gott für das, was ich da gerade erlebt hatte. Es half mir zu sehen, dass er alles in der Hand hatte, und Mao Tse-tung und seine Revolutionäre erschienen sehr viel weniger bedrohlich. Ich fühlte eine neu erwachte Hoffnung und tiefes Vertrauen."

Colson fährt in seiner Erzählung fort und meint, Niens Geschichte handle weniger von ihrem eigenen Glauben und ihrem Mut, sondern vielmehr von „Gott, der selbst durch das Netz einer Spinne zu uns reden kann."

Ich möchte Sie dazu ermutigen, Gott in der Stille zu sich reden zu lassen – wenn Sie sein Wort lesen, wenn Sie auf die Erkenntnisse anderer Christen achten, wenn Sie auf den Geist Gottes in Ihrem Herzen hören und wenn Sie das Wunderwerk seiner Schöpfung betrachten.

Gönnen Sie sich selbst etwas Ruhe und Stille.

„Seid stille und erkennt, dass ich Gott bin!" (Psalm 46,11, Luther).

Freude in der Stille, weit weg von dem Lärm
des Telefons und des Verkehrs,
des Geschreis kleiner Jungs.
Freude in seiner Gegenwart,
allein, von Angesicht zu Angesicht,
erneuert in der Stille
und wiedergeboren in Gnade.

Schritte zur Freude

1. Suchen Sie sich zwei oder drei Freundinnen, die gerne mit Ihnen einige Tage der Stille verbringen möchten, und planen Sie mit ihnen zusammen ein Wochenende außer Haus. Das kann in einem Hotel oder Haus einer Freundin sein, das sie Ihnen für diese Zeit überlässt. Wählen Sie ein beliebtes geistliches Werk oder Andachtsbuch aus, und nehmen Sie sich vor, jeden Tag eine bestimmte Passage darin zu lesen. Verbringen Sie Zeit – lesend, hörend und betend – allein mit Gott. Kommen Sie am Abend zusammen, und teilen Sie sich gegenseitig Ihre Gedanken und Nöte mit. Beten Sie füreinander!

2. Führen Sie ein Tagebuch der Freude. Lernen Sie, Zeit mit Gott allein zu verbringen, und schreiben Sie die erfreulichen Dinge auf, die der Heilige Geist in Ihnen zu Tage fördert. Teilen Sie diese anderen Menschen in Ihrer Umgebung mit. Schreiben Sie Briefe an Freunde, und erinnern Sie diese an all die Dinge, über die wir uns freuen können.

3. Suchen Sie sich eine bestimmte Fernsehsendung aus, die Sie normalerweise gerne sehen, und widmen Sie diese Zeit Gott. Schalten Sie den Fernseher aus und verbringen Sie diese gewonnene Zeit in der Stille vor Gott.

4. Planen Sie sich in Ihrem Kalender bewusst bestimmte Zeiten mit Gott ein. Für mich ist eine solche Zeit beispielsweise der Neujahrsabend. Ich verbringe ein paar Stunden allein mit Gott und halte einen Rückblick auf das vergangene Jahr. Ich danke ihm für seine Gnade und Barmherzigkeit und vertraue ihm das kommende Jahr an.

5. In seinem Buch *Prayer and the Pursuit of Happiness* („Gebet und das Streben nach Glück") schlägt Richard Harries mit Bezug auf Markus 4 (Verse 35–41) eine „Zehn-Sekunden-Stille" vor: „Diejenigen, die im Gebet gern ihre Vorstellungskraft einsetzen möchten (das sind bestimmt nicht alle), können sich in einem Boot sitzend vorstellen: Ängste schlagen in ihrem Geist hoch wie Wellen in einem Sturm. Dann steht Jesus vor ihrem inneren Auge und sagt zu dem Sturm: ‚Schweig und verstumme!' Diese Methode sollte allerdings nicht mit einer Technik verwechselt oder als eine Art Autosuggestion missverstanden werden. Es ist einfach ein Weg, mittels der Vorstellungskraft eine geistliche Wahrheit zu begreifen." Harries schreibt weiter: „Der Zweck der Stille ist, uns ins Stillsein vor Gott zu führen, und der Zweck des Stillseins ist, uns der Gegenwart Gottes bewusster zu werden." Probieren Sie es aus!

Kapitel 15

Geteilte Freude

*Wir können unserem Gott nicht genug für euch danken und für die große
Freude, die er uns an euch erleben läßt.*

1. Thessalonicher 3,9

In dem Klassiker *Das Geheimnis eines glücklichen Christenlebens*
schreibt Hannah Whitall Smith: „Die Menschen unserer Umgebung sind oft die Flaschen, die unsere Medizin enthalten. [. . .] Die
Medizin, die diese menschlichen Flaschen enthalten, ist uns von dem
großen Arzt unserer Seelen verschrieben und gegeben worden, damit
all unsere geistlichen Krankheiten geheilt werden."[1]

Ich kann dem nur zustimmen.

In einem Brief an seinen Freund Arthur Greeves schrieb C. S.
Lewis[2]: „Für mich ist Freundschaft das größte Glück im Leben. [. . .]
Wenn ich einem jungen Mann einen Rat erteilen sollte, wo er am
besten leben könnte, dann meine ich sagen zu müssen: Opfere fast
alles, um dort zu leben, wo du bei deinen Freunden sein kannst."

Barry und ich zogen aus zwei Gründen nach Tennessee: Zum einen,
um näher bei seinen Eltern zu sein und Gemeinschaft mit ihnen zu
haben. Zum andern wollten wir bei unseren Freunden sein. Die meisten meiner besten Freunde leben in oder in der Nähe von Nashville.
Und diese Freunde bereichern wirklich mein Leben. Es gibt nichts auf
dieser Welt, was mir lieber ist, als mit den Menschen zusammen zu
sein, die ich mag und die mich mögen.

Der Apostel Johannes kannte den Schmerz, von seinen Freunden
getrennt zu sein, und die Freude, wieder mit ihnen zusammenzukom-

men. Der zweite Johannesbrief endet mit den Worten: „Ich hoffe, euch zu besuchen und persönlich mit euch zu sprechen. Dann wird an unserer gemeinsamen Freude nichts mehr fehlen" (Vers 12). Und der Apostel Paulus sehnte sich danach, seine Freunde in Philippi sehen zu können. Er redet sie an mit „meine geliebten Brüder und Schwestern, nach denen ich mich sehne, meine Freude und mein Siegeskranz" (Philipper 4,1).

Bei seinen Radioansprachen gebrauchte Charles R. Swindoll das Bild vom „schützenden Baum", um ein Bedürfnis zu verdeutlichen, das wir alle haben. Ich mag diese bildhafte Umschreibung der Freundschaft. Was für eine Freude für zwei Menschen, füreinander ein Schatten spendender Unterschlupf zu sein – ein Ort, an dem man sich ausruhen kann, wenn die Sonne zu heiß oder der Wind zu schneidend ist!

Aber der „Freundschaftsfaktor" steigert offensichtlich nicht nur die Lebensfreude. Die Zeitschrift *Modern Maturity* („Neue Reife") von 9/97 (die ich übrigens nicht regelmäßig lese) zitiert ausführlich Forscher und Professoren, die behaupten, dass eine intensive Freundschaft gut für den gesundheitlichen Allgemeinzustand und für das Herz-Kreislauf- und Immunsystem ist. „Der Beweis liegt klar auf der Hand: Gute Freunde sind von entscheidender Bedeutung für ein zufriedenes, gesundes Älterwerden", folgert der Autor R. Daniel Foster.

Wir brauchen gute Freunde, auch wenn wir den besten Ehemann aller Zeiten haben. Es ist ein Irrtum zu glauben, dass man als Verheiratete/r ruhig seine anderen Beziehungen vernachlässigen kann, weil man ja nun einen Freund hat, der rund um die Uhr für einen da ist! Wir brauchen die Gemeinschaft mit anderen Christen. Wir Frauen brauchen andere Frauen, mit denen wir lachen und weinen und „Frauensachen" unternehmen können.

Natürlich ist eine Freundschaft nicht immer nur eine angenehme Sache, da wir ja miteinander die Wahrheit reden wollen. Aber wenn wir alle im gleichen Hafen angelegt haben, können wir einander helfen, das Leck in unserem Boot zu flicken. Wenn eine Freundin meine Gefühle verletzt hat, fällt es mir schwer, in dieser Sache ehrlich zu sein. Ich möchte viel lieber alles unter den Teppich kehren und darüber hinweggehen. Manchmal ist das auch angebracht. Man muss nicht aus jeder Mücke einen Elefanten machen. Aber manchmal ist es dringend notwendig, die Wahrheit über eine Verletzung auszusprechen. Das ist riskant. *Was, wenn meine Freundin mir daraufhin die Freundschaft kündigt? Was, wenn ich falsch liege? Was, wenn sie ärgerlich wird?* Keiner dieser menschlichen Vorbehalte sollte uns von unserer Verpflichtung abhalten, einander wirklich mit allen Konsequenzen zu lieben. Wenn wir uns trotz der Dornen durch diese Hecke kämpfen und es zur anderen Seite hinüberschaffen, wird unsere Freundschaft stärker und unsere Freude echter sein.

Ich schätze die Freundschaft, die zwischen den sechs Frauen, die unser Konferenzteam bilden, aufkeimt. Einige unter uns wie Luci Swindoll und Marilyn Meberg sind schon seit Jahren befreundet. Als ich eines Tages bei einem der Treffen mit Kindersitz, Buggy und Windelpaket aufkreuzte, haben mich alle freundlich aufgenommen.

Die meiste Zeit über lachen wir zusammen und erfreuen uns aneinander, aber wir haben auch schwierige Augenblicke durchlebt, die wir zusammen ausfechten mussten. Der Schlüssel für mich ist die Sicherheit in dieser Freundschaft, die in unserer Verbundenheit liegt. Wir sind eine lange Wegstrecke zusammen unterwegs.

An manchen Abenden sitze ich an meinem Schreibtisch. Es ist schon spät und ich bin müde. Das Telefon klingelt und dran ist Patsy Clairmont mit einer witzigen Bemerkung oder mit einer inspirierenden Idee, die sie in einem Buch gelesen hat und mir mitteilen möchte. Sie bringt wieder frischen Wind in meine Segel. Wenn ich mit einem bestimmten Problem zu kämpfen habe oder nicht weiß, wie ich mit der Spannung in einer Beziehung umgehen soll, nehme ich den Telefonhörer und rufe Marilyn Meberg an. Es ist praktisch, eine Psychiaterin als Freundin zu haben!

Luci Swindoll konnte 1997 an zwei „Joyful-Journey"-Wochenenden nicht bei uns sein, und wir vermissten sie sehr. Als sie das erste Mal nicht dabei sein konnte, saßen wir gerade hinter der Bühne, warteten auf den Beginn des Programms und waren traurig, weil unsere beste Freundin fehlte – und genau in diesem Moment rief sie uns an. Wir konnten es gar nicht abwarten, mit ihr zu sprechen, und drängten uns gegenseitig, es kurz zu machen, damit jede drankam.

Ich habe von jeder der Frauen ein Foto an meiner Kühlschranktür heften. Jedes Mal, wenn ich die Milch für meinen Tee oder Christians Fläschchen aus dem Kühlschrank holen will, lächeln sie mir zu. Sie in meinem Leben zu haben, gibt mir das Gefühl, dazugehörig, geliebt, verstanden, beschützt, akzeptiert und verankert zu sein. Freunde sind Balsam und Freude für unsere Seele.

Eines der wichtigsten Dinge, zu denen wir in einer Freundschaft berufen sind, ist, „mit den Weinenden zu weinen". Während ich dieses Buch schreibe, beobachte ich, wie die Blätter von meinem Lieblingsbaum draußen vor meinem Fenster abfallen. So gibt es auch Zeiten in unserem Leben, wenn ein kalter Wind weht und wir uns zerbrechlich und ungeschützt fühlen. Das sind die Zeiten, in denen wir uns gegenseitig in eine Decke der Liebe und Freundschaft hüllen und wärmen müssen, bis der Frühling kommt.

Wahre Freundschaft wächst, wenn wir bereit sind, sowohl in den guten wie auch in den schlechten Tagen für den anderen da zu sein, wenn wir mit den Weinenden weinen und uns mit den Fröhlichen freuen (siehe Römer 12,15).

Manchmal fällt es schwer, uns mit jemand anderem zu freuen. Aber wenn wir uns in Christus sicher fühlen, können wir uns mitfreuen, wenn jemand anderem etwas gelingt, selbst wenn es etwas ist, was wir uns selbst gewünscht hätten. Das ist ein Opfer, ein Geschenk der Liebe.

Ich erinnere mich, als ich in der gleichen Kategorie wie Sandi Patty für den Grammy nominiert wurde (so etwas wie der „Oscar" beim Film für die Musikbranche). Ich war so aufgeregt und hatte mir extra ein schönes neues Kleid gekauft. Ich sorgte dafür, dass alle meine Verwandten in Schottland die Übertragung anschauten und schrieb eine kleine Rede, in der ich allen meinen Dank aussprechen wollte. Der Abend selbst war etwas ganz Besonderes. Ich saß vier Reihen hinter Barbra Streisand, und jedes Mal, wenn sie sich umdrehte und dieses bekannte Profil zur Schau stellte, hatte ich das Gefühl, in einem Film zu sein.

Dann war es Zeit für die Preisvergabe in unserer Kategorie. Ein Kameramann brachte sich neben mir in Position, um gegebenenfalls meinen „überraschten" Blick einzufangen. Dann sagte der Moderator: „Und die Gewinnerin ist . . . Sandi Patty."

Ich klatschte wie wild Beifall, auch wenn mir alle möglichen Gedanken durch den Kopf gingen. . . . *Ich wünschte, ich hätte nicht so viel für dieses verdammte Kleid ausgegeben. Ich hoffe, meine Mutter ist nicht allzu enttäuscht. Barbra wird mich jetzt wohl doch nicht sehen.* Aber ehrlich gesagt, als sich die erste Aufregung gelegt hatte und ich Sandi dort oben sah, wie sie ihren Kindern übers Fernsehen sagte, sie sollten nun ins Bett gehen, freute ich mich wirklich für sie. Sie hatte diesen Preis wirklich verdient.

Als die Abendveranstaltung vorüber war, wurden die nominierten Gäste zu einer tollen Party in ein absolut edles Restaurant namens „Spago's" in Beverly Hills eingeladen. Die ganze Prominenz war vertreten. Janet Jackson saß am Tisch neben mir und auch der britische Popstar Sting. Es herrschte eine sehr freundschaftliche Atmosphäre. Alle wanderten von Tisch zu Tisch und umarmten und begrüßten sich. Es war traumhaft. Die Sieger des Abends betranken sich zur Feier des Tages, und die Verlierer betranken sich, um sich über ihre Niederlage hinwegzutrösten. Ich war sichtlich fehl am Platz mit meiner Cola Light, und so verließ ich schließlich die Party, bevor es zu brenzlig wurde.

Als ich mit von den ungewohnten Stöckelschuhen schmerzenden Füßen heimfuhr, ließ ich den ganzen Tag noch einmal an mir vorbeiziehen. *Es wäre toll gewesen, den Grammy zu gewinnen,* dachte ich. *Aber Sandi hat ihn wirklich verdient. Wie ich mich kenne, wäre ich auf der Treppe gestolpert und hätte mich zum Idioten gemacht. Ich kann es gar nicht abwarten, nach Hause zu kommen, eine schöne Tasse Tee zu trinken und ein heißes Bad zu nehmen.* Ich nahm mir im Geiste vor, Sandi noch persönlich zu gratulieren. Ein paar Tage später rief ich sie an und sagte ihr, wie froh ich für sie war. Sie war wie immer die Liebenswürdigkeit in Person und lobte mein Kleid!

Wir können andere Menschen anfeuern und ihre Erfolge feiern, in dem Wissen, dass die Augen unseres Vaters mit der gleichen Liebe und Aufmerksamkeit auf uns beiden ruhen.

Ann Hibbard schreibt: „Ich kenne keinen besseren Weg, eine Freundschaft zu vertiefen, als sich regelmäßig mit einem Freund zum Gebet zu treffen." In ihrem Buch *Treasured Friends* („Geschätzte Freunde") erzählt sie von Juanita, einer einsamen Hausfrau. Nicht lange, nachdem Juanita Gott um eine Freundin gebeten hatte, fragte sie eine Bekannte, mit der sie wenig gemeinsam hatte (eine verwitwete Frau ohne Kinder), ob sie ihre Gebetspartnerin werden wolle. „Wir haben uns die letzten fünf Jahre jede Woche getroffen. Wir sprechen über unser Leben, unsere Freuden und Nöte, und wir beten füreinander. Wir müssen uns ganz früh morgens treffen, aber keine von uns würde diese Begegnungen missen wollen. Ich habe miterlebt, wie meine Freundin an Vertrauen gewonnen und Heilung ihres inneren Schmerzes erfahren hat. [. . .] Und Gott hat meine Einsamkeit weggenommen. Das war ein Geschenk meines liebenden Herrn."

Wenn Sie den Eindruck haben, dass etwas Sie innerlich blockiert und daran hindert, tiefe Freude am Leben zu empfinden und Gottes Liebe wirklich zu erfahren, dann bitten Sie enge, gläubige Freunde um ein konkretes Segensgebet. Eine Frau erzählte mir vor kurzem von einem größeren geistlichen Durchbruch, der sich einstellte, als sie sich dazu durchgerungen hatte, zwei Freundinnen zu bitten, dass sie ihr die Hände auflegten und Gottes Segen für sie erbaten. „Etwas passierte", sagte sie. Keine plötzliche emotionale oder geistliche Veränderung; aber seit dieser Zeit war ihr Gottes Gegenwart neu bewusst, und ihre trübe Stimmung wich.

In Jakobus 5,16 heißt es: „Überhaupt sollt ihr einander eure Verfehlungen bekennen und füreinander beten, damit ihr geheilt werdet. Das inständige Gebet eines Menschen, der so lebt, wie Gott es verlangt, kann viel bewirken."

Lassen Sie Gott durch Ihre Freunde wirken. Hören Sie auf den Geist Gottes in Ihnen und auf seine Führung in Ihrem Leben.

Alle innigen Beziehungen machen uns zu einem gewissen Grad verletzlich. Das schmerzvolle Bedürfnis, das wir haben, gekannt zu werden, wird durch unsere menschlichen Beziehungen nie ganz abgedeckt und befriedigt werden. Als ich diese Tatsache akzeptierte, öffnete sich mir der Weg zur Freude. Wir sind auf Beziehungen hin angelegt, aber es ist unrealistisch und unvernünftig zu glauben, dass ein bestimmter Mann oder eine bestimmte Frau *alles* für uns sein kann. Wir sind auf Beziehungen hin angelegt, aber *unsere Erfüllung finden wir bei Gott.* Unser tiefstes Bedürfnis nach Vertrautheit wird nur gestillt durch „einen wirklichen Freund, der mehr zu dir steht als ein Bruder" (Sprüche 18,24, HfA), durch den Einen, der unsere Traurigkeit auf sich genommen hat, durch den Einen, der uns bereits gekannt hat, als wir noch nicht geboren waren.

Schritte zur Freude

1. Henry Ward Beecher sagte über die Freundschaft: „Lass nicht die Schmuckschatullen deiner Liebe und Zuneigung verschlossen bleiben, bis deine Freunde tot sind. Fülle ihr Leben mit Schönheit. Sprich ihnen aufmunternde, aufheiternde Worte zu, solange ihre Ohren sie noch hören und ihre Herzen noch davon hingerissen sein können." Rufen Sie diese Woche jeden Tag eine Freundin oder Bekannte an und sagen Sie ihr „aufmunternde, aufheiternde Worte", die ihre Stimmung – und auch Ihre eigene – heben.

2. Wenn Sie keine wirklich engen Freunde haben, machen Sie den ersten Schritt und werden Sie jemandem ein Freund. Tun Sie eine gute Tat, einfach nur um die Liebe Christi weiterzugeben und nicht mit der Erwartung, dass Sie sich damit eine Freundschaft „kaufen" können. Verschenken Sie ein Lächeln. Seien Sie einfach für jemanden da. Albert Schweitzer sagte einmal: „[Man] darf nicht versuchen, sich den Weg zu der Person eines anderen zu erzwingen [. . .]. Auch die Seele hat ihr Kleid, das wir ihr nicht entreißen dürfen."

3. Bitten Sie jemanden, Ihr Gebetspartner zu werden. Für den Anfang kann das eine Sache für einen bestimmten Zeitraum – vielleicht drei Monate – sein. Die Beziehung kann sich zu einer tiefen Freundschaft entwickeln – oder auch nicht. Wenn eine vertraute Beziehung daraus erwächst, schätzen Sie sich glücklich!

4. Organisieren Sie ein lockeres Treffen mit Kindheits-, Schul- oder Studienfreunden. Oder machen Sie diese zumindest ausfindig, und schreiben Sie ihnen einen Brief. Finden Sie wieder den Anschluss, indem Sie Erinnerungen und herzhaftes Lachen austauschen. Und finden Sie Dinge heraus, die Sie noch heute gemeinsam haben und die Sie verbinden.

5. Fahren Sie mit einigen anderen Frauen gemeinsam auf eine Freizeit oder Konferenz und verbringen Sie die Zeit dort gemeinsam. Ein Grund, warum wir Rednerinnen diese Konferenzen mögen, ist, dass wir dabei miteinander ins Gespräch kommen und am Leben des anderen Anteil nehmen können. Verbringen Sie einen Abend nach dem Wochenende zusammen, und halten Sie gemeinsam Rückschau: Was hat Ihnen dieses Wochenende gegeben, und was haben Ihnen die anderen gegeben?

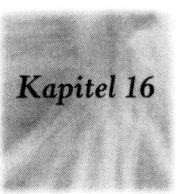

Kapitel 16

Freude am Feiern

*Samuel stellte zwischen Mizpa und Jeschana ein Steinmal auf: „Bis hier-
her hat uns der HERR geholfen", sagte er. Deshalb nannte er den Stein
Eben-Eser (Stein der Hilfe).*   1. Samuel 7,12

In unserer Kirche zu Hause in Schottland sangen wir manchmal das
alte Kirchenlied „Come Thou Fount of Every Blessing" („O komm,
du Quell allen Segens"). Es hat ein paar wunderschöne Strophen. Es
gibt aber auch eine Zeile in dem Lied, bei der wir Jugendlichen immer
die Augen verdrehten, weil sich das so komisch anhörte. „Hier errich'
ich meinen Eben-Eser; bis hierher hast du mich gebracht." Was immer
es auch heißen mochte, es war altmodisch, ein Überbleibsel aus einem
vergangenen Jahrhundert und konnte keine Bedeutung für das Hier
und Jetzt haben. Dachten wir.

Hat es aber doch! Nachdem der Herr die Philister besiegt hatte, indem er über sie „donnern ließ mit großem Schall" und sie
erschreckte (1. Samuel 7,10, Luther), stellte Samuel einen Eben-Eser
auf. Er errichtete ein Wegzeichen, eine Art Meilenstein, um den
Durchbruch zu feiern und Gott für seinen Sieg zu danken. In Zukunft
sollte dieser Stein immer wieder an Gottes Treue zu seinem Volk erinnern.

Gedenksteine

Mir ist zu Ohren gekommen, dass manche Gemeinden die Idee, einen
solchen Gedenkstein zu errichten, wieder aufgegriffen haben. Auf
dem Vorplatz ihrer Kirche haben sie Steinhaufen aufgeschichtet oder

Denkmäler errichtet, um an bedeutende Ereignisse zu erinnern. Eine Kirche hat das sogar so oft praktiziert, dass sie nun Schwierigkeiten hat, ihren Rasen um die Steine herum zu mähen.

Meine Schwiegereltern können einfach nichts wegwerfen, weil alles einen sentimentalen Erinnerungswert für sie besitzt. Da sind Barrys alte Schulbücher oder der Weihnachtsschmuck, der so aussieht, als hätte er schon die Arche Noah geziert. Dieses extreme „Horten" ist nicht so ganz mein Ding, aber ich finde es auch wichtig, ein paar ausgesuchte Andenken zu behalten, die mich daran erinnern, wo ich gewesen bin und dass Gott bei mir war.

Welche Andenken haben Sie in einer Schachtel im Schrank, die Sie herausnehmen und als „Denkmäler" benutzen könnten? Wenn Sie zu den „Jägern und Sammlern" gehören, holen Sie einmal ein paar Lieblingsgegenstände heraus und legen dafür andere in Ihr Versteck.

Ich liebe Bücher; und ich habe ein paar ganz besondere Bücher, die ich gut sichtbar platziert habe, weil sie eine große Rolle in meinem Leben gespielt haben – Bücher wie Hannah Hurnards *Er wird mich über die Höhen führen*[1], das mich an meine Zeit im College erinnert. Gott gebrauchte dieses Buch, um mich als idealistische junge Christin, die die Welt über Nacht verändern wollte, zu ermutigen. Ich fing an zu begreifen, dass das Leben eine Reise ist und kein Puzzle, das man vor dem Zubettgehen zusammengefügt haben kann.

Ich habe überall im Haus gerahmte Bilder aufgehängt, aber ein paar wenige sind strategisch besonders günstig platziert, weil sie mir etwas Besonderes zu sagen haben. Das Bild meiner Großmutter steht zum Beispiel neben meinem Bett. Wenn ich mich müde oder entmutigt fühle, werfe ich einen Blick auf sie und erinnere mich an die lange Reihe von gläubigen Frauen, von denen ich abstamme. Ich habe eine Sammlung kleiner silberner Schatullen, die in Wales handgefertigt wurden. Auch wenn es immer eine Tortur ist, sie abzustauben, lasse ich sie draußen stehen, weil sie ein Geschenk meiner Mutter und meiner Schwester Frances sind. Und immer, wenn ich die Kästchen abstaube, bete ich für die beiden.

Manchmal halten wir diese besonderen Dinge unter Verschluss, damit ihnen nichts passiert, aber es tut uns gut, wenn wir uns mit Erinnerungsstücken an Gottes Treue und an die Liebe anderer umgeben.

Momente der Erinnerung

Diese Andenken erinnern mich an Gottes Treue in der Vergangenheit, aber je älter ich werde – und gerade jetzt, wo ich ein Kind habe –, desto klarer erkenne ich auch, wie wichtig es ist, bewusst bestimmte Ereignisse oder Geburtstage zu feiern und die Feiern selbst zu Monumenten der Freude im Hier und Jetzt zu machen. (Die tatsächlichen Andenken und schönen Erinnerungsstücke sind ein extra Geschenk obendrein.).

In ihrem Buch *Why Not Celebrate?* („Warum nicht feiern?") stellt Sara Wenger Shenk einige grundlegendere Fragen: „Wie feiern wir die Menschheit? Wie feiern wir Gottes gute Erde? Wie entwickeln unsere Kinder ein Identitätsbewusstsein, das tiefer geht als der neueste Modetrend? Wie können wir ihnen ein Erbe mit tieferen Wurzeln als das ihrer Mitschüler hinterlassen?

Das sind Fragen, die das Herzstück dessen treffen, worum es beim Feiern geht. Feiern heißt, das, was uns am liebsten ist, in Ehren zu halten. Feiern heißt, uns an dem zu freuen, was uns sagt, wer wir sind. Feiern heißt, uns die Zeit zu nehmen, uns gegenseitig zu umsorgen. Feiern heißt, mit offenen Armen und dankbaren Herzen zu unserem Schöpfer zu kommen."

Im Sommer 1996 bin ich vierzig Jahre alt geworden. Entgegen landläufiger Ängste vor einem solchen Meilenstein freute ich mich darauf. Ich genoss diese Zeit und fühlte mich wohl in meiner Haut. Ich hatte geplant, den Tag mit meinen Freundinnen Marlene und Carolyn zu verbringen, mit ihnen nachmittags zusammen Tee zu trinken und einfach ganz unter uns zu sein. Am Abend wollten wir dann mit Barry und Marlenes Mann Frank in meinem Lieblingsrestaurant gemeinsam essen gehen. Ich hatte ja keine Ahnung, dass Barry schon seit Wochen alle Mühe daran gesetzt hatte, eine Überraschungsparty vorzubereiten! Seit meiner Kindheit hatte ich keine Party mehr gefeiert, und es kam mir auch überhaupt nicht in den Sinn, eine zu erwarten.

Wir verbrachten also zuerst mal einen amüsanten „Nur-Frauen"-Tag. Wir fuhren zu einem Hotel am Meer und tranken dort mittags Tee und aßen Erdbeerkuchen. Danach machten wir uns auf zu einem Schönheitssalon, wo ich meine vierzigjährige Karosserie sozusagen zur „großen Inspektion" brachte. Danach wollte ich schnell nach Hause, um mich fürs Abendessen umzuziehen, und ich konnte nicht verstehen, warum Marlene so schrecklich langsam fuhr. Uns hätte eine Schnecke überholen können!

Schließlich kamen wir zu Hause an, und wir beschlossen, durch die Garage statt durch die Eingangstür ins Haus zu gehen. Marlene trug ein Paket, deshalb stieß sie die Tür lautstark mit dem Fuß auf – in der Hoffnung, Barry würde sie hören. Er öffnete, stieß einen Schrei aus und ließ ihr die Tür vor der Nase zufallen. Ich dachte, nun wäre er ganz verrückt geworden, und schloss mit meinem Schlüssel auf. Ich war drauf und dran, Barry ordentlich die Meinung zu geigen, als ich mich inmitten von vierzig Freunden wiederfand, die ein lautes „Happy birthday" anstimmten.

Es war ein toller Abend. Als alle Gäste gegangen und die letzten Essensreste aufgekehrt waren, genoss ich ein Schaumbad und tauchte in die Erinnerung eines schönen Tages ein: so viele Gesichter, so viele Gespräche, so viele Jahre der Freundschaft. Da waren Freunde von *Open Doors* („Offene Türen") da, einer Hilfsorganisation für verfolgte Christen in anderen Ländern. Da waren Freunde von der AIDS-Hilfe-Gruppe, in der ich mitgearbeitet hatte. Da waren Freunde vom Seminar. Da waren Grüße per Fax eingetroffen von Freunden, die nicht kommen konnten . . . die Mitarbeiter von CBN schickten mir ein Video unter dem Motto „Fünf Jahre Frisurenmode beim *The 700 Club*": ein witziger Zusammenschnitt all meiner Frisuren während dieser Zeit!

Ich fühlte mich so reich beschenkt. Jedes Gesicht, jede Begebenheit erinnerte mich an Gottes Güte zu mir. Mit einigen dieser Leute hatte ich schwierige Zeiten durchgemacht, aber wir waren doch Freunde geblieben. Ich war Barry so dankbar, dass ich den Tag in einer Weise feiern durfte, die ich nie vergessen werde.

In seinem Buch *The Return of the Prodigal Son* („Die Rückkehr des verlorenen Sohnes") schreibt Henri Nouwen: „Das Feiern gehört mit zum Reich Gottes. Gott schenkt nicht nur Vergebung, Versöhnung und Heilung, sondern er möchte, dass diese Geschenke auch eine Quelle der Freude für die sind, die sie empfangen."

Ich mag auch den Ausspruch von George MacDonald: „Es ist das Herz, das sich seines Gottes noch nicht sicher ist, das Angst hat, in seiner Gegenwart zu lachen." Wir Christen könnten etwas erlöster ausse-hen, wenn wir lernen, wie man von Herzen feiert und die Erfolge und Meilensteine in seinem Leben richtig würdigt.

Als Familie kann man seine eigenen Feste feiern und Traditionen einrichten: die Geburtstage, den Muttertag und Vatertag usw. Meine Mutter hat noch ein Sammelsurium von eigenartigen Kleinigkeiten, die Frances, Stephen und ich ihr als Kinder zum Muttertag gekauft oder gebastelt haben. Mit den Jahren konnten wir uns teurere Geschenke leisten, aber ich weiß, dass die deformierten Tonklümpchen und krakeligen Bilder einen besonderen Platz in ihrem Herzen haben. Sie erinnern sie an die ganz besonderen Momente, als wir ganz einfach ihr Dasein würdigten und feierten.

Ich bin dankbar für die Erfindung der Videokamera. Wir haben ein „visuelles Tagebuch" von Christians erstem Lebensjahr angelegt, angefangen von seiner Geburt über sein erstes Gläschen Karottenbrei, seine ersten Krabbelversuche, seine ersten Zähnchen bis hin zu seinem ersten Haarschnitt. Ich stelle mir zwar oft die Frage, warum wir diese Camcorder nur bei unseren Kleinsten einsetzen. Wäre es nicht schön, auch Augenblicke mit der ganzen Familie und unseren Freunden einzufangen? Ich mache für Christian so viele Aufnahmen wie möglich von seinen zwei Omas und seinem Opa. Fotos sind prima, aber wenn er mal älter ist und sie vielleicht nicht mehr bei uns sind, möchte ich, dass er sich so an sie erinnern kann, wie sie wirklich waren. Ich möchte, dass er ihre Stimmen hört und das Zwinkern in ihren Augen sieht, wenn sie mit ihm sprechen.

Warum werden Sie eigentlich nicht der Filmexperte Ihrer Familie? Es wäre doch spaßig, zu einem besonderen Geburtstag für das Geburtstagskind Grüße, Mitteilungen und gute Wünsche von allen lieben Freunden und Verwandten aufzunehmen und den Film als Geschenk zu überreichen. Dann kann derjenige es an Tagen, an denen alles schief zu laufen scheint, hervorholen und sich in der Liebe und dem Trost seiner Freunde sonnen.

Unsere Feste können und sollen auch über unsere Familien hinausgehen und unsere Freunde und Bekannten einbeziehen. In Lukas 15 enden drei Gleichnisse in großer Freude: Es ist nicht nur eine einzelne Person oder Familie, die die Freude am Herrn erfährt, sondern es ist eine ganze Gemeinschaft. „Freut euch mit mir", sagt der Schäfer zu seinen Freunden und Nachbarn, „ich habe mein Schaf gefunden." „Freut euch mit mir", sagt die Frau, die ihr Haus auf den Kopf gestellt hat, „ich habe meinen Silbergroschen gefunden." „Lasst uns essen und fröhlich sein", sagt der Vater des verlorenen Sohns, „denn mein Sohn war tot und ist wieder lebendig geworden."

Feiern Sie! Ich weiß, eine Party zu geben macht Mühe und Arbeit, auch wenn es nur ein lockeres Beisammensein ist – vom Organisieren bis hin zum Abwasch. Aber ich finde, dass unsere Gesellschaft wie auch unsere Kirchen und Gemeinden mehr Feiern und Geselligkeit bitter nötig haben. Vergessen Sie die virtuelle Internet-Party! Feiern Sie eine echte Party, auf der geredet und gelacht wird und auf der es jede Menge leckeres Essen gibt. Man kann das gut delegieren und um Mithilfe bitten, so dass man sich nicht völlig verausgaben muss.

Eine meiner schönsten Weihnachtserinnerungen habe ich aus dem Jahr, als Amy und Andrew Gaither Hayes mich zu ihrem „Weihnachtsbaum-Schmück-Abend" einluden. Wir lachten, als wir den alten Christbaumschmuck hervorkramten, und sie erzählten die Geschichten, die sie damit verbanden. Es war witzig, als sie darüber debattierten, wo sie wohl am besten die Beleuchtung am Baum anbringen sollten. Andrew hatte seine Lichterkette mit in die Ehe gebracht – mit großen, stattlichen Kerzen –, aber Amy mochte lieber ihre kleinen Mini-Lichtchen und ließ sich nicht davon abhalten, Andrews Lichter umzuhängen und weiter hinten am Baum anzubringen.

Schließlich setzten wir uns zusammen hin und Amy las die Weihnachtserzählung von Dylan Thomas *A Child's Christmas in Wales* („Ein Kinderweihnachten in Wales") vor. Sie haben mir in diesem Jahr ein großes Geschenk gemacht, als sie mich zu ihrer Feier einluden. Es war das Jahr, bevor ich Barry kennen lernte, und ich lebte noch allein. Teilen Sie die Güte Gottes mit anderen. Es kostet wenig Geld, aber Gemeinschaft ist das kostbarste Geschenk, das Sie einem anderen machen können.

In seinem Roman über das Leben afrikanischer Stämme *(Okonkwo oder Das Alte stürzt)* vermittelt Chinua Achebe eine interessante Sichtweise vom Feiern: Wenn jemand andere zu einem Fest einlädt, „so tut er dies nicht, um sie vor dem Verhungern zu bewahren, denn sie alle haben genug zu essen. Wenn wir uns auf dem mondbeschienenen Platz mitten im Dorf versammeln, dann tun wir dies nicht um des Mondes willen. Jedermann kann ihn schließlich von seinem eigenen Innenhof aus betrachten. Nein, wir kommen zusammen, weil es gut ist, wenn sich die Familienmitglieder von Zeit zu Zeit treffen."[2]

Wir kommen zum Feiern zusammen, weil wir zur Gemeinschaft geschaffen sind.

Lassen Sie sich zur großen Party einladen! Feiern Sie den Augenblick! Stellen Sie einen Meilenstein auf! Halten Sie die Erinnerung in Ehren! Teilen Sie die Freude!

Schritte zur Freude

1. Um jemandem zum Geburtstag eine Freude zu machen, schreiben Sie ein Akrostichon auf: Benutzen Sie dazu die Anfangsbuchstaben des Namens des Geburtstagskindes, um die positiven Eigenschaften, die Sie an dieser Person schätzen, herauszustellen. Das könnte zum Beispiel folgendermaßen aussehen: Wenn Ihre Freundin „Ute" heißt, schreiben Sie „U = unkompliziert, T = tolle Zuhörerin, E = einmalig". Auch bei komplizierteren Namen fällt Ihnen bestimmt etwas Gutes ein. Fügen Sie das Akrostichon Ihrer Karte bei, oder verbinden Sie es mit den Glückwünschen, die Sie auf eine selbst gebastelte Karte schreiben.

2. Kathy Bence schlägt in ihrem Buch *Turn Off the TV* („Schalt den Fernseher aus") vor, mit seinen Kindern den ersten und letzten Schultag gebührend zu feiern: „Veranstalten Sie jedes Jahr ein Familienpicknick am ersten Schulabend – immer mit dem gleichen Essen und immer am gleichen Ort. Ermutigen Sie die Kinder, sich Ziele für das Schuljahr zu setzen, und versprechen Sie (nicht-materielle) Belohnungen für die Erfüllung dieser Ziele." Und: „Gehen Sie mit den Kindern am letzten Schultag zusammen Mittag essen." Lassen Sie sie das Lokal auswählen – vorzugsweise immer dasselbe.

3. Unternehmen Sie etwas auf eigene Faust oder zusammen mit Ihrer Familie oder Freunden, um den Sonntag zu einem allwöchentlichen Fest der Ruhe zu machen. Ja, gehen Sie zur Kirche, aber führen Sie auch bestimmte „Sabbat"-Rituale ein. Marva Dawn erinnert sich in dem Buch *Keeping the Sabbath*

4. *Wholly* („Den Sabbat heilig halten") daran, dass „der Sonntag immer etwas Besonderes in meiner Kindheit war, allein schon wegen der Vorbereitungen am Samstagabend. Für mich hieß das, ein Bad zu nehmen, mir Locken zu drehen und meine besten Kleider für den nächsten Morgen herauszulegen. Ich wünschte, jedes Kind könnte mit dieser Erwartung heiliger Tage aufwachsen. Gerade die Gewohnheiten in unserer Familie zu Hause waren es, die mir einen Sinn für das Heilige vermittelten."

5. Marva Dawn bemerkt weiter: „Ein Fest beinhaltet die paradoxe Kombination von Tradition und Kreativität." Nehmen Sie sich eine Ihrer festen Traditionen vor und verleihen Sie ihr einen leichten neuen Touch. Kaufen Sie für den alten Adventskranz ein neues Band. Geben Sie Ihren Festessen eine andere Geschmacksnote. Bitten Sie jedes Jahr ein anderes Familienmitglied, Tischkärtchen für das Weihnachtsessen etc. vorzubereiten. Heben Sie die Kärtchen als Erinnerungsstücke auf. Bitten Sie jeden, so kreativ wie möglich zu sein.

6. Wenn Sie das nächste Mal etwas wieder finden, was Sie verloren hatten, rufen Sie ein Fest aus. Geben Sie eine „Verloren-und-Gefunden"-Party in Anlehnung an die drei Gleichnisse in Lukas 15. Wenn Sie das Tischgebet sprechen, erzählen Sie Ihren Gästen, warum Sie sie eingeladen haben. Als Tischdekoration könnten Sie Schokoladentaler oder in Alufolie verpackte Schokoriegel („Goldbarren") offerieren. Nehmen Sie das Gute im Leben nicht zu selbstverständlich. Feiern Sie!

Nachwort

Du führst mich den Weg zum Leben. In deiner Nähe finde ich ungetrübte Freude; aus deiner Hand kommt ewiges Glück.

Psalm 16,11

Hier ist die Botschaft des Evangeliums in seiner ganzen ursprünglichen Einfachheit, unvergänglich und neu: die Botschaft, dass die Menschen wirklich von Gott geliebt sind, dass die Sünden wirklich vergeben sind und dass die Barmherzigkeit Gottes – über all unser Verstehen hinaus – erschienen ist, um für immer die Bitterkeit selbstsüchtiger Herzen auszutreiben und uns stattdessen mit der Freude seiner Gegenwart zu füllen.

Thomas Merton

Freue dich, Welt!"[1] Das singen wir alle Jahre wieder zum Weihnachtsfest. Kleine Jungs in Chorroben singen es. Die Botschaft hallt über die Lautsprecher im Einkaufszentrum. Die Engel sangen sie, und die Teufel fürchteten sie. Freude: Sie ist eine gewaltige Macht. Sie blickt in das Antlitz des Lebens mit all seinen Tränen und Tragödien, all seinen Aufs und Abs, und sie hüllt eine Decke ewiger Geborgenheit um unsere Schultern. Sie verschwindet nicht von der Bildfläche, auch wenn es dunkel um uns wird.

Freude: inmitten der Trauer, angesichts von Fragen, auf den Gesichtern unserer Freunde, in den stillen Augenblicken unserer Tage. Dieses Geschenk, nach dem die Welt sucht und für das sie ihre Seele verkauft, findet sich in den Armen des einen, der selbst die Freude ist. Halten Sie nicht nach ihr Ausschau, wo Sie sie nicht finden können. Sie hat keinen Gehalt ohne Gottes Gegenwart.

Ich sehe in meiner Vorstellung eine Person immer wieder um ein schönes Schloss rennen. Sie fragt sich, was wohl der beste Weg wäre, sich Einlass zu verschaffen, obwohl sie auch weiß, dass sie kein Recht hat, hineinzugehen. Erschöpft von den vielen Versuchen, die Mauern hoch-zuklettern und durch die Fenster einzusteigen, fällt sie schließlich aus Versehen gegen die Tür. Diese öffnet sich, und die Person wird gebeten, einzutreten und neben dem König Platz zu nehmen. Er legt seinen Mantel ab und breitet ihn um ihre zarten Schultern, steckt ihr einen Ring an den Finger und setzt ihr eine Krone auf. Unwürdig und zugleich würdig gemacht – im selben Moment. Das ist Freude. Das ist unser Leben.

Wenn Sie sich durch dieses Buch durchgekämpft haben und immer noch keine richtige Beziehung zu dem König, dem Geber der Freude, haben, ist die Sache recht einfach. Sie können noch einige Runden um das Schloss drehen oder Sie können damit aufhören und einfach an die Tür klopfen und den König bitten, Sie einzulassen. Das ist das, was ich getan habe. So etwas wird auch Gebet genannt. Es war das Einge-ständnis, dass ich es allein nicht schaffen konnte und auch nicht schaf-fen wollte. Ich dankte ihm dafür, dass er mich liebt, und bat ihn, mich zu lehren, wie ich ihn lieben könnte. So begann alles. Was war das für eine abenteuerliche Reise! Was wird das wohl noch für eine Reise geben? Das Schönste kommt noch für die Königskinder.

Das *Book of Common Prayer* („Das allgemeine Gebetbuch") enthält ein schönes liturgisches Gebet zum Abend, das um Gottes Hilfe in den verschiedensten Lebensumständen bittet: „Behüte die Kranken, Herr Jesus Christus, gib den Müden Ruhe, segne die Sterbenden, lindere das Leiden, erbarme dich der Trauernden, beschütze die Fröhlichen; um deiner Liebe willen. Amen."

Haben Sie es gehört? Es hat in diesen Worten gesteckt, mein Gebet für Sie. Ich schreibe es für Sie mit auf diese Seite mit der ganzen Liebe des Himmels: *Beschütze die Fröhlichen!* Umhülle sie, lieber Herr. Mach sie sicher und liebenswürdig und hoffnungsvoll. Sprich zu ihnen in der Stille und im Lärm und in allen Augenblicken ihres Lebens – um deines Namens willen. Amen.

Also dann, bis wir uns wieder sehen . . .

„Gott hat die Macht, euch vor dem Versagen zu bewahren und dahin zu bringen, wo ihr fehlerlos und voll Freude seine Herrlichkeit sehen werdet. Ihm, dem einzigen Gott, der uns rettet durch Jesus Christus, unseren Herrn, gehören Herrlichkeit, Hoheit, Macht und Herrschaft von Ewigkeit her, jetzt und in alle Ewigkeit! Amen." (Judas 24–25)[2]

Vorwort

[1] *Women of Faith* („Frauen des Glaubens") ist eine christliche Partnerorgani-
sation des amerikanischen Verlages Zondervan, bei dem auch vorliegendes
Buch erschienen ist, der christlichen Frauenzeitschrift *Today's Christian
Woman* („Die christliche Frau von heute") sowie der Studentenmissionsge-
sellschaft „Campus für Christus". Die 1996 gegründete Frauenorganisation ist bekannt durch ihre Konferenzen, ihre zahlreichen Buchveröffentli-
chungen und Musikproduktionen, die christliche Frauen von heute ermutigen und unterstützen sollen. In Deutschland wird sie durch die Frauenzeitschrift „Lydia" gefördert.

[2] *Joyful Journey* („Fröhliche Reise") ist das Motto, unter dem die Vortragsreisen von Sheila Walsh und den anderen Rednerinnen von *Women of Faith*
stehen.

[3] Evelyn Bence, Ko-Autorin des Buches, ist die Herausgeberin der Zeitschrift *Jubilee Magazine* der Prison Fellowship (Gefängnismission).

Teil 1

[1] Siehe Liederbuch *Ich will dir danken! Lieder für die Gemeinde*, 10. Auflage,
Hänssler-Verlag, Neuhausen-Stuttgart 1991, Lied-Nr. 149
(In einer anderen Vertonung heißt es: „Gottes Engel sang von fern unserm
neugebornen Herrn . . .")

Kapitel 1

[1] Vergleiche hierzu die Schilderungen des Indienmissionars Eli Stanley Jones
in *Christus am runden Tisch - Offene Aussprachen unter Jesu Augen in Indien*,
deutsche Ausgabe von Paul Gäbler, 1. Auflage, Berlin, ohne Jahresangabe,
S. 84: „Kaum hatte ich meine Knie gebeugt, als mir das Herz ganz von dem
seligen Bewusstsein der Nähe des heilenden Christus, seines Friedens, der
Erlösung und des Lebens erfüllt war. Alle Schranken waren gefallen. Jetzt

kannte ich ihn! Ich schritt in eine neue Welt hinein. Als ich am nächsten Tag ausging und mir die Welt betrachtete, hatte ich niemals solchen Sonnenschein und solch schönes Grün der Bäume gesehen."

2 Gospelsong Nr. 286, *Jesu Name nie verklinget*, Band 2, 5. Auflage, Musikverlag Friedrich Hänssler, Neuhausen-Stuttgart 1974

3 Siehe Anmerkung zum Vorwort

4 Barbara Johnson ist in Amerika eine bekannte Autorin. In Deutschland ist bisher von ihr das Buch „Freude ist die beste Medizin" erschienen (Brendow Verlag).

5 Luci Swindoll ist die frühere stellvertretende Leiterin für Öffentlichkeitsarbeit beim Radiosender *Insight for Living* und Autorin zahlreicher Bücher (*Experiencing God's Presence, Strengthening Your Faith, Receiving Forgiveness* etc.). Sie ist verheiratet mit dem Bestsellerautoren Chuck Swindoll.

6 Patsy Clairmont hat unter anderem die humorigen Bücher „Ein Sprung in der Schüssel" und „Weisheiten aus dem Wäschetrockner" geschrieben (Schulte & Gerth, Asslar).

7 Die Psychiaterin Marilyn Meberg ist als Rednerin und durch ihre zahlreichen Vortragskassetten bekannt geworden.

8 Smokey Robinson war Falsett-Sänger.

9 Charlie Daniels (geb. 1937), vielseitiger amerikanischer Southern-Rock- und Country-Sänger und hervorragender Gitarrist, der sich selbst keiner bestimmten Stilrichtung zuordnen lässt. (Große Hits waren *Uneasy Rider, The South's Gonna Do It* und *The Devil Went Down To Georgia*.)

10 Die Autorin spielt hier auf das Buch von David Seamands *Befreit vom kindischen Wesen* an (erschienen im Verlag der Francke-Buchhandlung). Titel der Originalausgabe: *Putting Away Childish Things*, Victor Books, Scripture Press Publications, Inc., Wheaton 1987

Kapitel 2

1 Charles Dickens, *Große Erwartungen*, übersetzt von Paul Heichen, Magdeburger Verlags-Anstalt GmbH, Magdeburg, ohne Jahresangabe, S. 80

2 *Hoffnung für alle – Das Neue Testament*, 3. Taschenausgabe, Brunnen-Verlag, Basel und Gießen 1990. (Im Folgenden mit HFA abgekürzt.)

3 Der eingängige Chorus von B. Gillman lautet wie folgt: „Bind uns zusammen, Herr, bind uns zusammen mit Bändern, die nie zerreißen. Liebe sei dieses Band. Wir haben nur einen Herrn, er ist der König der Welt. Wir haben nur einen Gott, der diese Erde erhält." Siehe Liederbuch *Ich will dir danken! – Lieder für die Gemeinde*, Hänssler Verlag, Neuhausen-Stuttgart 1991, Lied-Nr. 296
Originaltext: „Bind us together, Lord, bind us together with cords that cannot be broken. Bind us together, Lord, bind us together, bind us together with love."

⁴ Demosthenes, berühmtester griechischer Rhetoriker und Staatsmann (384–322 v. Chr.). Zitat nach: Chris Thurman, *Lügen, die wir glauben*, 9. Auflage, Schulte & Gerth, Asslar 1998, S. 27. Vergleiche hierzu auch: Demosthenes, *Politische Reden – Griechisch/Deutsch*, übersetzt und herausgegeben von Wolfhart Unte, Philipp Reclam Jun., Stuttgart 1985, S. 25: „Wenn sich aber gefällige Redensarten am falschen Platz in Wahrheit als schädlich erweisen, dann ist es eine Schande, daß ihr euch selbst betrügt."

⁵ Siehe hierzu Matthäus 17,20.

⁶ Siehe hierzu Lukas 9,23.

Kapitel 3

¹ Sheila Walsh, *Als Star zwischen Licht und Schatten*, Brunnen Verlag, Basel 1998; Titel der amerikanischen Originalausgabe: *Honestly*, erschienen bei Zondervan Publishing House, Grand Rapids, Michigan 1996

² Patsy Clairmont (siehe oben)

³ Siehe hierzu Hebräer 2,15.

⁴ C. S. Lewis, *Über die Trauer*, Benziger Verlag AG, Zürich und Düsseldorf 1995, S. 62

⁵ Robert Burns (1759–1796), berühmter schottischer Dichter, geboren in Alloway in der Grafschaft Ayr im Südwesten Schottlands. Vorläufer der Romantik. Der Naturpoet wurde bekannt durch seine schottischen Mundart-Gedichte. Viele seiner Lieder wurden zu Volksliedern.

⁶ Robert Burns, *Liebe und Freiheit: Lieder und Gedichte;* zweisprachig, Sammlung Weltliteratur: Reihe: Lyrik der englischsprachigen Welt, hrsg. von Rudi Camerer, Verlag Lambert Schneider, Heidelberg 1988, S. 139
Die Verszeilen sind dem Gedicht „An eine Laus, Beim Anblick einer solchen auf dem Hut einer Dame in der Kirche" (1785; 1786) entnommen. Hier die Zeilen im Kontext:
Ach, wär uns doch die Gabe gegeben,
Uns so zu sehn, wie andre uns sehen!
Um manchen Schnitzer wär es geschehen
Und Angeberei.
Der Dünkel würde uns vergehen,
Auch Frömmelei.

Kapitel 4

¹ Lukrez (Titus Lucretius Carus), römischer Dichter und Philosoph (94–55 v. Chr.)

² Halloween: Auf den britischen Inseln und in den USA der Vorabend (31. Oktober) von Allerheiligen; ursprünglich ein keltisch-angelsächsisches

Fest zur Feier des Winteranfangs, das mit Opfern, Feuer, Maskeraden u. a. Geister, Hexen und Dämonen vertreiben sollte.

[3] Brennan Manning, bekannt durch Bücher wie *Größer als dein Herz* und Vortragskassetten, arbeitet als Seelsorger und ist in den USA ein viel gefragter Referent.

[4] *Lügen und Geheimnisse*, preisgekrönter britischer Spielfilm des Regisseurs Mike Leigh aus dem Jahre 1996.

Kapitel 5

[1] Clive Staples Lewis, *Pardon, ich bin Christ – Meine Argumente für den Glauben*, Brunnen Verlag, Basel und Gießen 1995, S. 55

[2] Siehe hierzu die Schilderungen von Sheila Walsh in ihrer Autobiographie *Als Star zwischen Licht und Schatten*, Brunnen Verlag, Basel und Gießen 1998, S. 82

[3] Juliana von Norwich (ca. 1340–1413), englische Mystikerin.

[4] *Entführt – Die Abenteuer des David Balfour*, amerikanischer Abenteuerfilm von Regisseur Robert Louis Stevenson aus dem Jahre 1959.

[5] Vergleiche hierzu auch Sprüche 4.

[6] Mark Aurel (Marcus Aurelius Antonius), römischer Kaiser (121–180 n. Chr.).

Kapitel 6

[1] John Milton, *Das verlorene Paradies – Ein Gedicht in zwölf Gesängen*, Deutsch von Adolf Böttger, Verlag von Philipp Reclam jun., Leipzig, ohne Jahresangabe

[2] John Milton, ebd. S. 24

[3] John Milton, ebd. S. 24. *Pandämonium*, die Gesamtheit und der Versammlungsort aller bösen Geister.

[4] John Milton, ebd. S. 7

[5] John Milton, ebd. S. 35 f

[6] John Milton, ebd. S. 43

[7] John Milton, ebd. S. 274

[8] Oswald Chambers, *Mein Äußerstes für Sein Höchstes – Tägliche Betrachtungen*, autorisierte deutsche Ausgabe von P. Hüni, 24. Auflage, Berchtold Haller Verlag, Bern 1990, S. 281

[9] Siehe hierzu auch 1. Korinther 1,2.

[10] Max Lucado ist bekannt als Autor zahlreicher Bücher wie beispielsweise *Im Griff der Gnade*.

Kapitel 7

[1] Dag Hammarskjöld, *Zeichen am Weg*, Übertragen von Anton Graf Knyphausen, 10.–20. Tausend, Droemer Knaur, München/Zürich 1965, S. 75

[2] Dag Hammarskjöld, ebd. S. 170

[3] Nachträgliche Hervorhebung durch die Autorin.

[4] „Richte den Blick nur auf Jesus. Schau auf sein Antlitz so schön; und die Dinge der Welt werden nichtig und klein, in dem Licht Seiner Gnade gesehn." Dieser Chorus lässt an den englischen Originaltitel „Turn Your Eyes Upon Jesus" denken: „Turn your eyes upon Jesus, look full in His wonderful face; and the things of earth will grow strangely dim, in the light of His glory and grace." Siehe Liederbuch *Singt von Jesus – Sing of Jesus – Chante de Jésus*, Hrsg.: Operation Mobilisation, Lebenszentrum Adelshofen, Verlag Lebenszentrum Adelshofen, Eppingen 1982, Lied-Nr. 177

[5] M. Basilea Schlinck, *Buße – Glückseliges Leben*, 6. Auflage, Darmstadt-Eberstadt 1977, S. 21

[6] Oswald Chambers, *Mein Äußerstes für Sein Höchstes – Tägliche Betrachtungen*, autorisierte deutsche Ausgabe von P. Hüni, 24. Auflage, Berchtold Haller Verlag, Bern 1990, S. 342

[7] Richard J. Foster, *Gottes Herz steht allen offen – Eine Einladung zum Gebet*, Oncken Verlag, Wuppertal und Kassel 1994, S. 46

[8] Aurelius Augustinus, abendländischer Kirchenvater (354–430 n. Chr.). Sein Leben ist v. a. durch das Zeugnis seiner „Confessiones" (Bekenntnisse) (um 390) bekannt.

[9] Aurelius Augustinus: *Bekenntnisse*, Übersetzt von Joseph Bernhart, 151.–165. Tsd., Fischer Bücherei, Frankfurt a. M. 1961, S. 167 f

[10] Aurelius Augustinus, ebd. S. 169

[11] Richard J. Foster, *Gottes Herz steht allen offen – Eine Einladung zum Gebet*, Oncken Verlag, Wuppertal und Kassel 1994, S. 47

[12] *Lügen und Geheimnisse*, preisgekrönter britischer Spielfilm des Regisseurs Mike Leigh aus dem Jahre 1996. (Dialog im Original zitiert.)

[13] Umschreibung nach *Hoffnung für alle – Das Neue Testament*, 3. Taschenausgabe, Brunnen Verlag, Basel und Gießen 1990

[14] Nachträgliche Hervorhebung durch die Autorin.

[15] Der Kinderklassiker *Der Zauberer von Oz* aus den dreißiger Jahren, der auch als Buch und Theaterstück erschienen ist, stammt von dem bekannten Regisseur Victor Fleming (*Vom Winde verweht*).

[16] Siehe hierzu auch die Ausführungen von Walt Kallestad in *Stell dir vor, dein Traum wird wahr – Was Gott aus Wünschen machen kann*, R. Brockhaus Verlag, Wuppertal 1998, S.87.

[17] D. Martyn Lloyd-Jones, *Geistliche Krisen und Depressionen – Ursachen und Überwindung*, Verlag der Liebenzeller Mission, Bad Liebenzell 1983, S. 113

Kapitel 8

[1] Siehe hierzu Matthäus 3,7; Matthäus 23,17; Matthäus 23,27.

[2] Henri J. M. Nouwen, *Der Kelch unseres Lebens – Ganzheitlich Mensch sein*, Herderbücherei, Freiburg i. Br. 1997, S. 114 f

[3] Walt Kallestad, *Stell dir vor, dein Traum wird wahr – Was Gott aus Wünschen machen kann*, R. Brockhaus Verlag, Wuppertal 1998, S. 60. Nachträgliche Hervorhebung durch die Autorin.

[4] Walt Kallestad, ebd. S. 60

[5] Walt Kallestad, ebd. S. 65

Kapitel 9

[1] Henri J. M. Nouwen, *Mit offenen Händen: Unser Leben als Gebet*, Verlag Herder, Freiburg i. Br. 1996, S. 70

[2] Marie Stendhal

[3] Mark Aurel (Marcus Aurelius Antonius), römischer Kaiser (121–180 n. Chr.).

[4] Chris Thurman, *Lügen, die wir glauben*, 9. Auflage, Schulte & Gerth Verlag, Asslar 1998

[5] Die sogenannte „ABCDE"-Methode ist nachzulesen auf S. 192.

[6] Von Lewis B. Smedes zum gleichen Thema erschienen ist ebenfalls das Buch: *Die heilende Kraft des Vergebens: Wie Sie Wunden bewältigen können, die Sie nicht verdient haben*, Francke-Buchhandlung (Larmann-Bücher), Marburg 1991

[7] Charles Dickens, *Große Erwartungen*, übersetzt von Paul Heichen, Magdeburger Verlags-Anstalt GmbH, Magdeburg, ohne Jahresangabe

[8] Das Buch *What's So Amazing about Grace* ist 1999 beim R. Brockhaus Verlag in Haan erschienen. Titel: „Gnade ist mehr als ein Wort".

[9] *Hoffnung für alle – Das Neue Testament*, Brunnen Verlag, Basel und Gießen, 3. Taschenausgabe 1990

[10] Charles R. Swindoll ist bekannt als Radiosprecher (*Insight for Living*) und Autor mehrerer Bücher.

[11] Jerry Bridges, *Lebensstil: Gottseligkeit*, TELOS-Tb 643, Francke-Buchhandlung, Marburg 1991, S. 109

[12] Nachträgliche Hervorhebung durch die Autorin.

Kapitel 10

[1] Henri J. M. Nouwen, *Du bist der geliebte Mensch: Religiöses Leben in einer säkularen Welt*, 8. Auflage, Herder, Freiburg im Breisgau 1993, S. 52

[2] J. Grant Howard, *The Trauma of Transparency: A Biblical Approach to Inter-Personal Communication*, Multnomah Press Portland, Oregon 1979

[3] Sarah Ban Breathnach, *Einfachheit und Fülle – Lebensfreude und Selbstbesinnung für jeden neuen Tag*, Goldmann 1997

[4] Nachträgliche Hervorhebung durch die Autorin.

Kapitel 11

1 Das Lied „*Rhinestone Cowboy*" von Larry Weiss war 1976 der Song des Jahres in den USA – so benannt nach den Glitzersteinen auf dem Western-Outfit des Cowboys. Es ist beispielsweise zu hören auf der CD *Country Collection*, Arcade Deutschland GmbH 1993.

2 Herman Melville, *Moby Dick*, mit einem Essay zum Verständnis des Werkes und einer Bibliographie, übersetzt von Thesi Mutzenbecher, herausgeben von Ernesto Grassi, 76.–95. Tsd., Rowohlt, Reinbek bei Hamburg 1958, S. 121

Kapitel 12

[1] Titel der CD: Die Mönche von Silos: *Gregorianische Gesänge aus Spanien* – Originalaufnahme aus dem Benediktiner-Kloster Santo Domingo in Silos, Aufnahme: Abadía de Santo Domingo de Silos (Burgos, Spanien) 1968, Blyder International GmbH, Hamburg 1969.

[2] Das klassische Stück „*In der Halle des Bergkönigs*" stammt von dem norwegischen Komponisten Edvard Grieg (1843–1907), das Ballettstück „*Schwanensee*" von dem russischen Komponisten Peter Tschaikowsky (1840–1893).

[3] Vom Autor bisher im Deutschen erschienen ist das Buch *Große Komponisten und ihr Glaube*, Pila Music, Dettenhausen 1993 (Originaltitel: *The Spiritual Lives of Great Composers*, erschienen bei Sparrow Corporation 1992).

[4] Das Verlagshaus Zondervan Publishing House hat seinen Sitz in Grand Rapids, Michigan (USA).

Kapitel 13

[1] Frederick Buechner, *Wishful Thinking – A Theological ABC*, Harper & Row Publishers, New York 1973, S. 31

[2] Siehe hierzu Matthäus 2,11 und Lukas 23,56.

Kapitel 14

[1] C. S. Lewis, *Dienstanweisung für einen Unterteufel*, Herderbücherei, Freiburg i. Br. 1975, S. 96

[2] Anne Morrow Lindbergh, *Muscheln in meiner Hand - Eine Antwort auf die Konflikte unseres Daseins*, 20. Auflage, Piper Verlag, München 1998, S. 55

Kapitel 15

[1] Hannah Whitall Smith, *Das Geheimnis eines glücklichen Christenlebens*, 31.–50. Tsd., Herold Verlag, Frankfurt am Main, ohne Jahresangabe, S. 121

[2] Siehe hierzu: Walter Hooper (Hrsg.), *They Stand Together: The Letters of C. S. Lewis to Arthur Greeves*, London 1979

Kapitel 16

[1] Hannah Hurnard, *Er wird mich über die Höhen führen*, Hänssler Verlag, Neuhausen-Stuttgart 1997

[2] Chinua Achebe, *Okonkwo oder Das Alte stürzt*, Schwarzafrikanische Literatur, hrsg. v. Heusler, Dagmar, Suhrkamp Verlag, Frankfurt a. M. 1983, S. 185

Nachwort

[1] Siehe Liederbuch *Ich will dir danken! – Lieder für die Gemeinde*, 10. Auflage, Hänssler Verlag, Neuhausen-Stuttgart 1991, Lied-Nr. 136

Wenn nicht anders angegeben, wurden die Bibelstellen nach der *Guten Nachricht* zitiert.